天津市地铁及隧道工程预算基价

DBD29-403-2016

天津市城乡建设委员会

中国建筑工业出版社

图书在版编目(CIP)数据

天津市地铁及隧道工程预算基价/天津市城乡建设委员会组织编写. —北京:中国建筑工业出版社,2017.5
(2016年天津市建设工程预算基价)
ISBN 978-7-112-20270-6

Ⅰ.①天… Ⅱ.①天… Ⅲ.①地铁隧道-隧道施工-建筑预算定额-天津 Ⅳ.①U459.1

中国版本图书馆CIP数据核字(2017)第001685号

天津市地铁及隧道工程预算基价

DBD29-403-2016
天津市城乡建设委员会
*
中国建筑工业出版社 出版、发行(北京海淀三里河路9号)
北京市安泰印刷厂印刷
*
开本:850×1168毫米 横1/16 印张:30½ 字数:824千字
2017年1月第一版 2017年1月第一次印刷
定价:190.00元

ISBN 978-7-112-20270-6
(29758)

天津市城乡建设委员会文件

津建筑〔2016〕659号

市建委关于颁发2016《天津市建设工程计价办法》和天津市各专业工程预算基价的通知

滨海新区建交局，各区县建委，各有关局、集团（总）公司，各有关单位：

根据《天津市建筑市场管理条例》（市人大〔2011〕第30号公告）和现行国家标准《建设工程工程量清单计价规范》，在有关部门的配合和支持下，2016《天津市建设工程计价办法》和《天津市建筑工程预算基价》、《天津市装饰装修工程预算基价》、《天津市安装工程预算基价》、《天津市市政工程预算基价》、《天津市仿古建筑及园林工程预算基价》、《天津市房屋修缮工程预算基价》、《天津市人防工程预算基价》、《天津市给水及燃气管道工程预算基价》、《天津市地铁及隧道工程预算基价》以及与其配套的各专业工程量清单计价指引和计价软件已编制完成。经审核，本办法及各专业工程预算基价自2017年1月1日起实施。2012《天津市建设工程计价办法》和天津市各专业工程预算基价同时废止。

2016《天津市建设工程计价办法》和天津市各专业工程预算基价由天津市建设工程造价管理总站负责解释。

2016年12月20日

主编部门：天津市建设工程造价管理总站

批准部门：天津市城乡建设委员会

计价依据编制领导小组：

组　长：刘翠乔

成　员：周国庆　杨树海　戴太华　韩　冰　赵　斌　刘弘声　翟国立　王玉利　张界义　张俊凤　黑金山　王润明　焦　进　杨连仓　潘　昕　沈国强　王忠信　李剑鹏　王　健

专家组成员：

李　军　刘　静　王津琪　于清贤　郑　岳

综合组成员：

王玉利　陈友林　袁守恒　杨蔚明　姚庆祥　杨跃进　戴全才　赵　亿　顾雪峰　袁永生　李增志　陈召忠　肖永凯

编制组成员：

高　迎　于会逢　陈庆林　张　翼　黄丽艳

费用组成员：

邢玉军　韩　惠　张绪明　关　彬　陈庆林　钱　盈　许宝林

电算组成员：

张绪明　于　堃　张　桐　苗　旺　施有定

审　定：

赵　斌　杨树海

发　行：

杨蔚明　贾　羽

目　　录

第三章　隧道盾构工程

第四章　混凝土结构工程

第五章　模板与脚手架工程

第六章　钢筋及金属结构、构件制作安装工程

第七章 防 水 工 程

第八章 施工排水、降水工程

第九章 人 防 工 程 项 目

第十章 轨 道 铺 设 工 程

第十一章 道 岔 铺 设 工 程

第十二章 道 床 铺 筑 工 程

第十三章 轨道加强设备及护轮轨安装工程

第十四章 信号机及设备安装工程

第十五章 监测量控工程

第十六章 打拔桩工程

第十七章　拆除工程

第十八章　临时项目

第十九章　其他项目

第二十章　组织措施费

附　　录

总　说　明

一、天津市地铁及隧道工程预算基价(以下简称"本基价")是根据国家和本市有关法规、标准、规范等相关依据,按正常的施工工期和生产条件,考虑常规的施工工艺、合理的施工组织设计,结合本市实际编制的。本基价是完成单位合格产品所需人工、材料、机械台班及相应管理费用的基本标准,反映了社会平均水平。

二、本基价适用于天津市行政区域内新建、改建和扩建的地铁及隧道工程项目。

三、本基价是编制估算指标、概算定额和初步设计概算、施工图预算、竣工结算、招标控制价、工程量清单的基础,是建设项目投标报价的参考。

四、本基价各子目的预算基价由人工费、材料费、机械费和管理费组成。基价中的工作内容仅说明了主要施工工序,次要施工工序虽未作说明,但基价中已予考虑。

五、本基价人工费的规定和说明:

1. 人工消耗量是以现行《市政工程劳动定额》、《市政工程消耗量定额》为基础,结合本市实际,考虑了施工操作的基本用工、辅助用工、材料在施工现场超运距用工及人工幅度差。人工效率按八小时工作制考虑。

2. 人工单价是根据《中华人民共和国劳动法》有关规定,参照编制期天津市劳动力价格水平综合测算的。按技术含量分为三类:一类工每工日 124 元;二类工每工日 113 元;三类工每工日 96 元。

3. 人工费是支付给从事建筑安装工程施工的生产工人和附属生产单位工人的各项费用以及生产工具用具使用费。其中包括按照国家和本市有关规定,职工个人缴纳的养老保险、失业保险、医疗保险及住房公积金。

六、本基价材料费的规定和说明:

1. 材料费包括主要材料、零星材料和材料采购保管费。主要材料为构成工程实体且能够计量的材料、成品、半成品,按品种、规格列出消耗量;零星材料费为不构成工程实体且用量较小的材料,以"元"为单位列出;材料采购保管费是指施工单位在组织采购、供应和保管材料过程中所需各项费用,包括工地仓库的储存损耗。

2. 材料消耗量均按合格的标准规格产品编制。包括按国家消耗量定额标准规定的正常施工消耗和材料从工地仓库、现场集中堆放或加工地点运至施工操作、安装地点的堆放和运输损耗及不可避免的施工操作损耗。

3. 当设计要求采用的材料、成品或半成品的品种、规格型号与基价中不同时,可按各章规定调整。

4. 材料价格按本基价编制期建筑市场材料价格综合取定,包括由材料供应地点运至工地仓库或施工现场堆放地点的费用。

5. 材料采购保管费按照材料价格的 2.1% 计取。由建设单位供料至现场或施工单位指定地点,并由施工单位负责保管的,退还建设单位 0.875%,施工单位留 1.225%;由建设单位供料至现场或施工单位指定地点,并由建设单位负责保管的,退还建设单位 1.68%,施工单位留 0.42%。

6. 工程建设中部分材料由建设单位供料,结算时退还建设单位所购材料的材料款(包括材料采购保管费),材料单价以施工合同中约定的材料价格为准,材料数量按实际领用量确定。

7. 周转材料按摊销量编制,且已包括回库维修等相关费用。

8. 本基价部分材料或成品、半成品的消耗量带有括号，并列于无括号材料消耗量之前，表示该材料未计价，基价总价未包括其价值，计价时应以括号中的消耗量乘以其价格，同时计算其采购保管费，分别计入本基价的材料费和总价中；列于无括号材料消耗量之后，表示基价总价和材料费中已经包括了该材料的价值，括号内的材料不再计价。

9. 材料消耗量带有“×”号的，“×”号前为材料消耗量，“×”号后为该材料的单价。

七、本基价机械费的规定和说明：

1. 机械台班消耗量是按照正常的施工程序、合理的机械配置确定的。

2. 机械台班单价按照《建设工程施工机械台班费用编制规则》及《天津市施工机械台班参考基价》确定。

3. 凡单位价值2000元以内，使用年限在一年以内不构成固定资产的施工机械，不列入机械台班消耗量，作为工具用具在企业管理费中考虑，其消耗的燃料动力等已列入材料内。

八、凡纳入重大风险源风险范围的分部分项工程均应按专家论证的专项方案另行计算相关费用。

九、施工用水、电已包括在本基价材料费和机械费中，不另计算。施工现场应由建设单位安装水、电表，交施工单位保管和使用，施工单位按表计量，按相应单价计算后退还建设单位。

十、本基价凡注明“××以内”或“××以下”者，均包括××本身，注明“××以外”或“××以上”者，均不包括××本身。

十一、本基价材料、机械和构件的规格，用数值表示而未说明单位的，其计量单位为毫米；工程量计算规则中，凡未说明计量单位的，按长度计算的以米为计量单位，按面积计算的以平方米为计量单位，按体积计算的以立方米为计量单位，按质量计算的以吨为计量单位。

十二、本基价适用于简易计税方法计取增值税的地铁及隧道工程，对适用一般计税方法计取增值税的地铁及隧道工程，按附录七进行调整。

第一章　土方、围护结构及土体加固工程

说　　明

一、本章包括基坑挖土方、大型支护基坑土方、隧道及车站盖挖土方、暗挖土方等33节，共122条基价子目。

二、盖挖土方以盖挖顶板下表面划分，顶板下表面以下执行盖挖土方项目，以上部分执行其他基坑土方项目。

三、大型支撑基坑开挖项目适用于地下连续墙、混凝土板桩、钢板桩等围护的跨度大于8 m的深基坑开挖。项目中未包括湿土排水，若需采用井点降水或支撑安拆需打拔中心稳定桩等，其费用另计。

四、大型支撑基坑开挖由于场地狭窄只能单面施工时，挖掘机械按下表调整：

宽度	双边停机施工	单边停机施工
基坑宽度15 m以内	15 t	25 t
基坑宽度15 m以外	25 t	40 t

五、大型支撑项目预算基价只包括安拆费用。钢支撑制作项目为临时性支撑，钢支撑按6次摊销考虑。实际周转次数如与基价不同时，可按设计要求调整。

六、地下连续墙成槽的护壁泥浆采用密度为1.055的普通泥浆。如需特殊泥浆时，可按实际配比调整泥浆单价。护壁泥浆使用后的废浆处理另行计算。

七、工字形接口制作与安装所用材料的规格和品种为综合考虑，计价时不做调整。

八、SMW工法桩执行深层搅拌桩与插拔型钢相应基价项目。

九、基坑钢筋混凝土支撑破除，执行相应章节破除混凝土项目。

十、分层注浆加固的扩散半径按0.8 m综合考虑，压密注浆加固半径按0.75 m综合考虑，钻孔深度按设计要求计算。

十一、混凝土初喷5 cm为基本层，每增5 cm按增加项目计算，不足5 cm按5 cm计算。

十二、喷射混凝土项目已包括混合料200 m运输，超过200 m时，材料运费另计。运输吨位按初喷5 cm拱部26 t/100 m^2，边墙23 t/100 m^2；每增厚5 cm拱部16 t/100 m^2，边墙14 t/100 m^2。

十三、喷射混凝土项目按拱顶、弧墙、拱底划分，其中起拱线以上为拱顶，起拱线至拱墙脚为弧墙，两墙脚之间为拱底。

十四、喷射混凝土数量及厚度按设计图纸计算，不另加超挖、填平补齐的数量。

十五、临时支护喷射混凝土项目适用于施工过程中临时支护措施的喷射混凝土。

工程量计算规则

一、基坑土方开挖、暗挖土方、盖挖土方和竖井提升土方按自然方计算;回填土方按压实方计算。

二、基坑土方工程量按构筑物水平投影面积加工作面宽度计算坑底面积,乘以基坑设计深度以体积计算。基坑每侧增加工作面宽度如设计无规定可按以下方法计算。

1. 构筑物有防潮层的每侧增加工作面宽度 60 cm;构筑物无防潮层的每侧增加工作面宽度 40 cm。

2. 如需放坡,按下表计算:

放坡系数表

放坡起点深度	机械开挖		人工开挖
	坑内作业	坑上作业	
1.5 m	1:0.33	1:0.75	1:0.5

三、大型支撑基坑土方按围护结构内围平面尺寸乘以深度计算。

四、盖挖土方按设计结构断面外围尺寸和高度以体积计算,其结构外围断面面积为结构两侧外墙外侧之间的宽度,高度为设计顶板至底板垫层底的距离。

五、暗挖土方按设计结构净空断面(其中拱、墙部位已设计结构外围各加10cm)面积乘以相应的设计长度以体积计算。其余的超挖土方量不另计算。

六、竖井提升土方量按暗挖土方总量以体积计算。

七、地下连续墙成槽土方量按连续墙长度、宽度和槽深(加超深 0.5m)计算。混凝土浇筑量视同连续墙成槽土方量。

八、锁口管及清底置换以"段"为计量单位(段指槽壁单元段),锁口管吊拔按连续墙段数加1段计算,基价中已包括锁口管的摊销费用。槽壁单元段按设计图纸或施工组织设计长度计算,如无数据资料,可参照 4 ~ 8 m 为一个单元段计算。

九、大型支撑场外运输,运距按实际运输里程计算;如运输里程不确定时可按 10 ~ 15 km 运输距离考虑。

十、小导管、大管棚制作、安装按设计长度计算。

十一、注浆按设计要求注浆量以体积计算。

十二、预应力锚杆,砂浆锚杆按设计图纸以长度计算。

十三、钢筋挂网已综合考虑网眼密度,以钢筋网与需围护槽壁接触面积以面积计算。

十四、喷射平台工程量按实际搭设平台的最外立杆或最外平杆之间的水平投影面积计算。

1.基 坑 挖 土 方

工作内容：1.挖土方：挖土、抛土、清底、修整边坡。2.挖淤泥、流沙：挖淤泥、流沙弃置槽边。

编号	项目	单位	预算基价				人工	机械	
			总价	人工费	机械费	管理费	综合工	履带式单斗液压挖掘机 $1m^3$	履带式推土机 75kW
			元	元	元	元	工日	台班	台班
							113.00	1173.38	867.26
1-1	人工基坑土方	$100m^3$	4518.29	4226.20		292.09	37.40		
1-2	机械基坑土方	$100m^3$	320.46	67.80	228.55	24.11	0.60	0.18	0.02
1-3	人机清挖淤泥、流沙	$100m^3$	1437.15	379.68	950.44	107.03	3.36	0.81	

2. 大 型 支 护 基 坑 土 方

工作内容： 人工配合机械挖土，挖引排水沟，装车，人工清底等全部工作。

编号	项目			单位	预算基价				人工	机械			
					总价	人工费	机械费	管理费	综合工	履带式单斗液压挖掘机 $1m^3$	履带式推土机 75kW	履带式起重机 15t	履带式起重机 25t
					元	元	元	元	工日	台班	台班	台班	台班
									113.00	1173.38	867.26	751.29	818.05
1-4	基坑挖土	宽15m以内	深3.5m以内	$100m^3$	1588.27	714.16	760.14	113.97	6.32	0.50	0.20		
1-5			深7m以内		2708.91	850.89	1658.26	199.76	7.53	0.50	0.30	1.08	
1-6			深11m以内		3706.34	1118.70	2313.66	273.98	9.90	0.70	0.30	1.64	
1-7			深15m以内		5182.29	1571.83	3227.49	382.97	13.91	1.20	0.40	1.96	
1-8			深19m以内		6300.88	2022.70	3814.18	464.00	17.90	1.70	0.40	1.96	
1-9			深19m以外		7628.40	2486.00	4581.18	561.22	22.00	2.20	0.40	2.20	
1-10		宽15m以外	深3.5m以内		1613.64	737.89	760.14	115.61	6.53	0.50	0.20		
1-11			深7m以内		2787.14	850.89	1730.36	205.89	7.53	0.50	0.30		1.08
1-12			深11m以内		3813.06	1107.40	2423.15	282.51	9.80	0.70	0.30		1.64
1-13			深15m以内		5321.85	1569.57	3358.34	393.94	13.89	1.20	0.40		1.96
1-14			深19m以内		6454.94	2034.00	3945.03	475.91	18.00	1.70	0.40		1.96
1-15			深19m以外		8150.18	2825.00	4728.05	597.13	25.00	2.20	0.40		2.20

3. 隧道及车站盖挖土方

工作内容：机械挖土方，装土，卸土，土运至洞口。

编号	项目	单位	预算基价				人工	机械	
			总价	人工费	机械费	管理费	综合工	履带式单斗液压挖掘机 0.6m³	机动翻斗车 1t
			元	元	元	元	工日	台班	台班
							113.00	819.98	187.67
1-16	机械盖挖土方	100m³	2285.79	113.00	1995.37	177.42	1.00	0.90	6.70

4. 暗 挖 土 方

工作内容：挖土、装土、运土等。

编号	项目			单位	预算基价 总价	人工费	机械费	管理费	人工 综合工	机械 履带式单斗液压挖掘机 0.6m³	机械 机动翻斗车 1t
					元	元	元	元	工日	台班	台班
									113.00	819.98	187.67
1-17	人工暗挖	50 m 人工运输	一般土	100m³	6685.63	6253.42		432.21	55.34		
1-18	人工暗挖	50 m 人工运输	砂砾坚土	100m³	8498.98	7949.55		549.43	70.35		
1-19	人工暗挖	运距每增 20 m		100m³	181.22	169.50		11.72	1.50		
1-20	机械暗挖	50 m 机械运输	一般土	1000m³	5506.35	810.21	4276.63	419.51	7.17	5.14	0.33
1-21	机械暗挖	50 m 机械运输	砂砾坚土	1000m³	7459.37	1696.13	5203.70	559.54	15.01	6.25	0.42
1-22	机械暗挖	运距每增 20 m		1000m³	613.88		565.79	48.09		0.69	

5. 竖 井 提 升 土 方

工作内容：洞口土方提升至地面及地面人工配合卸土至指定地点。

编号	项目	单位	预算基价				人工	机械
			总价	人工费	机械费	管理费	综合工	卷扬机 电动双筒快速 50kN
			元	元	元	元	工日	台班
							113.00	289.66
1-23	竖井提升土方	$100m^3$	1691.78	847.50	724.15	120.13	7.50	2.50

6. 槽坑回填土方

工作内容：1. 填土夯实：摊铺、碎土、夯实。2. 填土碾压：回填、推平、碾压、工作面排水。

编号	项目	单位	预算基价					人工	材料				机械		
			总价	人工费	材料费	机械费	管理费	综合工	路基黄土	水	零星材料费	材料采管费	电动夯实机 20～62Nm	光轮压路机(内燃) 8t	洒水车 4000L
			元	元	元	元	元	工日	m^3	m^3	元	元	台班	台班	台班
								113.00		7.85			30.67	394.94	459.22
1-24	槽坑填土夯实	$100m^3$	1933.39	1559.40		245.36	128.63	13.80	(149.00)				8.00		
1-25	槽坑填土碾压	$100m^3$	353.61	72.32	12.21	243.39	25.69	0.64	(149.00)	1.50	0.18	0.25		0.50	0.10

7. 盖 挖 回 填

工作内容：回填、推平、碾压。

编号	项目	单位	预算基价					人工	材料				机械	
			总价	人工费	材料费	机械费	管理费	综合工	路基黄土	碴石 0.2～8	零星材料费	材料采管费	电动夯实机 20～62Nm	振动压路机 15t
			元	元	元	元	元	工日	m^3	t	元	元	台班	台班
								113.00		85.92			30.67	1060.43
1-26	盖挖回填土方	$100m^3$	1957.56	1582.00		245.36	130.20	14.00	(149.00)				8.00	
1-27	盖挖回填碎石	$100m^3$	19091.98	7232.00	11130.02	212.09	517.87	64.00		125.00	161.10	228.92		0.20

8. 泥 浆 运 输

工作内容：装卸泥浆、运输、清理场地。

编号	项目	单位	预算基价			机械
			总价	机械费	管理费	泥浆罐车 40m³
			元	元	元	m³
						489.86
1-28	泥浆装运	100m³	1328.75	1224.65	104.10	2.50

9. 砂 石 滤 沟、滤 层

工作内容：挖沟、清沟、配料、铺设等全部工作。

编号	项目		单位	预算基价				人工	材料		
				总价	人工费	材料费	管理费	综合工	粗砂	碴石 2~4	材料采管费
				元	元	元	元	工日	t	t	元
								113.00	87.17	85.88	
1-29	砂石滤沟	断面 0.1 m 以内	$10m^3$	3312.42	2074.68	1094.35	143.39	18.36	3.37	9.06	22.51
1-30	砂石滤沟	断面 0.1 m 以外	$10m^3$	3285.83	2101.80	1038.76	145.27	18.60	5.10	6.67	21.37
1-31	砂石滤层	厚 10 cm 以内	$10m^3$	1715.52	479.12	1203.29	33.11	4.24	13.52		24.75
1-32	砂石滤层	厚 20 cm 以内	$10m^3$	1702.24	466.69	1203.29	32.26	4.13	13.52		24.75
1-33	砂石滤层	厚 30 cm 以内	$10m^3$	1688.95	454.26	1203.29	31.40	4.02	13.52		24.75

10. 地下连续墙导墙开挖

工作内容： 放样，机械挖土，装车，人工整修等全部工作。

编号	项目	单位	预算基价					人工	材料			机械
			总价	人工费	材料费	机械费	管理费	综合工	预拌混凝土 AC15	零星材料费	材料采管费	履带式单斗液压挖掘机 $0.6m^3$
			元	元	元	元	元	工日	m^3	元	元	台班
								113.00	341.29			819.98
1-34	导墙开挖	$100m^3$	5306.93	2776.41	1351.08	910.18	269.26	24.57	3.82	19.56	27.79	1.11

11. 地下连续墙挖土成槽土方①

工作内容：机具定位，导轨安置，泥浆制运循环使用，钻孔挖土成槽，护壁整修测量，场内弃运等全部工作。

编号	项目		单位	预算基价					人工	材料			机械		
				总价	人工费	材料费	机械费	管理费	综合工	护壁泥浆	零星材料费	材料采管费	泥浆泵 100mm	履带式液压抓斗成槽机 KH180MHL-800	超声波测壁机
				元	元	元	元	元	工日	m^3	元	元	台班	台班	台班
									113.00	61.58			244.90	3020.18	104.66
1-35	履带式液压抓斗（60cm）	15 m 以内	$10m^3$	4256.81	1630.59	765.79	1610.81	249.62	14.43	12.00	11.08	15.75	0.36	0.50	0.12
1-36		25 m 以内		4735.59	1762.80	765.79	1921.81	285.19	15.60	12.00	11.08	15.75	0.52	0.59	0.12
1-37		35 m 以内		5425.13	2028.35	765.79	2295.67	335.32	17.95	12.00	11.08	15.75	0.69	0.70	0.12
1-38	履带式液压抓斗（80cm）	15 m 以内		3681.04	1099.49	765.79	1603.47	212.29	9.73	12.00	11.08	15.75	0.33	0.50	0.12
1-39		25 m 以内		4166.58	1243.00	765.79	1909.57	248.22	11.00	12.00	11.08	15.75	0.47	0.59	0.12
1-40		35 m 以内		4739.65	1404.59	765.79	2278.52	290.75	12.43	12.00	11.08	15.75	0.62	0.70	0.12
1-41		45 m 以内		5070.15	1582.00	765.79	2408.31	314.05	14.00	12.00	11.08	15.75	0.78	0.73	0.12
1-42		45 m 以外		6172.69	1774.10	765.79	3235.19	397.61	15.70	12.00	11.08	15.75	0.95	0.99	0.12

11. 地下连续墙挖土成槽土方②

工作内容：同前

编号	项目			单位	预算基价 总价	人工费	材料费	机械费	管理费	人工 综合工	材料 护壁泥浆	零星材料费	材料采管费	机械 泥浆泵100mm	导杆式液压抓斗成槽机 E50KRC2/45K2502	超声波测壁机	多头钻成槽机BW
					元	元	元	元	元	工日	m^3	元	元	台班	台班	台班	台班
										113.00	61.58			244.90	4530.93	104.66	4251.53
1-43	履带式液压抓斗(100cm)	深度	15 m以内	$10m^3$	4383.43	989.88	765.79	2358.84	268.92	8.76	12.00	11.08	15.75	0.33	0.50	0.12	
1-44	履带式液压抓斗(100cm)	深度	25 m以内	$10m^3$	5000.80	1118.70	765.79	2800.91	315.40	9.90	12.00	11.08	15.75	0.47	0.59	0.12	
1-45	履带式液压抓斗(100cm)	深度	35 m以内	$10m^3$	5737.27	1264.47	765.79	3336.05	370.96	11.19	12.00	11.08	15.75	0.62	0.70	0.12	
1-46	履带式液压抓斗(100cm)	深度	45 m以内	$10m^3$	6589.21	1423.80	765.79	3964.25	435.37	12.60	12.00	11.08	15.75	0.78	0.83	0.12	
1-47	履带式液压抓斗(100cm)	深度	45 m以外	$10m^3$	7614.24	1604.60	765.79	4730.83	513.02	14.20	12.00	11.08	15.75	0.95	0.99	0.12	
1-48	履带式液压抓斗(120cm)	深度	45 m以内	$10m^3$	6375.10	1757.15	481.17	3700.77	436.01	15.55	7.54	6.96	9.90	0.78	0.77	0.20	
1-49	履带式液压抓斗(120cm)	深度	45 m以外	$10m^3$	7497.38	1985.41	481.17	4510.21	520.59	17.57	7.54	6.96	9.90	0.94	0.94	0.20	
1-50	多头钻成槽			$10m^3$	9194.10	3411.47	765.79	4406.50	610.34	30.19	12.00	11.08	15.75	0.98			0.98

12. 现浇混凝土导墙

工作内容：模板支立，隔板设置，浇筑混凝土，养护，拆模清理堆放等全部工作。

编号	项目	单位	预算基价					人工	材料			
			总价	人工费	材料费	机械费	管理费	综合工	预拌混凝土AC20	钢模板	钢支撑	板材
			元	元	元	元	元	工日	m^3	kg	kg	m^3
								113.00	353.38	7.00	9.50	2196.98
1-51	现浇混凝土导墙	$10m^3$	10736.96	3879.29	6302.26	164.06	391.35	34.33	10.20	17.32	10.20	0.19

接上表

编号	项目	单位	材料								机械		
			钢筋 D10以内	电焊条	铁件含制作费	镀锌钢丝 0.7～1.2	零星卡具	混凝土泵送费	零星材料费	材料采管费	钢筋切断机 40mm	钢筋弯曲机 40mm	电焊机 40kVA
			t	kg	kg	kg	kg	m^3	元	元	台班	台班	台班
			2700.29	8.49	7.69	8.28	8.75	24.00			49.13	29.25	136.41
1-51	现浇混凝土导墙	$10m^3$	0.48	4.83	27.00	2.82	3.25	10.20	91.22	129.63	0.18	0.27	1.08

工作内容：配模立模，钢筋绑扎，铁件焊接，浇筑混凝土，养护，堆放，吊运，连接定位，外侧间隔墙填土夯实，挖土，拆除连接件，吊拆导墙，清理堆放等全

编号	项目		单位	预算基价 总价	人工费	材料费	机械费	管理费	人工 综合工	材料 预拌混凝土AC25	铁件含制作费	钢筋D10以内
				元	元	元	元	元	工日	m^3	kg	t
									113.00	364.55	7.69	2700.29
1-52	地下连续墙	预制混凝土导墙	10m³	16271.61	6111.04	8412.75	985.24	762.58	54.08	10.20	29.00	1.32
1-53	地下连续墙	预制混凝土导墙安装	10m³	11267.88	5944.93	3966.70	671.99	684.26	52.61			
1-54	地下连续墙	预制混凝土导墙拆除	10m³	4574.98	3308.64		956.37	309.97	29.28			

土导墙及拆除

部工作。

材料								机械						
钢模板	电焊条	零星卡具	水	碴石 0.2~8	带帽螺栓	零星材料费	材料采管费	自卸汽车 5t	钢筋切断机 40mm	钢筋弯曲机 40mm	电焊机 40kVA	门式起重机 10t	履带式起重机 15t	履带式单斗液压挖掘机 0.6m³
kg	kg	kg	m³	t	kg	元	元	台班	台班	台班	台班	台班	台班	台班
7.00	8.49	8.75	7.85	85.92	9.20			490.10	49.13	29.25	136.41	446.10	751.29	819.98
26.80	12.30	34.80	1.99			121.77	173.03	0.59	0.57	0.90	2.35	0.72		
				39.61	46.13	57.42	81.59				0.41		0.82	
													0.76	0.47

14. 地下连续墙锁口管吊拔

工作内容：锁口管对接组装，入槽就位，灌注混凝土时上下移动，拔除拆卸，冲洗堆放。

编号	项目		单位	预算基价					人工	材料			机械	
				总价	人工费	材料费	机械费	管理费	综合工	锁口管	零星材料费	材料采管费	履带式起重机 15t	锁口管顶升机
				元	元	元	元	元	工日	kg	元	元	台班	台班
									113.00	6.32			751.29	521.12
1-55	锁口管吊拔	15 m 以内	段	4749.66	2235.14	339.98	1861.80	312.74	19.78	51.91	4.92	6.99	1.84	0.92
1-56	锁口管吊拔	25 m 以内	段	6242.86	2878.11	566.73	2395.48	402.54	25.47	86.53	8.20	11.66	2.37	1.18
1-57	锁口管吊拔	35 m 以内	段	7806.76	3553.85	793.40	2962.11	497.40	31.45	121.14	11.48	16.32	2.93	1.46
1-58	锁口管吊拔	45 m 以内	段	9442.37	4263.49	1019.75	3561.71	597.42	37.73	155.70	14.76	20.97	3.52	1.76
1-59	锁口管吊拔	45 m 以外	段	11159.61	5008.16	1246.38	4201.78	703.29	44.32	190.30	18.04	25.64	4.15	2.08

15. 型钢接口制作安装

工作内容：放样、画线、截料、平整、焊接、成品校正吊装等。

编号	项目		单位	预算基价 总价	人工费	材料费	机械费	管理费	人工 综合工	材料 乙炔气 5.5~6.5kg	氯丁胶粘剂	低泡沫聚乙烯
				元	元	元	元	元	工日	m³	kg	m³
									113.00	18.53	21.00	680.00
1-60	型钢封口制作安装	封口制作	t	6438.52	1015.87	4828.41	431.13	163.11	8.99	2.69	6.18	1.36
1-61	型钢封口制作安装	封口安装	t	443.16	271.20	32.65	99.51	39.80	2.40			

接上表

编号	项目		单位	材料 热轧厚钢板 4.4~5.5	电焊条	原木	零星材料费	材料采管费	机械 履带式起重机 15t	电焊机 40kVA	电动空气压缩机 10m³/min	电焊机 30kVA
				t	kg	m³	元	元	台班	台班	台班	台班
				2745.57	8.49	1766.98			751.29	136.41	447.21	103.98
1-60	型钢封口制作安装	封口制作	t	1.06	75.91		69.89	99.31	0.14	2.16	0.07	
1-61	型钢封口制作安装	封口安装	t		1.63	0.01	0.47	0.67	0.12			0.09

工作内容：钢筋加工制笼，钢筋笼试拼装，吊装入槽，钢筋校正对接，安装护铁，就位固定等全部工作。

编号	项目		单位	预算基价					人工	材料	
				总价	人工费	材料费	机械费	管理费	综合工	螺纹钢 锰 $D14$ 以内	预埋件
				元	元	元	元	元	工日	t	kg
									113.00	2744.75	6.70
1-62	钢筋笼制作		t	5148.18	1333.40	3349.32	312.24	153.22	11.80	1.04	37.98
1-63	钢筋笼吊装就位	15 m 以内	t	1009.40	429.40	70.72	390.38	118.90	3.80		8.91
1-64	钢筋笼吊装就位	25 m 以内	t	1068.27	431.66	69.85	436.63	130.13	3.82		8.53
1-65	钢筋笼吊装就位	35 m 以内	t	1247.41	439.57	73.08	571.74	163.02	3.89		8.92
1-66	钢筋笼吊装就位	45 m 以内	t	1490.29	439.57	73.08	767.61	210.03	3.89		8.92
1-67	钢筋笼吊装就位	45 m 以外	t	1552.56	447.48	76.31	808.47	220.30	3.96		9.31

筋笼制造吊运就位

材			料	机									械
气焊条	聚苯乙烯硬泡沫塑料	零星材料费	材料采管费	履带式起重机15t	钢筋切断机40mm	钢筋弯曲机40mm	对焊机75kVA	电焊机30kVA	汽车式起重机12t	平板拖车组20t	履带式起重机30t	履带式起重机50t	汽车式起重机80t
kg	m^3	元	元	台班	台班	台班	台班	台班	台班	台班	台班	台班	台班
8.47	430.00			751.29	49.13	29.25	133.91	103.98	831.92	1053.07	940.92	1502.10	4085.68
6.90	0.15	48.48	68.89	0.13	0.24	0.13	0.36	1.45					
1.01		1.02	1.45	0.04				1.29	0.12	0.12			
1.21		1.01	1.44					1.39	0.13	0.13	0.05		
1.27		1.06	1.50					1.55	0.17	0.17		0.06	
1.27		1.06	1.50					1.55	0.17	0.17			0.07
1.33		1.10	1.57					1.55	0.17	0.17			0.08

17. 浇 筑 混 凝 土 连 续 墙

工作内容：移动升降吸泥管，清底置换，混凝土浇筑导管安拆。

编号	项目	单位	预算基价					人工	材料					机械			
			总价	人工费	材料费	机械费	管理费	综合工	预拌混凝土AC25	水	护壁泥浆	零星材料费	材料采管费	履带式起重机15t	泥浆泵100mm	混凝土输送泵 $30m^3/h$	电动空气压缩机 $1.0m^3/min$
			元	元	元	元	元	工日	m^3	m^3	m^3	元	元	台班	台班	台班	台班
								113.00	364.55	7.85	61.58			751.29	244.90	703.29	59.43
1-68	浇筑混凝土	$10m^3$	5782.69	691.56	4631.39	329.60	130.14	6.12	12.13	6.00		67.04	95.26	0.17	0.25	0.20	
1-69	地下连续墙清底置换	段	4248.27	1988.80	159.54	1808.73	291.20	17.60			2.50	2.31	3.28	1.33	2.66		2.66

18. 深层搅拌桩成墙

工作内容：准备机具，移机就位，钻孔搅拌，记录，混凝土浇筑等全部工作。

编号	项目		单位	预算基价					人工	材料						机械			
				总价	人工费	材料费	机械费	管理费	综合工	水泥 32.5级	水	预拌混凝土 AC30	草袋 840×760	零星材料费	材料采管费	工程钻机 D500	灰浆搅拌机 200L	挤压式灰浆输送泵 3m³/h	混凝土输送泵 30m³/h
				元	元	元	元	元	工日	t	m³	m³	条	元	元	台班	台班	台班	台班
									113.00	362.35	7.85	376.62	1.93			427.10	180.11	202.16	703.29
1-70	深层搅拌桩	12% 水泥	10m³	2051.96	680.26	863.04	425.48	83.18	6.02	2.19	5.00			12.49	17.75	0.43	0.86	0.43	
1-71	深层搅拌桩	每增减1% 水泥	10m³	66.59		66.59				0.18					1.37				
1-72	围护结构圈梁		10m³	4491.28	299.45	3995.23	140.66	55.94	2.65		0.80	10.20	3.85	57.83	82.17				0.20

19. 型　钢　桩

工作内容：准备工作、安装拆除插桩、拔桩机具、刷隔离剂、插型钢桩、拔桩、指定地点堆放、清场、整理等。

编号	项目	单位	预算基价					人工	材料		
			总价	人工费	材料费	机械费	管理费	综合工	枕木	热轧工字钢 #37～40	电焊条
			元	元	元	元	元	工日	m^3	t	kg
								113.00	3503.08	2650.17	8.49
1-73	插拔型钢桩	t	1409.76	141.25	311.46	765.13	191.92	1.25	0.002	0.05	5.17

接上表

编号	项目	单位	材料					机械			
			隔离剂	氧气 6m³	乙炔气 5.5～6.5kg	零星材料费	材料采管费	履带式起重机 30t	电焊机 30kVA	立式油压千斤顶 200t	液压泵车
			kg	m^3	m^3	元	元	台班	台班	台班	台班
			4.85	3.27	18.53			940.92	103.98	12.01	301.51
1-73	插拔型钢桩	t	15.00	2.58	1.94	4.51	6.41	0.21	0.08	0.37	1.84

20. 套管钻孔咬合灌注桩

工作内容：护筒埋设拆除、准备钻孔机具、钻孔出渣、泥浆制作及固壁、灌注混凝土、现场清理等。

编号	项目		单位	预算基价					人工	材料				机械	
				总价	人工费	材料费	机械费	管理费	综合工	预拌混凝土AC25	垫木	零星材料费	材料采管费	电动单级离心清水泵100mm	钻孔咬合桩机
				元	元	元	元	元	工日	m^3	m^3	元	元	台班	台班
									113.00	364.55	996.14			40.04	5309.02
1-74	套管钻孔咬合桩	*D*800	$10m^3$	13943.05	2698.44	4121.41	5723.49	1399.71	23.88	10.80	0.04	59.65	84.77	1.07	1.07
1-75	套管钻孔咬合桩	*D*1000	$10m^3$	15869.83	3227.28	4121.41	6846.80	1674.34	28.56	10.80	0.04	59.65	84.77	1.28	1.28

21. 大型支护

工作内容：1. 安装：定位放线，局部凿除，焊接安全栏杆，安装定位，拆除吊出，装车及堆放。2. 下料，制作，定位，场内运输堆放。

编号	项目		单位	预算基价 总价	人工费	材料费	机械费	管理费	人工 综合工	材料 焊接钢管	氧气 6m³	乙炔气 5.5~6.5kg
				元	元	元	元	元	工日	t	m^3	m^3
									113.00	3022.55	3.27	18.53
1-76	钢管栏杆		t	9321.69	4500.79	3964.85	477.27	378.78	39.83	1.02	28.74	9.58
1-77	钢支撑制作	钢管	t	4792.85	2050.95	1301.34	1064.64	375.92	18.15			
1-78	钢支撑制作	型钢	t	4747.62	1711.95	1602.13	1075.03	358.51	15.15			
1-79	钢支撑安装	10 m 以内	t	1034.42	248.60	465.07	246.90	73.85	2.20			
1-80	钢支撑拆除	10 m 以内	t	648.58	369.51	5.80	228.32	44.95	3.27			
1-81	钢支撑安装	10 m 以外	t	1305.73	239.56	436.35	496.58	133.24	2.12			
1-82	钢支撑拆除	10 m 以外	t	789.91	322.05	28.16	384.74	54.96	2.85			

安装及拆除

材							料		机			械	
电焊条	醇酸防锈漆	铁件含制作费	型钢	钢支撑	钢板（中厚）	方木	零星材料费	材料采管费	电焊机 30kVA	履带式起重机 25t	载货汽车 5t	电动空气压缩机 $10m^3/min$	履带式起重机 50t
kg	kg	kg	t	kg	kg	m^3	元	元	台班	台班	台班	台班	台班
8.49	15.25	7.69	2697.10	9.50	2.77	3026.70			103.98	818.05	408.89	447.21	1502.10
24.99	17.00						57.39	81.55	4.59				
43.37		43.37			200.00		18.84	26.77	3.16	0.21	1.38		
57.12		57.12	0.21		20.00		23.19	32.95	3.26	0.21	1.38		
1.09		11.62		25.00	7.89	0.03	6.73	9.57	0.20	0.23	0.06	0.03	
0.66							0.08	0.12	0.10	0.22	0.06	0.03	
6.60		7.00		25.00	4.75	0.02	6.32	8.97	0.40		0.06	0.19	0.23
3.20							0.41	0.58	0.20		0.06	0.02	0.22

22. 大 型 支 撑 场 外 运 输

工作内容： 装车、运输、按指定地点卸车堆放等。

编号	项目		单位	预算基价					人工	材料			机械	
				总价	人工费	材料费	机械费	管理费	综合工	垫木	零星材料费	材料采管费	汽车式起重机 16t	载货汽车 8t
				元	元	元	元	元	工日	m^3	元	元	台班	台班
									113.00	996.14			945.75	491.93
1-83	支撑场外运输	1 km 以内	t	57.74	16.95	3.09	33.67	4.03	0.15	0.003	0.04	0.06	0.02	0.03
1-84	支撑场外运输	每增 1 km	t	6.55	1.13		4.92	0.50	0.01					0.01

23. 钢 筋 混 凝 土 支 护

工作内容：场地平整夯实，垫层铺设，模板支护、拆除，混凝土浇筑、振捣、养护等。

编号	项目	单位	预算基价					人工	材料			
			总价	人工费	材料费	机械费	管理费	综合工	预拌混凝土 AC10	预拌混凝土 AC30	组合钢模板	零星卡具
			元	元	元	元	元	工日	m^3	m^3	kg	kg
								113.00	332.16	376.62	7.84	8.75
1-85	基坑钢筋混凝土支撑浇筑	$10m^3$	6138.38	1281.42	4527.35	175.88	153.73	11.34	1.02	10.20	7.50	0.40

接上表

编号	项目	单位	材料				机械					
			木模板	水	零星材料费	材料采管费	载货汽车 4t	汽车式起重机 8t	木工圆锯机 500mm	电动夯实机 20~62Nm	混凝土输送泵 $30m^3/h$	小型机具
			m^3	m^3	元	元	台班	台班	台班	台班	台班	元
			1842.20	7.85			391.19	726.00	30.72	30.67	703.29	
1-85	基坑钢筋混凝土支撑浇筑	$10m^3$	0.045	5.50	65.53	93.12	0.03	0.02	0.01	0.01	0.20	8.35

24. 超 前 小 导 管

工作内容：制作、布眼、钻孔、顶管、场内运输。

编号	项目		单位	预算基价					人工	材料							机械			
				总价	人工费	材料费	机械费	管理费	综合工	热轧一般无缝钢管 D32×3.5	热轧一般无缝钢管 D42×3.5	热轧一般无缝钢管 D50×3.5	六角空心钢	合金钻头	零星材料费	材料采管费	风动凿岩机气腿式	管子切断机 60mm	电动空气压缩机 $10m^3/min$	小型机具
				元	元	元	元	元	工日	kg	kg	m	kg	个	元	元	台班	台班	台班	元
									113.00	2.78	2.76	12.34	2.88	225.00			15.42	18.57	447.21	
1-86	超前小导管	D32	m	28.92	9.04	10.54	8.03	1.31	0.08	2.51			0.014	0.014	0.15	0.22	0.02	0.002	0.017	0.08
1-87	超前小导管	D42	m	38.60	12.43	13.47	10.91	1.79	0.11		3.39		0.015	0.016	0.19	0.28	0.03	0.003	0.023	0.11
1-88	超前小导管	D50	m	88.18	15.82	56.79	13.34	2.23	0.14			4.09	0.018	0.019	0.82	1.17	0.04	0.004	0.028	0.13

25. 管　　棚

工作内容：制作、布眼、钻孔、顶管、场内运输等。

编号	项目		单位	预算基价					人工	材料						机械		
				总价	人工费	材料费	机械费	管理费	综合工	热轧一般无缝钢管 D108×6	热轧一般无缝钢管 D200×6	合金钻头	水	零星材料费	材料采管费	管子切断套丝机 159mm	水平钻机 φ300	管子切断机 250mm
				元	元	元	元	元	工日	kg	kg	个	m^3	元	元	台班	台班	台班
									113.00	3.26	3.30	225.00	7.85			24.87	1056.47	49.89
1-89	管棚	D108	m	257.77	72.32	128.49	42.51	14.45	0.64	15.40		0.21	3.38	1.86	2.64	0.01	0.04	
1-90	管棚	D200	m	367.46	93.79	201.74	53.57	18.36	0.83		30.14	0.27	4.39	2.92	4.15	0.01	0.05	0.01

工作内容：钻孔、运料、砂浆制作、压浆、检查、堵孔等。

编号	项目		单位	预算基价 总价	人工费	材料费	机械费	管理费	人工 综合工	材料 水泥 42.5级
				元	元	元	元	元	工日	t
									113.00	410.38
1-91	水泥浆	钻孔压浆	10m³	6465.29	2050.95	3633.49	492.41	288.44	18.15	7.65
1-92	水泥浆	预留孔压浆	10m³	5405.16	1398.94	3512.84	303.20	190.18	12.38	7.65
1-93	水泥水玻璃双液浆	钻孔压浆	10m³	16752.69	2486.00	13393.62	535.73	337.34	22.00	4.41
1-94	水泥水玻璃双液浆	预留孔压浆	10m³	15546.02	1696.13	13277.04	346.51	226.34	15.01	4.41
1-95	水泥砂浆	钻孔压浆	10m³	7195.43	2050.95	4361.02	494.58	288.88	18.15	
1-96	水泥砂浆	预留孔压浆	10m³	6139.35	1398.94	4244.44	305.36	190.61	12.38	

浆

材					料		机		械	
合金钻头	水	水玻璃	水泥砂浆 1:2	板　材	零星材料费	材料采管费	风动凿岩机 气腿式	灰浆搅拌机 400L	电动灌浆机	电动空气压缩机 $10m^3/min$
个	m^3	kg	m^3	m^3	元	元	台班	台班	台班	台班
225.00	7.85	2.75	380.00	2196.98			15.42	187.73	28.84	447.21
0.50	10.00			0.08	52.59	74.73	0.96	1.40	1.40	0.39
	9.50			0.08	50.85	72.25		1.40	1.40	
0.50	7.30	3900.00		0.10	193.86	275.48	0.96	1.60	1.60	0.39
	7.30	3900.00		0.10	192.18	273.08		1.60	1.60	
0.50			10.20	0.10	63.12	89.70	0.96	1.41	1.41	0.39
			10.20	0.10	61.44	87.30		1.41	1.41	

27. 锚　杆

工作内容：准备机具、机具就位、定位、钻孔、砂浆配制、灌浆、制作锚杆及垫板、安装垫板、张拉安装、锚固现场清理等。

编号	项目		单位	预算基价					人工	材料						
				总价	人工费	材料费	机械费	管理费	综合工	螺纹钢锰 D14～32	六角空心钢	高压胶管	合金钻头	水泥砂浆 1:2	水	钢筋 D10 以外
				元	元	元	元	元	工日	t	kg	m	个	m^3	m^3	t
									113.00	2731.63	2.88	29.75	225.00	380.00	7.85	2672.18
1-97	砂浆锚杆	5 m 以内	100m	4430.81	1958.29	1800.55	408.88	263.09	17.33	0.40	2.80	0.02	2.35	0.20	4.00	
1-98	砂浆锚杆	10 m 以内	100m	5451.96	2056.60	1834.51	1141.43	419.42	18.20	0.40	2.94	0.02	2.47	0.21	4.20	
1-99	砂浆锚杆	15 m 以内	100m	5652.57	2159.43	1868.59	1186.56	437.99	19.11	0.40	3.09	0.02	2.59	0.22	4.41	
1-100	砂浆锚杆	15 m 以外	100m	5867.75	2262.26	1902.64	1243.85	459.00	20.02	0.40	3.23	0.02	2.71	0.23	4.62	
1-101	预应力锚杆	10 m 以内	100m	8102.44	3128.97	1802.48	2723.25	447.74	27.69					0.21	4.20	0.41
1-102	预应力锚杆	20 m 以内	100m	8461.28	3286.04	1836.59	2867.77	470.88	29.08					0.22	4.41	0.41
1-103	预应力锚杆	30 m 以内	100m	9061.46	3692.84	1869.76	2989.52	509.34	32.68					0.23	4.62	0.41

支 护

材料					机械												
钢板 4.5~10	速凝剂	螺栓套管	零星材料费	材料采管费	风动凿岩机气腿式	电动空气压缩机 10m³/min	钢筋切断机 40mm	灰浆搅拌机 200L	电动灌浆机	水平钻机 φ300	电焊机 30kVA	螺纹车丝机 φ45	钢筋冷拉机 900kN	锚杆钻孔机 DHR80A	液压注浆泵 HYB50/50-1 型	液压拔管机	高压油泵 80MPa
kg	kg	个	元	元	台班	台班	台班	台班	台班	台班	台班	台班	台班	台班	台班	台班	台班
2.77	1.90	0.91			15.42	447.21	49.13	180.11	28.84	1056.47	103.98	32.00	47.98	2091.49	247.81	334.79	209.64
			26.06	37.03	1.68	0.70	0.03	0.30	0.50								
			26.55	37.73			0.03	0.32	0.53	1.01							
			27.05	38.43			0.04	0.33	0.55	1.05							
			27.54	39.13			0.04	0.35	0.58	1.10							
20.20	250.00		26.09	37.07			0.10	1.39			0.57	0.033	0.16	0.63	1.39	1.39	1.30
21.21	262.50	1.01	26.58	37.78			0.10	1.46			0.60	0.035	0.17	0.66	1.46	1.49	1.37
22.22	275.00	1.02	27.06	38.46			0.11	1.53			0.62	0.036	0.18	0.69	1.53	1.53	1.43

28. 分 层 注 浆

工作内容：定位、钻孔、注护壁泥浆、放置注浆阀管、配置浆液、插入注浆芯管、分层劈裂注浆、检测施工效果等。

编号	项目	单位	预算基价					人工	材料			
			总价	人工费	材料费	机械费	管理费	综合工	膨润土	塑料注浆管	水	水泥42.5级
			元	元	元	元	元	工日	kg	m	m^3	t
								113.00	0.45	14.62	7.85	410.38
1-104	机械钻孔	10m	471.53	136.73	213.64	102.96	18.20	1.21	112.32	10.00	1.20	
1-105	注浆	$10m^3$	1441.44	435.05	790.60	171.17	44.62	3.85				1.09

接上表

编号	项目	单位	材料					机械			
			促进剂KA	粉煤灰	水玻璃	零星材料费	材料采管费	液压钻机XU-100	灰浆搅拌机200L	泥浆泵50mm	液压注浆泵HYB50/50-1型
			kg	t	kg	元	元	台班	台班	台班	台班
			0.70	109.45	2.75			287.83	180.11	51.13	247.81
1-104	机械钻孔	10m				3.09	4.39	0.24	0.12	0.24	
1-105	注浆	$10m^3$	103.00	0.80	56.70	11.44	16.26		0.40		0.40

29. 压 密 注 浆

工作内容：定位、钻孔、泥浆护壁、配制浆液、安插注浆管、分层压密注浆、检测注浆效果等。

编号	项目	单位	预算基价					人工	材料							机械			
			总价	人工费	材料费	机械费	管理费	综合工	膨润土	水	水泥 32.5级	粉煤灰	水玻璃	零星材料费	材料采管费	液压钻机 XU-100	灰浆搅拌机 200L	泥浆泵 50mm	液压注浆泵 HYB50/50-1型
			元	元	元	元	元	工日	kg	m^3	t	t	kg	元	元	台班	台班	台班	台班
								113.00	0.45	7.85	362.35	109.45	2.75			287.83	180.11	51.13	247.81
1-106	机械钻孔	10m	326.42	136.73	56.33	114.20	19.16	1.21	99.84	1.20				0.82	1.16	0.22	0.22	0.22	
1-107	注浆	$10m^3$	3818.14	452.00	3104.00	212.81	49.33	4.00			8.00	0.68	8.00	44.93	63.84		0.70		0.35

工作内容：钢筋加工、网片制作、网片安装固定、调整、运输等。

编号	项目		单位	预算基价			
				总价	人工费	材料费	机械费
				元	元	元	元
1-108	挂钢筋网	D8.0	100m²	1890.04	636.19	1175.30	33.23
1-109	挂钢筋网	D6.5	100m²	1217.69	493.81	671.60	18.78

挂网

预算基价	人工	材		料	机	械
管理费	综合工	钢筋 D10以内	零星材料费	材料采管费	钢筋切断机 40mm	卷扬机 电动单筒慢速50kN
元	工日	t	元	元	台班	台班
	113.00	2700.29			49.13	192.33
45.32	5.63	0.42	17.01	24.17	0.05	0.16
33.50	4.37	0.24	9.72	13.81	0.03	0.09

工作内容：制作、洞内运输、安装等。

编号	项目		单位	预算基价 总价	预算基价 人工费	预算基价 材料费	预算基价 机械费	预算基价 管理费	人工 综合工	材料 钢筋 D10以内	材料 钢筋 D10以外
				元	元	元	元	元	工日	t	t
									113.00	2700.29	2672.18
1-110	钢格栅	圆钢	t	6307.17	2768.50	2923.29	365.20	250.18	24.50	0.71	0.31
1-111	钢格栅	螺纹钢	t	5595.52	1740.20	3300.09	365.38	189.85	15.40		
1-112	钢格栅	型钢	t	5130.73	1692.74	2958.60	306.46	172.93	14.98		

格　　栅

材					料	机					械		
螺纹钢 锰 *D*14~32	型　钢	气焊条	镀锌钢丝 0.7~1.2	零　星 材料费	材　料 采管费	汽车式 起重机 12t	钢　筋 调直机 40mm	钢　筋 切断机 40mm	钢　筋 弯曲机 40mm	交　流 弧焊机 42kVA	轨道式 电瓶车 8t	轨道平车 5t	立式钻床 50mm
t	t	kg	kg	元	元	台班	台班	台班	台班	台班	台班	台班	台班
2731.63	2697.10	8.47	8.28			831.92	41.66	49.13	29.25	145.85	265.81	35.67	23.82
			9.09	42.31	60.13	0.13	0.21	0.21	0.40	0.58	0.47	0.47	
1.04		40.56		47.77	67.88	0.13		0.19	0.24	0.68	0.47	0.47	
0.02	1.01	9.00		42.82	60.85	0.13				0.38	0.47	0.47	0.05

工作内容：喷射机操作、喷射混凝土、养护、清理现场等。

编号	项目	单位	预算基价					人工
			总价	人工费	材料费	机械费	管理费	综合工
			元	元	元	元	元	工日
								113.00
1-113	临时支护喷射混凝土	m^3	1387.29	622.63	473.56	194.49	96.61	5.51

喷射混凝土

材						料	机		械
预拌混凝土 AC20	原木	板材	高压胶管 $D50$	水	零星材料费	材料采管费	内燃空气压缩机 $9m^3/min$	混凝土喷射机	混凝土输送泵 $30m^3/h$
m^3	m^3	m^3	m	m^3	元	元	台班	台班	台班
353.38	1766.98	2196.98	20.00	7.85			457.38	358.23	703.29
1.23	0.001	0.001	0.25	1.70	6.85	9.74	0.23	0.21	0.02

工作内容：喷射混凝土支护、配料、投料、搅拌、运输、喷射机操作、喷射混凝土等。

编号	项目			单位	预算基价					人工
					总价	人工费	材料费	机械费	管理费	综合工
					元	元	元	元	元	工日
										113.00
1-114	喷射混凝土支护（拱部）	无筋	初喷 5 cm	100m²	12508.12	5327.95	4349.44	1947.15	883.58	47.15
1-115			每增 5 cm		7816.17	3330.11	2718.40	1215.67	551.99	29.47
1-116		有筋	初喷 5 cm		13331.23	5680.51	4645.72	2065.14	939.86	50.27
1-117			每增 5 cm		8333.60	3550.46	2903.05	1292.34	587.75	31.42
1-118	喷射混凝土支护（边墙）	无筋	初喷 5 cm		10915.01	4691.76	3744.38	1703.12	775.75	41.52
1-119			每增 5 cm		5426.54	2932.35	945.02	1064.34	484.83	25.95
1-120		有筋	初喷 5 cm		11290.65	4726.79	3971.91	1794.58	797.37	41.83
1-121			每增 5 cm		5719.61	3095.07	991.45	1121.70	511.39	27.39
1-122	喷射平台	高 4 m 以内			1983.58	1683.70	144.34		155.54	14.90

混凝土支护

材						料		机		械	
预拌混凝土 AC25	预拌混凝土 AC20	高压胶管 *D*50	水	板材	钢管 *DN* 50	零星材料费	材料采管费	混凝土喷射机 $5m^3/h$	电动空气压缩机 $10m^3/min$	轨道平车 5t	轴流通风机 30kW
m^3	m^3	m	m^3	m^3	kg	元	元	台班	台班	台班	台班
364.55	353.38	20.00	7.85	2196.98	2.69			358.23	447.21	35.67	166.76
10.88		4.00	19.20			62.96	89.46	1.73	1.57	4.58	2.77
6.80		2.50	12.00			39.35	55.91	1.08	0.98	2.86	1.73
11.65		4.26	19.20			67.24	95.55	1.84	1.66	4.86	2.94
7.28		2.66	12.00			42.02	59.71	1.15	1.04	3.04	1.84
	9.60	3.50	19.20			54.20	77.01	1.50	1.38	4.02	2.43
	2.19	2.19	12.00			13.68	19.44	0.94	0.86	2.51	1.52
	10.21	3.70	19.20			57.49	81.69	1.60	1.44	4.22	2.56
	2.31	2.31	12.00			14.35	20.39	1.00	0.90	2.64	1.60
				0.05	10.94	2.09	2.97				

第二章　冻 结 工 程

说　　明

一、本章包括钻机成孔,冻结管、测温管安装,水文管安装,供液管安装等11节,共28条基价子目。

二、钻孔的偏斜率、取芯率等指标按现行《矿山井巷工程施工及验收规范》执行,其纠偏、取芯等工序在基价钻进效率中已综合考虑。

三、冻结管、测温管安装基价中,如设计要求与基价中管材规格不同时,管材可按单位重进行换算,其人工和机械的消耗量不做调整。

四、基价中水文管孔深小于100 m时为单层报导,设计要求管材规格及报导形式与基价不同时,管材可按单位重进行换算,人工和机械的消耗量不做调整。

五、供液管安装、集配液圈制作、盐水干管安装等,如设计要求与基价中管材规格不同时,管材可按单位重进行换算,其人工和机械的消耗量不做调整。

六、冷冻站首次充氨、溶化氯化钙,根据施工组织设计中计算的首次充氨、首次溶化氯化钙用量,套用预算基价相应项目。

七、本基价按冻结站的标准制冷量,编制了人工及液氨、氯化钙、冷冻机油和水的月消耗量,编制及制定费用时按冷冻站设计的运转工期计算。其中:

1. 液氨、氯化钙、冷冻机油、水(新鲜冷却水)的基价消耗量指冷冻站运转过程中的补充用量。

2. 冻结施工设计中,安装使用高效冷凝器,其基价耗水量以系数0.5调整。

3. 基价中水的消耗量,按下列公式计算:

$$W_0 = W(t_2 - t_3 - t_1)/(t_2 - t_3 - t_0) \times 630 \times 0.85$$

式中　W_0 ——新鲜冷却水需用量(m^3/月);

W ——冷却水总需用量(m^3/h),见下表;

t_1 ——冷凝器的进水水温(本基价取20℃);

t_2 ——从冷凝器流回冷却水池的水温(本基价取24℃);

t_3 ——是用冷却塔,降低循环水的温度(本基价取2℃);

t_0 ——新鲜冷却水进入循环水池的水温(本基价取18℃);

630 ——平均每个月水源井泵运转630 h(每年有四个月每班开泵5h,八个月每班开泵8h);

0.85 ——维护冷冻期递减系数。

当冻结施工组织设计中取定的以上计算参数与基价不同时,以冻结施工组织设计取定的参数计算,调整新鲜冷却水基价用量。

冷却水总需用量表

标准制冷量(10000kcal/h)	<100	<200
冷却水总需用量(m^3/h)	118	251

八、冷冻站的材料摊销是指站内主要摊销性材料，其中包括氨、清水、盐水系统中的无缝钢管、阀门、法兰盘、电缆等。根据施工组织设计的冻结站制冷量套用基价项目。

工程量计算规则

一、氨压缩机标准制冷能力是指氨压缩机在标准工作条件下（冷凝温度为25℃，蒸发温度为-15℃）的制冷能力，即设备额定制冷能力。

单位换算：1 × 10000 kcal = 41.868 兆焦（MJ）= 11.63 kW

如：氨压缩机 8 AS-12.5 的标准制冷能力为 21 × 10000 kcal/h

氨压缩机 6 AW-17 的标准制冷能力为 33 × 10000 kcal/h

氨压缩机 8 AS-17 的标准制冷能力为 44 × 10000 kcal/h

氨压缩机 8 AS-25 的标准制冷能力为 100 × 10000 kcal/h

二、冷冻站标准制冷量是指冻结施工设计中，经计算确定的冷冻站氨压缩机总标准制冷量。

三、钻机成孔：钻机成孔工程量 = 钻孔深度 × 钻孔数量（钻孔深度≤200m 时补孔率为 0）。

四、冻结管：冻结管安装数量 = 冻结孔深度 × 冻结孔数量

五、测温管：测温管安装数量 = 测温孔深度 × 测温孔数量

六、水文管：水文管安装数量 = 水文孔深度 × 水文孔数量

七、供液管：供液管安装数量 = 冻结孔深度 × 冻结孔数量

八、集配液圈制造（安装）工程量按施工设计的规格、设计长度计算。

九、冻结器头部安装工程量按冻结孔数计算。

十、盐水干管安装工程量按施工设计图中的规格、设计长度计算。

十一、首次充氨溶氯化钙工程量按施工组织设计中的首次使用量以质量计算。

十二、冻结制冷人工、材料消耗工程量按施工组织设计中冻结设备运转工期以月计算。

1. 钻 机 成 孔

工作内容：钻孔、泥浆护壁、测斜纠偏、下管、移动钻机等。

编号	项目		单位	预算基价					人工	材料				
				总价	人工费	材料费	机械费	管理费	综合工	钻杆 D114	加重管 D178	锁接头 D156（公）	锁接头 D156（母）	异径接头 D73～190
				元	元	元	元	元	工日	kg	kg	个	个	个
									113.00	25.00	10.59	205.00	225.00	170.00
2-1	钻孔深度 <100 m	砂土	100m	8099.12	4248.80	985.48	1846.17	1018.67	37.60	3.70	5.21	0.03	0.03	0.04
2-2	钻孔深度 <100 m	黏土	100m	13109.02	7035.38	1459.92	2949.62	1664.10	62.26	6.12	8.62	0.05	0.05	0.06

接上表

编号	项目		单位	材料							机械		
				牙轮钻头 D190	高压胶管 D64×10	热轧一般无缝钢管 D51×4	快速接头	泥浆（钻孔护壁）	零星材料费	材料采管费	钻孔机 DZJ500～1000	泥浆泵 50mm	陀螺仪（不带车） JD73D-5A
				个	m	kg	个	m^3	元	元	台班	台班	台班
				1900.00	120.00	2.75	34.50	53.10			514.74	51.13	132.43
2-1	钻孔深度 <100 m	砂土	100m	0.27	0.04	0.43	0.02	4.97	14.26	20.27	2.97	2.97	1.25
2-2	钻孔深度 <100 m	黏土	100m	0.54	0.06	0.43	0.02	1.84	21.13	30.03	4.92	4.92	1.25

工作内容：配管焊接、场内运搬、配合钻机下管、试压等。

编号	项目		单位	预算基价					人工	材料
				总价	人工费	材料费	机械费	管理费	综合工	热轧一般无缝钢管 $D128\times8$
				元	元	元	元	元	工日	kg
									113.00	3.27
2-3	钻 孔 深 度 <100 m	127×8	100m	10423.62	888.18	9026.18	311.93	197.33	7.86	2418.00
2-4	钻 孔 深 度 <100 m	140×8	100m	11379.10	977.45	9852.07	334.31	215.27	8.65	
2-5	钻 孔 深 度 <100 m	168×8	100m	14328.57	1172.94	12503.41	395.16	257.06	10.38	

测温管安装

材								料		机	械
热轧一般无缝钢管 $D140\times8$	热轧一般无缝钢管 $D168\times8$	底锥 $D127\sim168$	管箍 $D127\sim168$	堵盖头 $\phi127\sim168$	钢法兰盘 $DN150$	带帽螺栓 M20×95	胶皮板 $\delta=6\sim10$	零星材料费	材料采管费	电焊机 30kVA	试压泵 80MPa
kg	kg	kg	kg	kg	个	套	kg	元	元	台班	台班
3.22	3.31	5.50	5.60	4.10	90.16	2.99	9.50			103.98	31.63
		3.15	59.50	2.25	4.36	15.00	0.56	130.65	185.65	2.86	0.46
2682.00		3.81	53.69	2.74	5.41	15.00	0.56	142.60	202.64	3.06	0.51
	3251.00	8.16	87.69	3.90	7.79	15.00	0.56	180.98	257.17	3.63	0.56

3. 水 文 管 安 装

工作内容： 配管焊接、过滤管绑扎、场内运搬、配合钻机下管等。

编号	项目		单位	预算基价 总价	预算基价 人工费	预算基价 材料费	预算基价 机械费	预算基价 管理费	人工 综合工	材料 热轧一般无缝钢管 D128×8	材料 过滤管 D127～140
				元	元	元	元	元	工日	kg	kg
									113.00	3.27	6.00
2-6	钻孔深度 <100 m	128×8	100m	11355.32	888.18	9975.50	297.38	194.26	7.86	2056.00	362.76

接上表

编号	项目		单位	材料 底锥 D127～168	材料 管箍 D127～168	材料 堵盖头 ϕ127～168	材料 窗纱	材料 树棕	材料 零星材料费	材料 材料采管费	机械 电焊机 30kVA
				kg	kg	kg	m	kg	元	元	台班
				5.50	5.60	4.10	8.10	22.28			103.98
2-6	钻孔深度 <100 m	128×8	100m	3.15	59.50	0.75	18.50	10.00	144.39	205.18	2.86

4. 供 液 管 安 装

工作内容： 配管连接、下放、拆除回收等。

编号	项目		单位	预算基价 总价	人工费	材料费	机械费	管理费	人工 综合工	材料 软塑料管 62×6	热轧一般无缝钢管 D51×4	热轧一般无缝钢管 D63×5
				元	元	元	元	元	工日	m	kg	kg
									113.00	18.95	2.75	3.33
2-7	钻孔深度 <100 m	62×6	100m	1858.27	629.41	1101.67	28.07	99.12	5.57	46.88	38.85	
2-8	钻孔深度 <100 m	75×7	100m	2148.05	629.41	1377.60	39.51	101.53	5.57			56.20

接上表

编号	项目		单位	材料 鱼鳞接头 φ51～63	钢花管 D51～63	圆钢	劈材	氧气 6m³	乙炔气 5.5～6.5kg	软塑料管 75×7	零星材料费	材料采管费	机械 电焊机 30kVA
				kg	kg	kg	kg	m^3	m^3	kg	元	元	台班
				6.00	3.94	2.67	1.20	3.27	18.53	22.34			103.98
2-7	钻孔深度 <100 m	62×6	100m	2.77	5.10	3.82	10.00	0.75	0.35		15.95	22.66	0.27
2-8	钻孔深度 <100 m	75×7	100m	3.93	7.87	3.82	13.00	0.80	0.40	47.08	19.94	28.33	0.38

工作内容：下料配管、焊法兰盘、连接试压等。

编号	项目		单位	预算基价					人工	材料				
				总价	人工费	材料费	机械费	管理费	综合工	热轧一般无缝钢管 D159×8	热轧一般无缝钢管 D219×8	热轧一般无缝钢管 D273×10	热轧一般无缝钢管 D325×10	钢法兰盘 DN150
				元	元	元	元	元	工日	kg	kg	kg	kg	个
									113.00	3.29	3.30	3.33	3.42	90.16
2-9	集配液圈制作	159×8	10m	3366.19	1130.00	1815.56	209.17	211.46	10.00	315.77				5.00
2-10	集配液圈制作	219×8	10m	4581.98	1469.00	2589.26	252.85	270.87	13.00		441.28			
2-11	集配液圈制作	273×8	10m	6393.80	1909.70	3815.81	318.35	349.94	16.90			554.17		
2-12	集配液圈制作	325×8	10m	9002.19	2482.61	5687.12	383.86	448.60	21.97				823.41	

圈制作

材									料				机	械
钢法兰盘 *DN*200	钢法兰盘 *DN*250	钢法兰盘 *DN*300	带帽螺栓 M20×95	带帽螺栓 M22×110	带帽螺栓 M24×100	带帽螺栓 M27×130	胶皮板 δ=6~10	乙炔气 5.5~6.5kg	氧气 6m^3	电焊条	零星材料费	材料采管费	电焊机 30kVA	试压泵 80MPa
个	个	个	套	套	套	套	kg	m^3	m^3	kg	元	元	台班	台班
133.17	267.59	398.17	2.99	3.95	4.66	7.23	9.50	18.53	3.27	8.49			103.98	31.63
			20.00				2.20	5.00	10.00	6.62	26.28	37.34	1.89	0.40
5.00				25.00			2.20	7.50	15.00	8.10	37.48	53.26	2.31	0.40
	5.00				30.00		2.20	10.00	20.00	10.29	55.23	78.48	2.94	0.40
		5.00				35.00	2.20	12.00	24.00	12.50	82.32	116.97	3.57	0.40

工作内容：预组装、试压安装、管路保温、拆除等。

编号	项目		单位	预算基价					人工
				总价	人工费	材料费	机械费	管理费	综合工
				元	元	元	元	元	工日
									113.00
2-13	集配液圈安装	159×8	10m	1238.00	839.59	258.77	12.65	126.99	7.43
2-14	集配液圈安装	219×8	10m	1541.61	1007.96	369.08	12.65	151.92	8.92
2-15	集配液圈安装	273×8	10m	1612.99	1209.10	209.54	12.65	181.70	10.70
2-16	集配液圈安装	325×8	10m	2365.52	1450.92	684.44	12.65	217.51	12.84

圈安装

材						料			机械
带帽螺栓 M20×95	带帽螺栓 M22×110	带帽螺栓 M24×100	带帽螺栓 M27×130	胶皮板 $\delta=6\sim10$	棉被套	塑料薄膜	零星材料费	材料采管费	试压泵 80MPa
套	套	套	套	kg	kg	kg	元	元	台班
2.99	3.95	4.66	7.23	9.50	15.00	11.50			31.63
20.00				2.20	10.50	1.00	3.75	5.32	0.40
	25.00			2.20	15.00	1.00	5.34	7.59	0.40
		30.00		2.20	2.00	1.00	3.03	4.31	0.40
			35.00	2.20	25.00	1.00	9.91	14.08	0.40

7. 冻 结 器

工作内容：焊短管、阀门及胶管连接、头部安装及拆除等。

编号	项目		单位	预算基价					人工	材料
				总价	人工费	材料费	机械费	管理费	综合工	鱼鳞接头 φ51～63
				元	元	元	元	元	工日	kg
									113.00	6.00
2-17	冻结器头部安装	62×6	十孔	4898.05	1266.73	3273.77	140.37	217.18	11.21	57.35
2-18	冻结器头部安装	75×7	十孔	7444.88	1393.29	5633.74	174.69	243.16	12.33	88.38

头部安装

材							料				机械
闸阀 Z157-10DN50	钢板 4.5~10	胶皮管 D50	温度计 ±50℃	乙炔气 5.5~6.5kg	氧气 6m³	电焊条	闸阀 Z157-10DN65	胶皮管 D75	零星材料费	材料采管费	电焊机 30kVA
个	kg	m	支	m³	m³	kg	个	m	元	元	台班
74.32	2.77	22.50	19.35	18.53	3.27	8.49	153.98	33.59			103.98
20.00	15.30	44.00	10.00	2.50	5.00	4.71			47.39	67.34	1.35
	15.30		10.00	2.50	5.00	5.88	20.00	44.00	81.54	115.88	1.68

工作内容：除锈检查、配管焊法兰盘、管件制作、安装试压、管路保温、拆除回收等。

编号	项目		单位	预算基价					人工	材料				
				总价	人工费	材料费	机械费	管理费	综合工	热轧一般无缝钢管 $D159\times8$	热轧一般无缝钢管 $D219\times8$	热轧一般无缝钢管 $D273\times10$	热轧一般无缝钢管 $D325\times10$	钢法兰盘 $DN150$
				元	元	元	元	元	工日	kg	kg	kg	kg	个
									113.00	3.29	3.30	3.33	3.42	90.16
2-19	盐水干管安装	159×8	10m	1749.24	822.64	741.83	51.99	132.78	7.28	48.81				3.33
2-20	盐水干管安装	219×8	10m	2646.64	905.13	1530.67	63.43	147.41	8.01		207.97			
2-21	盐水干管安装	273×8	10m	3552.00	995.53	2310.85	81.10	164.52	8.81			261.16		
2-22	盐水干管安装	325×8	10m	4848.65	1094.97	3471.92	98.78	182.98	9.69				388.05	

材										料					机械
钢法兰盘 DN200	钢法兰盘 DN250	钢法兰盘 DN300	带帽螺栓 M20×95	带帽螺栓 M22×110	带帽螺栓 M24×100	带帽螺栓 M27×130	乙炔气 5.5～6.5kg	氧气 $6m^3$	电焊条	胶皮板 $\delta=6\sim10$	棉被套	塑料薄膜	零星材料费	材料采管费	电焊机 30kVA
个	个	个	套	套	套	套	m^3	m^3	kg	kg	kg	kg	元	元	台班
133.17	267.59	398.17	2.99	3.95	4.66	7.23	18.53	3.27	8.49	9.50	15.00	11.50			103.98
			10.00				1.50	3.00	1.76	0.98	10.50	0.50	10.74	15.26	0.50
3.33				13.00			1.50	3.00	2.15	0.98	15.00	0.50	22.16	31.48	0.61
	3.33				20.00		1.50	3.00	2.74	0.98	20.00	0.50	33.45	47.53	0.78
		3.33				23.00	1.50	3.00	3.33	0.98	30.00	0.50	50.25	71.41	0.95

9. 首次充氨及溶化氯化钙

工作内容：开机运行充氨、溶化氯化钙等。

编号	项目	单位	预算基价					人工	材料		
			总价	人工费	材料费	机械费	管理费	综合工	液氨 96%	氯化钙	水
			元	元	元	元	元	工日	kg	kg	m^3
								113.00	2.98	1.60	7.85
2-23	充氨	t	4442.60	715.29	3242.63	312.77	171.91	6.33	1050.00		
2-24	溶化氯化钙	t	2002.70	178.54	1766.13	26.09	31.94	1.58		1060.00	1.05

接上表

编号	项目	单位	材料		机械				
			零星材料费	材料采管费	氨压缩机 8AS-17 低	氨压缩机 8AS-12.5 高	盐水泵 10SH-6	电动多级离心清水泵 100mm/扬程 120m 以下	盐水搅拌机 LJ-300
			元	元	台班	台班	台班	台班	台班
					317.45	343.37	478.51	190.61	21.66
2-23	充氨	t	46.94	66.69	0.20	0.20	0.20	0.40	0.40
2-24	溶化氯化钙	t	25.56	36.33			0.05		0.10

10. 冻结制冷人工、材料消耗

工作内容： 冻结站制冷、供冷设备运行操作、调节、维护等。

编号	项目		单位	预算基价 总价	人工费	材料费	管理费	人工 综合工	材料 液氨 96%	氯化钙	冷冻机油	水	材料采管费
				元	元	元	元	工日	kg	kg	kg	m^3	元
								113.00	2.98	1.60	10.63	7.85	
2-25	冷冻站标准制冷量 (10000kcal/h)	<100	月	388752.40	115226.10	256464.68	17061.62	1019.70	172.00	378.00	193.00	31595.00	5274.98
2-26	冷冻站标准制冷量 (10000kcal/h)	<200	月	726630.56	159363.90	543669.52	23597.14	1410.30	362.00	705.00	256.00	67205.00	11182.23

11. 冷冻站材料摊销

编号	项目		单位	预算基价 总价	预算基价 材料费	材料 热轧一般无缝钢管 D57×3	热轧一般无缝钢管 D108×6	热轧一般无缝钢管 D159×8	热轧一般无缝钢管 D219×8	热轧一般无缝钢管 D273×10	钢法兰盘 DN50	钢法兰盘 DN100	钢法兰盘 DN150	钢法兰盘 DN200	截止阀 J41F-25DN50	截止阀 J41F-25DN100
				元	元	kg	kg	kg	kg	kg	个	个	个	个	个	个
						2.75	3.26	3.29	3.30	3.33	25.74	53.91	90.16	133.17	190.25	520.00
2-27	冷冻站标准制冷量(10000kcal/h)	<100	站	26407.93	26407.93	99.00	162.00	632.00	901.00	89.00	12.00	3.00	15.00	10.00	6.00	3.00
2-28		<200		33592.11	33592.11	174.00	285.00	1113.00	1589.00	153.00	15.00	5.00	16.00	10.00	8.00	5.00

接上表

编号	项目		单位	材料 截止阀 J41F-25DN150	截止阀 J41F-25DN200	闸阀 Z44T-10DN150	闸阀 Z44T-10DN200	电缆 YCW-3×70WH 500V	电缆 YCW-3×5WH 500V	电缆 YCW-3×16+1×6	零星材料费	材料采管费
				个	个	个	个	kg	m	m	元	元
				1014.55	756.69	609.96	824.78	79.84	64.81	33.85		
2-27	冷冻站标准制冷量(10000kcal/h)	<100	站	5.00	1.00	4.00	3.00	11.00	14.00	28.00	382.24	543.16
2-28		<200		3.00	1.00	5.00	3.00	18.00	25.00	49.00	486.22	690.92

第三章　隧 道 盾 构 工 程

说　　明

一、本章包括盾构机吊装、盾构机吊拆、车架安装拆除、刀盘式土压平衡盾构掘进等28节,共142条基价子目。

二、本章适用于各种车行隧道、人行隧道、越河隧道等盾构隧道工程。

三、隧道盾构掘进按6 h/工日计算,其他均按8 h/工日计算。

四、盾构及车架安装是指现场吊装及试运行,适用于ϕ7000 mm以内隧道施工,拆除是指车架及附属设备拆卸装车。ϕ7000 mm以上盾构及车架的安拆及场外运费另行计算。

五、盾构掘进在穿越不同区域土层时,根据地质报告的盾构正掘面含砂性土的比例,按下表系数调整该区域的人工工日、机械及管理费(不含盾构的折旧及检修费)。

盾构正掘面土质	隧道横截面含砂性土比例	调整系数
一般软黏土	≤25%	1.0
黏土夹层砂	25%～50%	1.2
砂性土(干式出土盾构掘进)	>50%	1.5
砂性土(水力出土盾构掘进)	>50%	1.3

六、盾构掘进在穿越密集建筑群、古文化建筑或堤防、重要管线时,对地表升降有特殊要求的,按下表系数调整该区域的掘进人工工日、机械及管理费(不含盾构的折旧及检修费)。

盾构直径(mm)	允许地表升降量			
	±250 mm	±200 mm	±150 mm	±100 mm
$\phi\geq7000$	1.0	1.1	1.2	
$\phi<7000$			1.0	1.2

注:允许地表升降量是指浮土厚度大于1倍盾构直径处的轴线上方地表升降量。

七、采用干式出土掘进,其出土以吊出井口装车止;采用水力出土掘进,其排放的泥浆水以运至沉淀池止,水力出土所需的地面部分取水、排水的土建及土方外运费用另行计算。水力出土掘进用水按自然水源考虑,不计水费,若采用其他水源需计算水费时可另行计算。

八、盾构掘进预算基价中含贯通测量费用,不包括设置平面控制网、高程控制网过河水准及方向、高程传递等测量,如发生时费用另行计算。

九、盾构掘进基价中已综合考虑了管片的宽度和成环块数等因素,设计与基价不同时不做调整。

十、预制混凝土管片采用高精度钢模和高强度等级混凝土，设计要求混凝土强度等级与基价不同时，可按设计要求调整；基价中已含钢模摊销费用，管片预制场地费另行计算。

十一、管片短驳运输是指施工现场运距在 1 ~ 2 km 范围内的短距离运输，管片场外运输费另行计算。

十二、盾构管片设置密封条，设计要求材质与基价不同时，可按设计要求调整，其他不变。

十三、砌衬压浆使用材料、配比如与基价不同时，材料的消耗量及材料的品种可按设计要求调整，其他不变。

工 程 量 计 算 规 则

一、环段掘进是指从拼装后靠管片起至盾尾离开出洞井内壁止。

二、洞段掘进是指从盾尾离开井内壁至盾尾离开出洞井内壁 40 m 止。

三、正常段掘进是指从出洞段掘进结束至进洞段掘进开始的全段掘进。

四、进洞段掘进是指按盾构切口距进洞井外壁 5 倍盾构直径的长度计算。

五、掘进预算基价中盾构机按摊销考虑，遇下列情况时，可将基价中盾构掘进机台班单价的折旧费和检修费扣除，保留其他费用作为盾构使用台班进入基价，盾构掘进机费用按不同情况另行计算。

1. 单位工程掘进长度≤800 m 的隧道；

2. 采用进口或其他类型盾构机掘进的隧道；

3. 由建设单位提供盾构机掘进的隧道。

六、衬砌压浆量根据盾尾缝隙所形成的理论建筑空隙体积乘以调整系数，调整系数一般控制在 1. 5 ~ 1. 8 以内；最大调整系数不得大于 2. 5；盾尾缝隙如无具体数据可按 8 cm 计算。

七、柔性接缝环适合于盾构工作井洞门与圆隧道接缝处理，长度按管片中心圆周长计算。

八、预制混凝土管片工程量按实体积加 1% 损耗计算，管片试拼装以每 100 环管片拼装一组(3 环)计算。

1. 盾 构

工作内容：起吊设备及盾构载运车就位、盾构吊入井底基座、盾构安装。

编号	项目		单位	预算基价					人工	材料	
				总价	人工费	材料费	机械费	管理费	综合工	型钢	盾构托架
				元	元	元	元	元	工日	kg	t
									113.00	2.70	2652.55
3-1	盾构整体吊装	ϕ4000 以内	台次	107300.08	25990.00	10625.30	62858.59	7826.19	230.00	450.00	0.78
3-2	盾构整体吊装	ϕ5000 以内	台次	121387.11	34239.00	11921.25	66498.82	8728.04	303.00	500.00	0.80
3-3	盾构整体吊装	ϕ6000 以内	台次	155966.02	42375.00	13716.69	88473.52	11400.81	375.00	630.00	0.84
3-4	盾构整体吊装	ϕ7000 以内	台次	171403.16	50511.00	15664.47	92860.16	12367.53	447.00	760.00	0.92

机 吊 装

材						料	机					械
钢板（中厚）	钢丝绳	枕木	橡胶板 $\delta=3$	电焊条	零星材料费	材料采管费	汽车式起重机 25t	汽车式起重机 50t	汽车式起重机 160t	汽车式起重机 250t	卷扬机电动双筒慢速 100kN	电焊机 30kVA
t	kg	m^3	kg	kg	元	元	台班	台班	台班	台班	台班	台班
2770.00	7.31	3503.08	12.67	8.49			1085.98	2666.21	9919.94	15919.11	322.71	103.98
0.35	120.00	1.31	25.00	25.50	153.79	218.54	6.30	1.50	1.80	1.80	12.60	13.86
0.40	150.00	1.49	27.50	30.50	172.55	245.20	7.70	2.00	1.80	1.80	14.40	15.84
0.50	170.00	1.70	30.00	40.50	198.54	282.13	8.10	3.00	2.50	2.50	16.20	17.82
0.55	190.00	1.96	32.50	51.00	226.73	322.19	9.00	4.00	2.50	2.50	17.90	19.69

工作内容：拆除盾构与车架连杆、起吊机械及附属设备就位、盾构整体吊出井口、上托架装车等。

编号	项目		单位	预算基价					人工	材料
				总价	人工费	材料费	机械费	管理费	综合工	型钢
				元	元	元	元	元	工日	kg
									113.00	2.70
3-5	盾构整体吊拆	ϕ4000 以 内	台次	100380.24	20792.00	8979.42	63104.55	7504.27	184.00	320.00
3-6	盾构整体吊拆	ϕ5000 以 内	台次	110957.18	27346.00	10107.16	65346.31	8157.71	242.00	350.00
3-7	盾构整体吊拆	ϕ6000 以 内	台次	151386.16	33900.00	11571.56	94493.62	11420.98	300.00	440.00
3-8	盾构整体吊拆	ϕ7000 以 内	台次	163533.32	40341.00	13243.50	97780.54	12168.28	357.00	530.00

机 吊 拆

材						料	机					械
盾构托架	钢板（中厚）	钢丝绳	枕木	电焊条	零星材料费	材料采管费	汽车式起重机 25t	汽车式起重机 50t	汽车式起重机 160t	汽车式起重机 250t	卷扬机 电动双筒慢速 100kN	电焊机 30kVA
t	t	kg	m^3	kg	元	元	台班	台班	台班	台班	台班	台班
2652.55	2770.00	7.31	3503.08	8.49			1085.98	2666.21	9919.94	15919.11	322.71	103.98
0.62	0.21	120.00	1.31	12.75	129.97	184.69	5.04	1.20	2.00	2.00	6.30	6.93
0.64	0.24	150.00	1.49	15.25	146.29	207.88	5.76	1.60	2.00	2.00	7.20	7.92
0.67	0.30	170.00	1.70	20.25	167.49	238.00	6.48	2.40	3.00	3.00	8.10	8.91
0.74	0.33	190.00	1.96	25.50	191.69	272.39	7.20	3.20	3.00	3.00	8.95	9.85

3. 车 架 安

工作内容：1. 安装：车架吊入井底、井下组装就位与盾构机连接、车架上设备安装、电水气管安装等。2. 拆除：车架及附属设备拆除、吊出井口、装车安放

编号	项目		单位	预算基价 总价	人工费	材料费	机械费	管理费	人工 综合工
				元	元	元	元	元	工日
									113.00
3-9	车架安装	10 t 以内	节	6529.30	1921.00	1790.62	2452.04	365.64	17.00
3-10	车架安装	20 t 以内	节	11118.53	2881.50	2317.15	5221.69	698.19	25.50
3-11	车架拆除	10 t 以内	节	5327.98	1717.60	1039.57	2239.34	331.47	15.20
3-12	车架拆除	20 t 以内	节	9456.79	2593.35	1403.12	4820.24	640.08	22.95

等。

材					料		机			械
钢板(中厚)	枕木	电焊条	带帽螺栓	轻轨	零星材料费	材料采管费	汽车式起重机 25t	门式起重机 30t	电焊机 30kVA	汽车式起重机 50t
t	m^3	kg	kg	kg	元	元	台班	台班	台班	台班
2770.00	3503.08	8.49	9.20	3.00			1085.98	777.41	103.98	2666.21
0.16	0.20	2.55	22.00	120.00	25.92	36.83	1.10	1.35	2.00	
0.24	0.25	3.06	32.00	125.00	33.54	47.66		2.20	3.00	1.20
0.08	0.22	1.28			15.05	21.38	1.05	1.28	1.00	
0.13	0.28	1.53			20.31	28.86		2.09	1.50	1.14

4. 刀盘式土压平

工作内容： 操作盾构掘进机、出土、管片拼装、螺栓紧固、施工管路铺设、照明、运输、供气通风、贯通测量、通信、井口出土装车等。

编号	项目			单位	预算基价					人工	材料								
					总价	人工费	材料费	机械费	管理费	综合工	预拌混凝土AC20	电	管片连接螺栓	钢轨枕	轻轨	走道板	金属支架	钢管DN 80	风管
					元	元	元	元	元	工日	m^3	kWh	kg	kg	kg	kg	kg	kg	kg
										113.00	353.38	0.89	8.51	3.21	3.00	4.20	5.32	2.69	0.83
3-13	刀盘式土压平衡盾构掘进	$\phi\leqslant4000$	负环段掘进	m	10423.24	4141.45	2494.64	3201.14	586.01	36.65	0.26	617.40	29.82	5.79	5.17	12.35	7.09	3.36	10.95
3-14			出洞段掘进		8683.86	2075.81	1888.36	4176.48	543.21	18.37		609.00	59.64	5.79	5.17	12.35	7.09	3.36	10.95
3-15			正常段掘进		5385.87	1124.35	1443.61	2500.56	317.35	9.95		323.40	59.64	5.79	5.17	12.35	7.09	3.36	10.95
3-16			进洞段掘进		6522.54	1417.02	1578.05	3129.63	397.84	12.54		409.50	59.64	5.79	5.17	12.35	7.09	3.36	10.95
3-17		$\phi\leqslant5000$	负环段掘进		12219.24	4017.15	3084.72	4421.28	696.09	35.55	0.31	843.75	34.11	7.60	5.65	13.50	7.75	3.68	11.97
3-18			出洞段掘进		11234.63	2036.26	2417.93	6057.41	723.03	18.02		823.20	68.22	7.60	5.65	13.50	7.75	3.68	11.97
3-19			正常段掘进		6753.29	1099.49	1796.60	3449.46	407.74	9.73		432.60	68.22	7.60	5.65	13.50	7.75	3.68	11.97
3-20			进洞段掘进		8296.88	1392.16	1991.03	4394.79	518.90	12.32		554.40	68.22	7.60	5.65	13.50	7.75	3.68	11.97

衡盾构掘进①

材							料	机										械
钢管栏杆	钢支撑	电焊条	水	锭子油(#20机油)	油脂	零星材料费	材料采管费	刀盘式干出土土压平衡盾构掘进机 4000mm	汽车式起重机 16t	轴流通风机 100kW	电焊机 30kVA	电动空气压缩机 $6m^3/min$	门式起重机 30t	电瓶车 8t	轨道平车 5t	硅整流充电机 90A/190V	刀盘式干出土土压平衡盾构掘进机 5000mm	汽车式起重机 25t
kg	kg	kg	m^3	kg	kg	元	元	台班	台班	台班	台班	台班	台班	台班	台班	台班	台班	台班
2.68	9.50	8.49	7.85	7.70	14.00			2306.15	945.75	517.63	103.98	256.89	777.41	265.81	35.67	82.38	3649.85	1085.98
6.27	99.48	4.86	27.30	19.85		36.11	51.31	0.53	1.06	0.91	2.34	1.02						
6.27			27.30	19.64	17.75	27.33	38.84	1.05		0.90	1.15		0.97	1.01	2.02	0.91		
6.27			14.18	10.29	17.75	20.90	29.69	0.56		0.95	0.61		0.56	0.53	1.07	0.48		
6.27			18.06	13.23	17.75	22.84	32.46	0.71		1.21	0.78		0.65	0.68	1.36	0.61		
6.86	108.76	5.08	45.57	27.83		44.65	63.45			0.98	2.53	1.11					0.58	1.15
6.86			40.74	27.41	22.26	35.00	49.73			0.97	1.25		1.05	1.09	2.18	0.98	1.14	
6.86			21.42	14.39	22.26	26.00	36.95			1.02	0.66		0.55	0.57	1.15	0.52	0.60	
6.86			27.41	18.57	22.26	28.82	40.95			1.31	0.84		0.71	0.74	1.47	0.66	0.76	

4. 刀盘式土压平

工作内容：同前

编号	项目			单位	预算基价 总价（元）	人工费（元）	材料费（元）	机械费（元）	管理费（元）	人工 综合工（工日）	材料 预拌混凝土AC20（m^3）	电（kWh）	管片连接螺栓（kg）	钢轨枕（kg）	轻轨（kg）	走道板（kg）	金属支架（kg）	钢管 *DN* 80（kg）	风管（kg）
										113.00	353.38	0.89	8.51	3.21	3.00	4.20	5.32	2.69	0.83
3-21	刀盘式土压平衡盾构掘进	$\phi\leq6000$	负环段掘进	m	15621.83	5106.47	4172.90	5471.98	870.48	45.19	0.46	1129.00	56.35	11.29	6.72	16.04	10.13	4.37	14.22
3-22			出洞段掘进		15118.27	2686.01	3403.93	8067.14	961.19	23.77		1176.00	112.70	11.29	6.72	16.04	10.13	4.37	14.22
3-23			正常段掘进		9099.19	1444.14	2555.62	4560.95	538.48	12.78		619.00	112.70	11.29	6.72	16.04	10.13	4.37	14.22
3-24			进洞段掘进		11097.80	1828.34	2815.97	5771.98	681.51	16.18		790.65	112.70	11.29	6.72	16.04	10.13	4.37	14.22
3-25		$\phi\leq7000$	负环段掘进		21225.08	7404.89	4183.81	8335.27	1301.11	65.53	0.56	1731.45	82.83	19.05	8.51	20.31	14.58	5.53	18.01
3-26			出洞段掘进		19642.93	3552.72	4666.11	10198.51	1225.59	31.44		1653.75	165.67	19.05	8.51	20.31	14.58	5.53	18.01
3-27			正常段掘进		12310.80	1987.67	3577.54	6028.59	717.00	17.59		910.35	165.67	19.05	8.51	20.31	14.58	5.53	18.01
3-28			进洞段掘进		14955.01	2484.87	3920.48	7642.99	906.67	21.99		1144.50	165.67	19.05	8.51	20.31	14.58	5.53	18.01

衡盾构掘进②

材						料		机									械		
钢管栏杆	钢支撑	电焊条	水	锭子油（#20机油）	油脂	零星材料费	材料采管费	刀盘式干出土土压平衡盾构掘进机 6000mm	汽车式起重机 25t	轴流通风机 100kW	电焊机 30kVA	电动空气压缩机 $6m^3/min$	电动单级离心清水泵 200mm	门式起重机 30t	电瓶车 8t	轨道平车 5t	硅整流充电机 90A/190V	刀盘式干出土土压平衡盾构掘进机 7000mm	汽车式起重机 40t
kg	kg	kg	m^3	kg	kg	元	元	台班	台班	台班	台班	台班	台班	台班	台班	台班	台班	台班	台班
2.68	9.50	8.49	7.85	7.70	14.00			4197.80	1085.98	517.63	103.98	256.89	104.97	777.41	265.81	35.67	82.38	4554.51	1586.10
8.15	147.70	5.34	53.24	37.70		60.40	85.83	0.65	1.30	1.11	2.85	1.25	1.33						
8.15			48.52	39.17	26.67	49.27	70.01	1.35		1.15	1.48		1.38	1.25	1.30	2.59	1.17		
8.15			25.52	20.69	26.67	36.99	52.56	0.71		1.21	0.78		0.73	0.66	0.69	1.37	0.62		
8.15			32.50	26.36	26.67	40.76	57.92	0.90		1.53	0.99		0.92	0.83	0.87	1.73	0.78		
15.48	26.48	5.60	70.04	55.02		60.56	86.05			1.46	3.76	1.64	1.75					0.85	1.71
15.48			58.49	52.50	31.19	67.54	95.97			1.38	1.75		1.65	1.49	1.55	3.10	1.40	1.61	
15.48			32.13	28.88	31.19	51.78	73.58			1.52	0.98		0.91	0.82	0.86	1.72	0.77	0.89	
15.48			40.43	36.33	31.19	56.75	80.64			1.92	1.24		1.15	1.04	1.08	2.17	0.97	1.13	

5. 刀盘式泥水平

工作内容：操作盾构掘进机、水力出土、管片拼装、螺栓紧固、施工管路铺设、照明、运输、供气通风、贯通测量、通信、井口出土装车等。

编号	项目			单位	预算基价 总价	人工费	材料费	机械费	管理费	人工 综合工	材料 预拌混凝土AC20
					元	元	元	元	元	工日	m^3
										113.00	353.38
3-29	刀盘式泥水平衡盾构掘进	φ≤4000	负环段掘进	m	12468.12	5105.34	2394.61	4219.28	748.89	45.18	0.26
3-30			出洞段掘进		9735.35	2285.99	1747.70	5058.88	642.78	20.23	
3-31			正常段掘进		4853.12	979.71	1281.25	2303.54	288.62	8.67	
3-32			进洞段掘进		8226.18	1789.92	1569.70	4327.70	538.86	15.84	
3-33		φ≤5000	负环段掘进		14447.82	4999.12	2870.45	5693.43	884.82	44.24	0.31
3-34			出洞段掘进		12416.21	2238.53	2225.18	7113.57	838.93	19.81	
3-35			正常段掘进		6101.33	958.24	1590.68	3180.19	372.22	8.48	
3-36			进洞段掘进		10384.67	1753.76	1984.65	5952.23	694.03	15.52	

衡盾构掘进①

材											料
电	管片连接螺栓	钢轨枕	轻　轨	走道板	金属支架	钢　管 *DN* 80	风　管	钢管栏杆	钢支撑	电焊条	锭子油（#20 机油）
kWh	kg	kg	kg	kg	kg	kg	kg	kg	kg	kg	kg
0.89	8.51	3.21	3.00	4.20	5.32	2.69	0.83	2.68	9.50	8.49	7.70
793.80	29.82	5.20	4.64	11.08	6.36	3.02	9.83	5.63	89.25	4.86	26.57
673.05	59.64	5.20	4.64	11.08	6.36	3.02	9.83	5.63			21.63
277.20	59.64	5.20	4.64	11.08	6.36	3.02	9.83	5.63			8.93
521.85	59.64	5.20	4.64	11.08	6.36	3.02	9.83	5.63			16.80
1032.15	34.11	6.84	5.09	12.14	6.97	3.31	10.77	6.17	97.82	5.08	34.44
908.25	68.22	6.84	5.09	12.14	6.97	3.31	10.77	6.17			30.24
373.80	68.22	6.84	5.09	12.14	6.97	3.31	10.77	6.17			12.50
705.60	68.22	6.84	5.09	12.14	6.97	3.31	10.77	6.17			23.52

续表

编号	项目			单位	材料					机械
					钢管 DN 150	油脂	钢管 DN 200	零星材料费	材料采管费	刀盘式水力出土泥水平衡盾构掘进机 4000mm
					kg	kg	kg	元	元	台班
					2.75	14.00	2.74			2479.99
3-29	刀盘式泥水平衡盾构掘进	φ≤4000	负环段掘进	m	8.18			34.66	49.25	0.66
3-30			出洞段掘进		8.18	17.75		25.30	35.95	1.16
3-31			正常段掘进		8.18	17.75		18.55	26.35	0.48
3-32			进洞段掘进		8.18	17.75		22.72	32.29	0.90
3-33		φ≤5000	负环段掘进				19.76	41.55	59.04	
3-34			出洞段掘进			22.26	19.76	32.21	45.77	
3-35			正常段掘进			22.26	19.76	23.02	32.72	
3-36			进洞段掘进			22.26	19.76	28.73	40.82	

机									械	
汽车式起重机 16t	轴流通风机 100kW	电动单级离心清水泵 200mm	电焊机 30kVA	电动空气压缩机 $6m^3/min$	门式起重机 30t	电瓶车 8t	轨道平车 5t	硅整流充电机 90A/190V	刀盘式水力出土泥水平衡盾构掘进机 5000mm	汽车式起重机 25t
台班	台班	台班	台班	台班	台班	台班	台班	台班	台班	台班
945.75	517.63	104.97	103.98	256.89	777.41	265.81	35.67	82.38	3801.43	1085.98
1.31	1.12	1.34	2.88	1.26						
	0.99	2.37	1.27		1.07	1.11	2.23	1.00		
	0.82	0.98	0.52		0.44	0.46	0.92	0.42		
	1.54	1.84	0.99		0.83	0.87	1.73	0.78		
	1.21	1.45	3.12	1.36					0.71	1.42
	1.07	2.56	1.38		1.16	1.20	2.41	1.08	1.25	
	0.88	1.05	0.57		0.48	0.50	0.99	0.45	0.52	
	1.66	1.99	1.07		0.90	0.94	1.87	0.84	0.97	

工作内容：同前

编号	项目			单位	预算基价					人工	材料								
					总价	人工费	材料费	机械费	管理费	综合工	预拌混凝土AC20	电	管片连接螺栓	钢轨枕	轻轨	走道板	金属支架	钢管DN 200	钢管DN 80
					元	元	元	元	元	工日	m³	kWh	kg	kg	kg	kg	kg	kg	kg
										113.00	353.38	0.89	8.51	3.21	3.00	4.20	5.32	2.74	2.69
3-37	刀盘式泥水平衡盾构掘进	φ≤6000	负环段掘进	m	17907.22	6189.01	3937.16	6717.72	1063.33	54.77	0.46	1369.20	56.35	10.25	6.10	14.56	9.20	23.70	3.97
3-38			出洞段掘进		16438.40	2958.34	3200.23	9191.46	1088.37	26.18		1297.80	112.70	10.25	6.10	14.56	9.20	23.70	3.97
3-39			正常段掘进		8045.31	1250.91	2290.69	4029.62	474.09	11.07		532.35	112.70	10.25	6.10	14.56	9.20	23.70	3.97
3-40			进洞段掘进		13533.97	2278.08	2838.16	7535.27	882.46	20.16		993.30	112.70	10.25	6.10	14.56	9.20	23.70	3.97
3-41		φ≤7000	负环段掘进		24690.30	7278.33	5682.00	10251.41	1478.56	64.41	0.56	2273.25	82.83	16.82	7.51	17.93	12.87	29.18	4.89
3-42			出洞段掘进		21862.49	4223.94	4334.73	11871.32	1432.50	37.38		1797.25	165.67	16.82	7.51	17.93	12.87	29.18	4.89
3-43			正常段掘进		10767.78	1772.97	3157.70	5213.46	623.65	15.69		738.15	165.67	16.82	7.51	17.93	12.87	29.18	4.89
3-44			进洞段掘进		18073.39	3288.30	3819.54	9796.54	1169.01	29.10		1371.30	165.67	16.82	7.51	17.93	12.87	29.18	4.89

衡盾构掘进②

材料								机械											
风管	钢管栏杆	钢支撑	电焊条	锭子油（#20机油）	油脂	零星材料费	材料采管费	刀盘式水力出土泥水平衡盾构掘进机 6000mm	汽车式起重机 25t	轴流通风机 100kW	电动单级离心清水泵 200mm	电焊机 30kVA	电动空气压缩机 $6m^3$/min	门式起重机 30t	电瓶车 8t	轨道平车 5t	硅整流充电机 90A/190V	刀盘式水力出土泥水平衡盾构掘进机 7000mm	汽车式起重机 50t
kg	kg	kg	kg	kg	kg	元	元	台班	台班	台班	台班	台班	台班	台班	台班	台班	台班	台班	台班
0.83	2.68	9.50	8.49	7.70	14.00			4283.33	1085.98	517.63	104.97	103.98	256.89	777.41	265.81	35.67	82.38	4826.36	2666.21
12.91	7.41	134.10	5.340	45.68		56.99	80.98	0.79	1.58	1.35	1.61	3.46	1.52						
12.91	7.41			43.26	26.67	46.32	65.82	1.49		1.27	3.05	1.64		1.38	1.43	2.86	1.29		
12.91	7.41			17.75	26.67	33.16	47.12	0.61		1.04	1.25	0.67		0.56	0.59	1.17	0.53		
12.91	7.41			33.08	26.67	41.08	58.38	1.14		1.95	2.33	1.25		1.05	1.10	2.19	0.99		
15.90	13.67	185.74	5.600	49.56		82.24	116.87			1.43	1.72	3.69	1.61					0.84	1.68
15.90	13.67			48.51	31.19	62.74	89.16			1.51	3.61	1.94		1.63	1.70	3.40	1.53	1.77	
15.90	13.67			23.42	31.19	45.71	64.95			1.24	1.49	0.80		0.67	0.70	1.40	0.63	0.73	
15.90	13.67			33.18	31.19	55.29	78.56			2.34	2.80	1.51		1.26	1.32	2.63	1.19	1.37	

工作内容： 制浆、运浆、盾尾同步压浆、补压浆、封堵、清洗等。

编号	项目		单位	预算基价					人工	材料	
				总价	人工费	材料费	机械费	管理费	综合工	水泥 42.5级	粉煤灰
				元	元	元	元	元	工日	t	t
									113.00	410.38	109.45
3-45	衬砌同步压浆	石膏、粉煤灰	10m³	6418.28	3069.08	1394.50	1595.75	358.95	27.16		8.98
3-46		石膏、黏土、粉煤灰		6508.08	3019.36	1537.33	1595.75	355.64	26.72		7.72
3-47		水泥、粉煤灰		6900.51	2956.08	1997.25	1595.75	351.43	26.16	1.61	9.27
3-48	衬砌分块压浆	石膏、粉煤灰		11437.09	7268.16	1481.32	2009.22	678.39	64.32		8.98
3-49		石膏、黏土、粉煤灰		10268.69	6038.72	1624.15	2009.22	596.60	53.44		7.72
3-50		水泥、粉煤灰		10615.32	5912.16	2105.76	2009.22	588.18	52.32	1.61	9.27

压 浆

材							料		机			械
石灰膏	微沫剂	水玻璃	黏 土	膨润土	高压皮龙管 $\phi150 \times 3m$	球 阀	零 星 材料费	材 料 采管费	卷扬机 电动单筒慢速 30kN	灰 浆 搅拌机 200L	盾构同 步压浆泵 $D2.1m \times 7m$	电 动 灌浆机
m^3	kg	kg	m^3	kg	根	个	元	元	台班	台班	台班	台班
203.00	31.00	2.75	54.30	0.45	1800.00	104.71			186.13	180.11	685.15	28.84
1.24	1.26				0.04		20.18	28.68	1.70	4.25	0.75	
0.99		127.00	0.30		0.04		22.25	31.62	1.70	4.25	0.75	
	1.00			331.00	0.04		28.91	41.08	1.70	4.25	0.75	
1.24	1.26				0.04	0.80	21.44	30.47	1.70	8.51		5.55
0.99		127.00	0.30		0.04	0.80	23.51	33.41	1.70	8.51		5.55
	1.00			331.00	0.04	1.00	30.48	43.31	1.70	8.51		5.55

工作内容：钢模制作、拆卸清理、刷油、测量检验、混凝土吊运浇捣、蒸养、出槽码垛堆放、抗渗质检等。

编号	项目		单位	预算基价				
				总价	人工费	材料费	机械费	管理费
				元	元	元	元	元
3-51	预制钢筋混凝土管片	管片 ϕ4000 以内	10m³	16719.59	5045.45	5472.04	5347.74	854.36
3-52		管片 ϕ5000 以内		16494.50	4953.92	5443.25	5257.78	839.55
3-53		管片 ϕ6000 以内		15390.28	4513.22	5340.69	4773.15	763.22
3-54		管片 ϕ7000 以内		14528.70	4167.44	5266.94	4391.15	703.17

混凝土管片

人工	材					料	机			械
综合工	预拌混凝土 AC40	管片钢模	压浆孔螺钉	隔离油	零星材料费	材料采管费	门式起重机 5t	门式起重机 10t	工业锅炉 1t/h	自卸汽车 5t
工日	m^3	kg	个	kg	元	元	台班	台班	台班	台班
113.00	410.24	8.84	10.00	1.00			343.83	446.10	965.32	490.10
44.65	10.15	112.00	12.00	6.27	79.20	112.55	2.41	2.41	2.07	2.95
43.84	10.15	110.00	11.00	6.16	78.79	111.96	2.37	2.37	2.04	2.89
39.94	10.15	100.00	10.00	5.60	77.30	109.85	2.15	2.15	1.85	2.63
36.88	10.15	92.00	10.00	5.15	76.24	108.33	1.98	1.98	1.70	2.42

8. 预制管片成环水平拼装

工作内容： 钢拼装台制作，校准；管片场内运输；吊拼装、拆除；管片成环量测检验及数据记录。

编号	项目		单位	预算基价					人工	材料			机械			
				总价	人工费	材料费	机械费	管理费	综合工	钢制台座	零星材料费	材料采管费	门式起重机 5t	载货汽车 4t	履带式起重机 10t	载货汽车 6t
				元	元	元	元	元	工日	kg	元	元	台班	台班	台班	台班
									113.00	2.30			343.83	391.19	621.85	427.71
3-55	预制钢筋混凝土管片试拼	管片 ϕ4000 以内	环	5075.86	2260.00	255.04	2197.34	363.48	20.00	107.00	3.69	5.25	2.59	1.29	1.29	
3-56	预制钢筋混凝土管片试拼	管片 ϕ5000 以内	环	6526.10	2913.14	314.62	2830.04	468.30	25.78	132.00	4.55	6.47	3.34	1.66	1.66	
3-57	预制钢筋混凝土管片试拼	管片 ϕ6000 以内	环	7576.83	3754.99	374.22	2915.07	532.55	33.23	157.00	5.42	7.70	3.44	1.71	1.71	
3-58	预制钢筋混凝土管片试拼	管片 ϕ7000 以内	环	8670.26	4595.71	433.80	3040.14	600.61	40.67	182.00	6.28	8.92	3.50		1.75	1.75

9. 管片设置密封条

工作内容：管片吊运堆放、编号、表面清理、涂刷胶粘剂、粘贴泡沫挡土衬垫及防水橡胶条、管片边角嵌贴腻子胶等。

编号	项目		单位	预算基价					人工	材料								机械
				总价	人工费	材料费	机械费	管理费	综合工	氯丁胶粘剂	丁醛自粘腻子	氯丁橡胶浆	聚氨酯泡沫塑料	胶粉油毡衬垫	防水橡胶821BF	零星材料费	材料采管费	门式起重机5t
				元	元	元	元	元	工日	kg	kg	kg	kg	kg	kg	元	元	台班
									113.00	21.00	13.00	24.65	18.00	13.68	18.00			343.83
3-59	氯丁橡胶条	管片 ϕ4000以内	环	998.94	385.33	452.19	123.78	37.64	3.41	1.51	1.51	14.16	0.09	2.51		6.55	9.30	0.36
3-60	氯丁橡胶条	管片 ϕ5000以内	环	1294.55	448.61	635.05	165.04	45.85	3.97	1.67	1.67	20.03	0.23	4.25		9.19	13.06	0.48
3-61	氯丁橡胶条	管片 ϕ6000以内	环	1828.91	549.18	1016.89	206.30	56.54	4.86	2.24	2.24	33.67	0.48	4.86		14.72	20.92	0.60
3-62	氯丁橡胶条	管片 ϕ7000以内	环	2478.87	775.18	1406.95	223.49	73.25	6.86	2.44	2.44	47.43	0.65	6.86		20.36	28.94	0.65
3-63	821防水橡胶条	管片 ϕ4000以内	环	787.37	387.59	238.21	123.78	37.79	3.43	1.51	1.51		0.09	2.51	7.92	3.45	4.90	0.36
3-64	821防水橡胶条	管片 ϕ5000以内	环	1009.90	448.61	350.40	165.04	45.85	3.97	1.67	1.67		0.23	4.25	12.17	5.07	7.21	0.48
3-65	821防水橡胶条	管片 ϕ6000以内	环	1356.41	574.04	517.87	206.30	58.20	5.08	2.44	2.44		0.48	4.86	18.98	7.50	10.65	0.60
3-66	821防水橡胶条	管片 ϕ7000以内	环	1748.16	775.18	676.24	223.49	73.25	6.86	2.44	2.44		0.65	6.86	25.78	9.79	13.91	0.65

10. 管 片 嵌 缝

工作内容：管片嵌缝槽表面处理、配料嵌缝等。

编号	项目		单位	预算基价					人工	材料			机械		
				总价	人工费	材料费	机械费	管理费	综合工	环氧聚氨酯嵌缝膏	零星材料费	材料采管费	门式起重机5t	电瓶车8t	电动灌浆机
				元	元	元	元	元	工日	kg	元	元	台班	台班	台班
									113.00	1.40			343.83	265.81	28.84
3-67	管片嵌缝	管片 ϕ4000 以内	环	463.88	396.63	9.14	28.92	29.19	3.51	6.30	0.13	0.19	0.02	0.02	0.58
3-68	管片嵌缝	管片 ϕ5000 以内	环	687.06	587.60	13.10	43.09	43.27	5.20	9.03	0.19	0.27	0.03	0.03	0.86
3-69	管片嵌缝	管片 ϕ6000 以内	环	850.70	717.55	19.43	60.15	53.57	6.35	13.39	0.28	0.40	0.04	0.04	1.24
3-70	管片嵌缝	管片 ϕ7000 以内	环	1026.60	848.63	25.75	87.30	64.92	7.51	17.75	0.37	0.53	0.05	0.05	1.97

11. 柔 性 接 缝 环(施工阶段)

工作内容: 1. 临时防水板:盾构出洞后接缝处理淤泥清理、钢板环圈定位、焊接、预留压浆孔等。2. 临时止水缝:洞口安装止水带及防水圈、环板安装后堵压、防水材料封堵等。

编号	项目		单位	预算基价					人工	材料			
				总价	人工费	材料费	机械费	管理费	综合工	钢板(中厚)	带帽螺栓	枕木	压浆孔螺钉
				元	元	元	元	元	工日	kg	kg	m^3	个
									113.00	2.77	9.20	3503.08	10.00
3-71	隧道洞口柔性接缝环	临时防水环板	t	6190.60	2386.56	722.39	2664.44	417.21	21.12	4.77	4.66	0.07	12.12
3-72	隧道洞口柔性接缝环	临时止水缝	m	2121.47	673.48	1177.89	205.38	64.72	5.96		1.31		

接上表

编号	项目		单位	材料								机械		
				电焊条	水泥 42.5级	粗砂	帘布橡胶条	聚氨酯胶粘剂	聚氨酯泡沫塑料	零星材料费	材料采管费	门式起重机 10t	电焊机 30kVA	电动灌浆机
				kg	t	t	kg	kg	kg	元	元	台班	台班	台班
				8.49	410.38	87.17	15.87	24.00	18.00			446.10	103.98	28.84
3-71	隧道洞口柔性接缝环	临时防水环板	t	32.34						10.46	14.86	3.84	9.15	
3-72	隧道洞口柔性接缝环	临时止水缝	m		0.09	0.09	4.33	19.98	29.53	17.05	24.23	0.43		0.47

12. 柔 性 接 缝

工作内容：1. 拆除临时钢板环：钢板环圈切割、吊拆堆放。2. 拆除洞口环管片：拆卸连接螺栓、吊车配合拆除管片、凿除涂料、壁面清洗等。3. 安装钢环

编号	项目		单位	预算基价					人工	材料					
				总价	人工费	材料费	机械费	管理费	综合工	枕木	型钢	电焊条	带帽螺栓	压浆孔螺钉	遇水膨胀橡胶圈
				元	元	元	元	元	工日	m^3	kg	kg	kg	个	个
									113.00	3503.08	2.70	8.49	9.20	10.00	0.80
3-73	隧道洞口柔性接缝环	拆除临时钢环板	t	3881.78	1909.70	220.62	1480.79	270.67	16.90	0.05	1.62	3.93			
3-74		拆除洞口环管片	m^3	4647.88	2076.94	14.52	2204.43	351.99	18.38			1.65			
3-75		安装钢环板	t	8244.95	2863.42	1682.60	3198.22	500.71	25.34	0.08		91.76	31.03	6.00	128.00
3-76		柔性接缝环	m	4033.91	1158.25	2305.70	449.33	120.63	10.25						

环(正式阶段)

板:钢环板分块吊装、焊接固定。4.柔性接缝环:壁内刷涂料、安放内外壁止水带等。

材料											机械				
螺栓套管	环氧树脂 6101	乳胶水泥	外防水氯丁酚醛胶	内防水橡胶止水带	氯丁橡胶	结皮海绵橡胶板	焦油聚氨酯涂料	聚苯乙烯硬泡沫塑料	零星材料费	材料采管费	门式起重机 10t	电焊机 30kVA	卷扬机 电动双筒慢速 100kN	电动空气压缩机 1.0m³/min	电动灌浆机
个	kg	kg	kg	m	kg	kg	kg	m³	元	元	台班	台班	台班	台班	台班
0.91	32.41	14.24	21.00	231.37	21.00	19.83	15.00	430.00			446.10	103.98	322.71	59.43	28.84
									3.19	4.54	3.07	1.07			
									0.21	0.30	1.67	1.99	3.71	0.93	
128.00									24.35	34.61	4.61	10.98			
	0.74	78.12	10.16	1.05	0.40	28.25	2.52	0.06	33.37	47.42	0.94				1.04

13. 洞口混凝土环圈

工作内容：配模、支模拆模、钢筋制作、混凝土浇捣、养护等。

编号	项目	单位	预算基价					人工	材料							机械		
			总价	人工费	材料费	机械费	管理费	综合工	预拌混凝土AC25	钢筋 D10以外	钢筋 D10以内	电焊条	板材	零星材料费	材料采管费	门式起重机10t	电焊机30kVA	混凝土输送泵30m³/h
			元	元	元	元	元	工日	m³	t	t	kg	m³	元	元	台班	台班	台班
								113.00	364.55	2672.18	2700.29	8.49	2196.98			446.10	103.98	703.29
3-77	洞口混凝土环圈	m³	3867.99	1404.59	1334.72	943.70	184.98	12.43	1.00	0.18	0.07	1.38	0.11	19.32	27.45	1.69	1.69	0.02

14. 负 环 管 片 拆 除

工作内容：拆除后盾钢支撑、清除管片内污垢杂物、拆除井内轨道、凿除后靠混凝土、切割连接螺栓、管片吊出井口、装车等。

编号	项目		单位	预算基价					人工	材料						机械		
				总价	人工费	材料费	机械费	管理费	综合工	钢支撑	电焊条	氧气 6m³	乙炔气 5.5~6.5kg	零星材料费	材料采管费	履带式起重机 15t	电焊机 30kVA	电动空气压缩机 1.0m³/min
				元	元	元	元	元	工日	kg	kg	m³	m³	元	元	台班	台班	台班
									113.00	9.50	8.49	3.27	18.53			751.29	103.98	59.43
3-78	负环管片拆除	管片 φ4000 以内	m	4411.53	3107.50	119.92	890.97	293.14	27.50	6.07	3.77	2.75	0.92	1.74	2.47	0.97	1.16	0.70
3-79	负环管片拆除	管片 φ5000 以内	m	5085.68	3592.27	116.83	1037.02	339.56	31.79	5.65	3.89	2.75	0.92	1.69	2.40	1.13	1.34	0.82
3-80	负环管片拆除	管片 φ6000 以内	m	7494.17	5556.21	118.70	1321.47	497.79	49.17	5.78	3.89	2.81	0.94	1.72	2.44	1.44	1.71	1.04
3-81	负环管片拆除	管片 φ7000 以内	m	9892.96	7520.15	120.24	1597.37	655.20	66.55	5.90	3.89	2.86	0.95	1.74	2.47	1.74	2.07	1.26

工作内容： 画线、号料、切割、校正、滚圆弧、刨边刨槽、上模具焊接成型、焊预埋件、钻孔、吊运油漆等。

编号	项目		单位	预算基价					人工	材料		
				总价	人工费	材料费	机械费	管理费	综合工	钢板（中厚）	型钢	氧气 6m³
				元	元	元	元	元	工日	t	kg	m³
									113.00	2770.00	2.70	3.27
3-82	钢管片	1t以内	t	18645.41	4333.55	4363.75	8805.68	1142.43	38.35	1.15		22.00
3-83	钢管片	1t以外	t	16186.62	4211.51	4248.14	6788.34	938.63	37.27	1.02	130.00	19.17
3-84	复合管片钢壳		t	10190.58	2727.82	4137.57	2865.75	459.44	24.14	1.07		31.90

片制作

材						料	机						械
乙炔气 5.5~6.5kg	电焊条	醇酸防锈漆	外接头 *DN*50	镀锌管堵 *DN*50	零星材料费	材料采管费	汽车式起重机 8t	牛头刨床 650mm	摇臂钻床 63mm	卷板机 20×2500	电焊机 30kVA	龙门刨床 1000×3000	多辊板料校平机 16×2000
m^3	kg	kg	个	个	元	元	台班	台班	台班	台班	台班	台班	台班
18.53	8.49	15.25	5.90	3.80			726.00	200.29	49.05	257.25	103.98	396.73	1227.20
7.33	64.99	17.43			63.16	89.75	5.35	1.83	2.43	0.26	8.29	6.86	0.64
6.39	54.73	17.43	1.44	0.74	61.49	87.38	5.26	1.22	2.26	0.13	8.15	2.73	0.53
10.63	41.80	17.43	11.00	11.00	59.89	85.10	0.72		3.12	0.13	5.72	2.39	0.50

16. 盾构基座

工作内容：1. 盾构基座：画线、号料、切割、焊接成型、油漆、堆放等。2. 手孔封堵：定位、找平、手孔清洗浆液制作、堵孔、抹平等。

编号	项目	单位	预算基价 总价	人工费	材料费	机械费	管理费	人工 综合工	材料 型钢	钢板（中厚）	氧气 6m³	乙炔气 5.5～6.5kg
			元	元	元	元	元	工日	t	t	m³	m³
								113.00	2697.10	2770.00	3.27	18.53
3-85	盾构基座制作	t	6837.19	1863.37	3485.70	1243.54	244.58	16.49	1.04	0.02	4.80	1.60
3-86	钢围令	t	5678.19	1293.85	3486.46	740.03	157.85	11.45	0.73	0.33	5.28	1.76
3-87	钢闸墙	t	8235.13	2763.98	4078.12	1102.25	290.78	24.46	0.12	0.99	14.91	4.97
3-88	手孔封堵	百个	2386.18	1317.58	797.26	167.45	103.89	11.66				

材							料		机				械
汽　油 #90	电焊条	防锈漆	热轧一般无缝钢管	水　泥 32.5级	外加剂 SN-2	钢　材	零　星材料费	材　料采管费	电焊机 30kVA	履带式起重机 15t	门　式起重机 5t	摇臂钻床 63mm	多辊板料校平机 16×2000
kg	kg	kg	kg	t	kg	kg	元	元	台班	台班	台班	台班	台班
7.34	8.49	17.51	3.31	362.35	3.00	2.72			103.98	751.29	343.83	49.05	1227.20
5.50	14.11	17.00					50.45	71.69	3.00	1.24			
5.50	11.00	17.00					50.46	71.71	1.12	0.83			
5.50	43.68	17.00	5.90				59.03	83.88	3.63		1.340	0.63	0.19
				0.81	150.00	9.49	11.54	16.40			0.487		

17. 钢封门制

工作内容：1.制作：放样，下料，制作，油漆。2.安装：铁件焊接定位，钢封门吊装就位，焊接，缝隙封堵等。3.拆除：切割吊装连接构件，钢封门吊装堆放

编号	项目		单位	预算基价					人工	材料		
				总价	人工费	材料费	机械费	管理费	综合工	氧气 6m³	乙炔气 5.5～6.5kg	电焊条
				元	元	元	元	元	工日	m^3	m^3	kg
									113.00	3.27	18.53	8.49
3-89	钢封门制作		t	1846.66	1080.28	313.13	347.66	105.59	9.56	0.39	0.13	4.62
3-90	钢封门安装	φ4000 以内	t	1161.01	611.33	209.94	272.63	67.11	5.41			6.15
3-91	钢封门安装	φ5000 以内	t	1223.94	577.43	178.33	391.77	76.41	5.11			5.39
3-92	钢封门安装	φ7000 以内	t	956.42	502.85	132.80	261.91	58.86	4.45			5.28
3-93	钢封门拆除	φ4000 以内	t	977.35	429.40	10.87	463.55	73.53	3.80	1.11	0.37	
3-94	钢封门拆除	φ5000 以内	t	877.10	402.28	10.87	398.53	65.42	3.56	1.11	0.37	
3-95	钢封门拆除	φ7000 以内	t	790.70	337.87	10.87	382.39	59.57	2.99	1.11	0.37	

作、安装拆除

等。

材							料	机				械
醇酸防锈漆	型钢	圆钢	水泥 42.5级	玻璃布 0.2	水玻璃	零星材料费	材料采管费	汽车式起重机 8t	电焊机 30kVA	汽车式起重机 16t	汽车式起重机 25t	卷扬机电动双筒慢速 100kN
kg	kg	kg	kg	m^2	kg	元	元	台班	台班	台班	台班	台班
15.25	2.70	2.67	0.41	4.65	2.75			726.00	103.98	945.75	1085.98	322.71
17.00						4.53	6.44	0.36	0.83			
	32.41	4.50	14.00	1.42	14.00	3.04	4.32		0.53	0.23		
	24.58	3.50	14.00	1.37	14.00	2.58	3.67		1.47		0.22	
	10.42	4.50	12.00	1.13	12.00	1.92	2.73		0.43		0.20	
						0.16	0.22			0.34		0.44
						0.16	0.22				0.26	0.36
						0.16	0.22				0.26	0.31

18. 走 道 板、

工作内容：画线、号料、切割、拼装、校正、焊接成型、油漆、堆放等。

编号	项目	单位	预算基价					人工	材料		
			总价	人工费	材料费	机械费	管理费	综合工	型钢	钢轨	钢板（中厚）
			元	元	元	元	元	工日	kg	kg	kg
								113.00	2.70	2.74	2.77
3-96	走道板	t	6755.52	2243.05	3149.61	1106.33	256.53	19.85	681.58		
3-97	配套定型走道板	t	10086.99	4792.33	4000.73	888.91	405.02	42.41	66.78		
3-98	钢轨跑板	t	5669.05	1026.04	3433.94	1039.94	169.13	9.08		948.19	74.08

钢跑板

材							料		机		械		
钢板网	氧气 6m³	乙炔气 5.5~6.5kg	电焊条	防锈漆	热轧薄钢板 3.5~5.5	焊接钢管	零星材料费	材料采管费	剪板机 16×2500	电焊机 30kVA	折方机 4×2000	钢筋弯曲机 40mm	履带式起重机 15t
m^2	m^3	m^3	kg	kg	kg	kg	元	元	台班	台班	台班	台班	台班
17.83	3.27	18.53	8.49	17.51	2.76	3.02			278.91	103.98	37.36	29.25	751.29
34.23	9.11	3.04	24.13	17.00			45.59	64.78	0.63	8.95			
27.92	43.36	14.45	24.51	17.00	465.34	325.42	57.91	82.29		6.86	4.63	0.09	
	5.50	1.83	18.94	17.00			49.70	70.63		1.62			1.16

19. 钢 轨 枕、

工作内容：画线、号料、切割、校正、焊接成型、油漆、编号、堆放等。

编号	项目	单位	预算基价					人工	材料
			总价	人工费	材料费	机械费	管理费	综合工	型钢
			元	元	元	元	元	工日	kg
								113.00	2.70
3-99	钢轨枕	t	6213.40	1760.54	3739.93	543.13	169.80	15.58	968.20
3-100	钢支架	t	7767.09	2692.79	3903.67	903.83	266.80	23.83	670.60

钢支架

材							料	机		械
钢板(中厚)	钢筋 D10以外	氧气 $6m^3$	乙炔气 5.5～6.5kg	电焊条	防锈漆	零星材料费	材料采管费	摇臂钻床 63mm	电焊机 30kVA	钢筋切断机 40mm
kg	kg	m^3	m^3	kg	kg	元	元	台班	台班	台班
2.77	2.67	3.27	18.53	8.49	17.51			49.05	103.98	49.13
92.11		20.88	6.96	28.82	17.00	54.13	76.92	0.94	4.78	
160.40	229.00	25.33	8.44	42.83	17.00	56.50	80.29	2.73	7.31	0.20

工作内容：画线、切割、摵弯、分段组合、焊接、油漆等。

编号	项目	单位	预算基价					人工	材料
			总价	人工费	材料费	机械费	管理费	综合工	型钢
			元	元	元	元	元	工日	kg
								113.00	2.70
3-101	板式扶梯	t	9402.74	4443.16	3658.78	916.35	384.45	39.32	770.00
3-102	格式扶梯	t	10006.16	4443.16	3349.29	1748.53	465.18	39.32	640.00
3-103	垂直扶梯	t	9961.47	5017.20	3429.03	1077.01	438.23	44.40	648.70

扶　梯

材料									机械		
花纹钢板	钢筋 D10以内	钢筋 D10以外	氧气 6m³	乙炔气 5.5~6.5kg	电焊条	防锈漆	零星材料费	材料采管费	门式起重机 5t	电焊机 30kVA	钢筋切断机 40mm
kg	kg	kg	m^3	m^3	kg	kg	元	元	台班	台班	台班
2.88	2.70	2.67	3.27	18.53	8.49	17.51			343.83	103.98	49.13
290.00			21.79	7.26	13.30	17.00	52.96	75.25	1.90	2.53	
	410.00				11.69	17.00	48.48	68.89	2.52	8.28	0.43
	197.20	214.10			18.33	17.00	49.63	70.53		10.15	0.44

21. 盾 构 过 站

工作内容：站台铺设钢轨、卷扬机定位、盾构与发射架顶升、盾构拉上站台、铺设车架轨道、盾构牵引、放低横移、连接管线、调试等。

编号	项目	单位	预算基价					人工	材料				
			总价	人工费	材料费	机械费	管理费	综合工	轻轨	钢板（中厚）	型钢	电	枕木
			元	元	元	元	元	工日	kg	t	t	kWh	m^3
								113.00	3.00	2770.00	2697.10	0.89	3503.08
3-104	盾构过站	台次	440650.13	152550.00	151476.04	115292.74	21331.35	1350.00	1893.00	1.40	29.43	5000.00	12.20

接上表

编号	项目	单位	材料						机械				
			电焊条	氧气 $6m^3$	乙炔气 5.5~6.5kg	钢丝绳	零星材料费	材料采管费	卷扬机 电动双筒慢速 100kN	立式油压千斤顶 200t	门式起重机 50t	电焊机 40kVA	电动切割机
			kg	m^3	m^3	kg	元	元	台班	台班	台班	台班	台班
			8.49	3.27	18.53	7.31			322.71	12.01	1203.76	136.41	252.47
3-104	盾构过站	台次	458.00	155.80	72.15	590.00	2192.52	3115.57	102.71	84.00	31.53	150.00	90.00

22. 隧道内管线拆除

工作内容：贯通后隧道内水管、风管、走道板、拉杆轨道、各种施工支架拆除、吊运、装车或堆放、隧道内清理等。

编号	项目		单位	预算基价					人工	材料				机械				
				总价	人工费	材料费	机械费	管理费	综合工	氧气 6m³	乙炔气 5.5~6.5kg	零星材料费	材料采管费	电瓶车 8t	轨道平车 5t	硅整流充电机 90A/190V	门式起重机 5t	卷扬机电动单筒慢速 50kN
				元	元	元	元	元	工日	m³	m³	元	元	台班	台班	台班	台班	台班
									113.00	3.27	18.53			265.81	35.67	82.38	343.83	192.33
3-105	土压平衡盾构隧道内管线拆除	φ5000 以内	100m	25835.03	14208.62	64.94	9677.56	1883.91	125.74	6.64	2.21	0.94	1.34	11.39	22.78	5.06	10.11	10.11
3-106	土压平衡盾构隧道内管线拆除	φ7000 以内	100m	32295.27	17760.21	81.32	12098.72	2355.02	157.17	8.30	2.77	1.18	1.67	14.24	28.48	6.32	12.64	12.64
3-107	泥水平衡盾构隧道内管线拆除	φ5000 以内	100m	23857.24	13117.04	64.94	8935.90	1739.36	116.08	6.64	2.21	0.94	1.34	10.51	21.02	4.67	9.34	9.34
3-108	泥水平衡盾构隧道内管线拆除	φ7000 以内	100m	29819.90	16396.30	81.32	11168.24	2174.04	145.10	8.30	2.77	1.18	1.67	13.14	26.28	5.84	11.67	11.67

23. 管 片 短 驳 运 输

工作内容：起吊、行车配合、装车、驳运至中转场地、垫道木、吊车配合按类堆放等。

编号	项目		单位	预算基价					人工	材料			机械		
				总价	人工费	材料费	机械费	管理费	综合工	方木	零星材料费	材料采管费	门式起重机 5t	汽车式起重机 8t	载货汽车 4t
				元	元	元	元	元	工日	m^3	元	元	台班	台班	台班
									113.00	3026.70			343.83	726.00	391.19
3-109	预制钢筋混凝土管片短驳运输	管片 ϕ4000 以内	$10m^3$	739.36	137.86	31.37	511.36	58.77	1.22	0.010	0.45	0.65	0.35	0.35	0.35
3-110	预制钢筋混凝土管片短驳运输	管片 ϕ5000 以内	$10m^3$	771.42	164.98	34.50	511.36	60.58	1.46	0.011	0.50	0.71	0.35	0.35	0.35
3-111	预制钢筋混凝土管片短驳运输	管片 ϕ6000 以内	$10m^3$	850.83	221.48	37.63	525.97	65.75	1.96	0.012	0.54	0.77	0.36	0.36	0.36
3-112	预制钢筋混凝土管片短驳运输	管片 ϕ7000 以内	$10m^3$	853.98	221.48	40.78	525.97	65.75	1.96	0.013	0.59	0.84	0.36	0.36	0.36

24. 隧道洞内材料运输

工作内容：装车、卸车、运输、堆码、空回等。

编号	项目		单位	预算基价				人工	机械	
				总价	人工费	机械费	管理费	综合工	轨道平车 5t	轨道式电瓶车 8t
				元	元	元	元	工日	台班	台班
								113.00	35.67	265.81
3-113	洞内材料运输	100 m 以内	$100m^3$	48453.35	22453.10	22339.67	3660.58	198.70	74.10	74.10
3-114	洞内材料运输	每增 100 m	$100m^3$	13834.33	474.60	12149.64	1210.09	4.20	40.30	40.30

工作内容： 铺设枕木、轻轨、校平调顺、固定、拆除、材料运输及保养维修等。

编号	项目			单位	预算基价 总价 元	人工费 元	材料费 元	管理费 元
3-115	洞内外轻便轨道铺拆年摊销 轨道规格(kg/m)	15	一年内	100m	14646.73	8602.69	5471.77	572.27
3-116			每增一季		2212.76	1130.00	1007.59	75.17
3-117		18	一年内		17741.86	8800.44	8356.00	585.42
3-118			每增一季		2738.76	1130.00	1533.59	75.17
3-119		24	一年内		18086.47	8915.70	8577.68	593.09
3-120			每增一季		2776.81	1130.00	1571.64	75.17

便轨道铺拆

人工	材									料
综合工	枕木	钢轨	鱼尾板	鱼尾螺栓	钢板(中厚)	道钉	镀锌钢丝 1.8~2.0	圆钉	零星材料费	材料采管费
工日	m^3	kg	kg	kg	kg	kg	kg	kg	元	元
113.00	3503.08	2.74	3.41	7.51	2.77	2.50	8.04	7.81		
76.13	1.05	430.00	16.91	6.91	25.19	19.52	10.65	1.00	181.23	112.54
10.00	0.20	70.00	3.21	1.28	4.58	3.66	2.13	0.20	33.37	20.72
77.88	1.75	450.00	18.43	7.94	81.28	31.52	13.65	1.00	276.76	171.87
10.00	0.33	70.00	3.49	1.47	15.24	5.91	2.73	0.20	50.79	31.54
78.90	1.75	510.00	28.69	7.94	81.28	35.68	13.65	1.00	284.10	176.43
10.00	0.33	80.00	5.44	1.47	15.24	6.69	2.73	0.20	52.05	32.33

26. 隧道通风

工作内容：铺设管道、清扫污物、维修养护、拆除及材料运输等。

编号	项目				单位	预算基价 总价	人工费	材料费	机械费	管理费	人工 综合工	材料 粘胶布风筒φ500	镀锌钢丝1.8~2.0
						元	元	元	元	元	工日	m	kg
											113.00	9.50	8.04
3-121	洞内通风筒安、拆年摊销	通风筒φ500以内	粘胶布轻便软管	一年内	100m	10618.10	9492.00	494.67		631.43	84.00	33.00	15.00
3-122	洞内通风筒安、拆年摊销	通风筒φ500以内	粘胶布轻便软管	每增一季	100m	2002.33	1808.00	74.06		120.27	16.00	6.60	
3-123	洞内通风筒安、拆年摊销	通风筒φ500以内	δ=2薄钢板风筒	一年内	100m	14022.03	11485.32	1595.23	161.76	779.72	101.64		25.00
3-124	洞内通风筒安、拆年摊销	通风筒φ500以内	δ=2薄钢板风筒	每增一季	100m	2240.18	1808.00	275.21	33.45	123.52	16.00		
3-125	洞内通风筒安、拆年摊销	通风筒φ1000以内	粘胶布轻便软管	一年内	100m	15948.18	14238.00	763.04		947.14	126.00		30.00
3-126	洞内通风筒安、拆年摊销	通风筒φ1000以内	粘胶布轻便软管	每增一季	100m	2985.02	2712.00	92.61		180.41	24.00		
3-127	洞内通风筒安、拆年摊销	通风筒φ1000以内	δ=2薄钢板风筒	一年内	100m	21899.42	17227.98	3170.49	323.53	1177.42	152.46		50.00
3-128	洞内通风筒安、拆年摊销	通风筒φ1000以内	δ=2薄钢板风筒	每增一季	100m	3512.30	2712.00	546.51	66.89	186.90	24.00		

筒安装拆除

材											机	械	
环氧沥青漆	带帽螺栓	铁风筒 φ500	圆钉	型钢	电焊条	醇酸防锈漆	粘胶布风筒 φ1000	铁风筒 φ1000	零星材料费	材料采管费	立式钻床 25mm	卷扬机 电动双筒慢速 80kN	直流电焊机 30kW
kg	kg	m	kg	kg	kg	kg	m	m	元	元	台班	台班	台班
12.00	9.20	48.45	7.81	2.70	8.49	15.25	12.35	95.95			8.01	277.40	108.62
1.50	3.00								4.80	10.17			
0.30	0.60								0.72	1.52			
	10.38	20.00	1.50	57.10	0.50	7.30			15.47	32.81	0.86	0.48	0.20
	2.08	4.00		11.42	0.10	1.46			2.67	5.66	0.17	0.10	0.04
3.00	6.00						33.00		7.40	15.69			
0.60	0.12						6.60		0.90	1.90			
	20.72		3.00	114.20	1.00	14.60		20.00	30.75	65.21	1.72	0.96	0.40
	4.16			22.84	0.20	2.92		4.00	5.30	11.24	0.34	0.20	0.08

27. 隧道水

工作内容：铺设管道、阀门安装、清扫污物、除锈、维修养护、拆除及材料运输等。

编号	项目				单位	预算基价					人工	材料		
						总价	人工费	材料费	机械费	管理费	综合工	镀锌钢管	管卡子	管箍
						元	元	元	元	元	工日	m	个	个
											113.00			
3-129	硐内风、水管道安、拆年摊销	镀锌钢管	D25	一年内	100m	7678.08	6966.45	235.94	11.18	464.51	61.65	17.50×8.63	20.00×2.00	6.00×1.86
3-130	硐内风、水管道安、拆年摊销	镀锌钢管	D25	每增一季	100m	1243.39	1130.00	35.76	2.24	75.39	10.00	3.00×8.63	2.00×2.00	0.60×1.86
3-131	硐内风、水管道安、拆年摊销	镀锌钢管	D50	一年内	100m	8335.44	7352.91	459.35	31.04	492.14	65.07	17.50×17.26	20.00×3.25	6.00×4.46
3-132	硐内风、水管道安、拆年摊销	镀锌钢管	D50	每增一季	100m	1282.86	1130.00	70.88	6.21	75.77	10.00	3.00×17.26	2.00×3.25	0.60×4.46
3-133	硐内风、水管道安、拆年摊销	钢管	D80	一年内	100m	10925.43	8181.20	1645.18	505.76	593.29	72.40			
3-134	硐内风、水管道安、拆年摊销	钢管	D80	每增一季	100m	1614.70	1130.00	297.86	101.80	85.04	10.00			
3-135	硐内风、水管道安、拆年摊销	钢管	D100	一年内	100m	11668.64	8507.77	1929.61	606.48	624.78	75.29			
3-136	硐内风、水管道安、拆年摊销	钢管	D100	每增一季	100m	1687.21	1130.00	350.50	119.91	86.80	10.00			
3-137	硐内风、水管道安、拆年摊销	钢管	D150	一年内	100m	14804.46	9671.67	3205.40	1170.47	756.92	85.59			
3-138	硐内风、水管道安、拆年摊销	钢管	D150	每增一季	100m	2046.91	1130.00	584.22	234.75	97.94	10.00			

管安装拆除

材料										机械				
阀门	铅油（厚漆）	黑铁管	平焊法兰	阀门	带帽螺栓	电焊条	醇酸防锈漆	零星材料费	材料采管费	管子切断机 60mm	套丝机 159mm	直流电焊机 30kW	弯管机 WC27-108	管子切断机 150mm
个	kg	m	副	个	kg	kg	kg	元	元	台班	台班	台班	台班	台班
	11.33				9.20	8.49	15.25			18.57	24.87	108.62	90.86	38.33
0.60×16.94	0.50							13.08	4.85	0.20	0.30			
0.12×16.94								1.98	0.74	0.04	0.06			
0.60×37.82	0.70							25.47	9.45	0.60	0.80			
0.12×37.82								3.93	1.46	0.12	0.16			
		17.50×57.67	2.55×62.92	0.60×195.39	11.41	8.82	3.50	91.21	33.84			4.37	0.30	0.10
		3.00×57.67	0.51×62.92	0.12×195.39	2.28	1.77	0.70	16.51	6.13			0.88	0.06	0.02
		17.50×65.59	2.55×72.32	0.60×252.51	16.09	10.62	4.00	106.98	39.69			5.13	0.50	0.10
		3.00×65.59	0.51×72.32	0.12×252.51	3.22	2.13	0.80	19.43	7.21			1.03	0.08	0.02
		17.50×105.09	2.55×133.80	0.60×571.51	23.11	15.84	6.00	177.71	65.93			10.67		0.30
		3.00×105.09	0.51×133.80	0.12×571.51	4.62	3.17	1.20	32.39	12.02			2.14		0.06

工作内容：线路沿壁架设、安装、随用随移、安全检查、维修养护、拆除及材料运输等。

编号	项目			单位	预算基价				人工	材料		
					总价	人工费	材料费	管理费	综合工	橡胶三芯软缆 3×35	方木	胶壳闸刀 220V/100A
					元	元	元	元	工日	m	m^3	个
									113.00	46.35	3026.70	141.86
3-139	洞内电路架设拆除年摊销	照明	一年内	100m	17821.66	7887.40	9409.57	524.69	69.80	26.00	0.06	0.10
3-140			每增一年		1733.46	1356.00	287.26	90.20	12.00	5.00		0.02
3-141		动力	一年内		13684.63	8216.23	4921.84	546.56	72.71		0.06	
3-142			每增一年		1986.76	1356.00	540.56	90.20	12.00			

线路架设拆除摊销

材									料		
熔断器	防水灯头	带帽螺栓	醇酸防锈漆	电	灯　泡	橡胶四芯软缆 3×70+1×25	铁壳闸刀 380V/200A	端子板 JX2-2510	三相四孔插座 15A	零星材料费	材料采管费
个	个	kg	kg	kWh	个	m	个	组	个	元	元
	2.85	9.20	15.25	0.89	1.45	101.46	469.56	8.81	10.00		
0.50×10.52	14.00	2.56	1.10	8400.00	112.00					91.25	193.54
0.10×10.52	0.84	0.51	0.22		22.40					2.79	5.91
0.75×14.68		0.53	1.10	2100.00		26.00	0.10	0.25	0.25	47.73	101.23
0.15×14.68		0.11	0.22			5.00	0.02	0.05	0.05	5.24	11.12

第四章　混 凝 土 结 构 工 程

说　　明

一、本章包括混凝土垫层、明开区间平顶形混凝土、明挖车站混凝土柱、明挖车站混凝土梁等 13 节，共 84 条基价子目。

二、设计要求混凝土强度等级、抗渗等级与基价混凝土强度等级、抗渗等级不同时，可按设计要求调整，其消耗量不变。

三、混凝土预算基价中未考虑浇筑脚手及操作平台费用，如施工中需要搭设操作平台时，执行第一章土方、围护结构及土体加固工程中喷射平台项目；脚手架执行脚手架章节相关项目。

四、切割、破除混凝土不包括废料弃运，其运费可参照有关章节运输项目。

五、小型混凝土构件是指单件体积在 0.05 m^3 以内构件。

工程量计算规则

一、现浇混凝土工程量除另有规定者外，均按设计图示尺寸以体积计算，不扣除结构、构件内钢筋、预埋铁件及墙、板中面积在 0.3 m^2 以内洞口所占的体积。

二、混凝土垫层、砂石垫层按设计图纸尺寸以体积计算。

三、混凝土柱按结构断面面积乘以柱的高度以体积计算，柱的高度按柱基上表面（或楼板上表面）至上一层板（或梁的下表面）的高度计算。

四、构造柱柱高按设计高度计算，嵌入墙体部分并入柱体积计算。

五、依附柱上的牛腿和柱帽并入柱身体积计算。

六、混凝土梁与柱连接时，梁长算至柱内侧，嵌入墙内的梁头按梁计算；主梁与次梁连接时，次梁长度算至柱梁内侧面。

七、梁高自梁底算至板底，反梁自板顶算至梁顶。

八、混凝土板按墙与墙之间的净空面积乘以板厚以体积计算。

九、混凝土墙体按墙的中心线长度乘以墙高、厚度以体积计算。

十、混凝土墙垛、附墙柱、暗柱、暗梁及突出部分并入墙体计算。

十一、混凝土墙的体积中，板与墙相叠加部分按墙计算；柱或梁与墙相叠加部分分别按柱或梁计算。

十二、混凝土整体楼梯包括休息平台、平台梁、斜梁及楼梯与楼板连接的梁、踏步、踏步板，按设计图示尺寸以体积计算。

十三、填充混凝土按设计图示填充量以体积计算。

十四、砖砌台阶按设计图示水平投影面积计算。

1. 混 凝 土 垫 层

工作内容：施工准备，铺设料石垫层，浇筑混凝土垫层，养护等。

编号	项目		单位	预算基价					人工	材料								机械	
				总价	人工费	材料费	机械费	管理费	综合工	预拌混凝土 BC25 P8	碴石 2～4	粗砂	片石	泵管 *DN*150	水	零星材料费	材料采管费	机动翻斗车 1t	混凝土输送泵 30m³/h
				元	元	元	元	元	工日	m³	t	t	t	kg	m³	元	元	台班	台班
									113.00	381.69	85.88	87.17	88.39	4.38	7.85			187.67	703.29
4-1	垫层	碎石	m³	272.00	84.75	136.17	31.90	19.18	0.75		1.53					1.97	2.80	0.17	
4-2	垫层	粗砂	m³	259.39	71.19	139.11	31.90	17.19	0.63			1.54				2.01	2.86	0.17	
4-3	垫层	片石	m³	345.22	129.95	157.55	31.90	25.82	1.15				1.72			2.28	3.24	0.17	
4-4	混凝土垫层		m³	502.02	67.80	407.22	14.07	12.93	0.60	1.02				0.47	0.20	5.89	8.38		0.02

2.明开区间平顶形混凝土

工作内容：施工准备，场内运输，浇筑，振捣，养护等。

编号	项目	单位	预算基价					人工	材料				机械	
			总价	人工费	材料费	机械费	管理费	综合工	预拌混凝土 BC30 P8	水	零星材料费	材料采管费	混凝土输送泵车 $20m^3/h$	小型机具
			元	元	元	元	元	工日	m^3	m^3	元	元	台班	元
								113.00	394.91	7.85			1083.75	
4-5	顶板混凝土	m^3	615.13	148.03	418.01	22.58	26.51	1.31	1.02	0.07	6.05	8.60	0.02	0.90
4-6	墙体混凝土	m^3	642.35	171.76	418.01	22.58	30.00	1.52	1.02	0.07	6.05	8.60	0.02	0.90
4-7	底板混凝土	m^3	589.21	125.43	418.01	22.58	23.19	1.11	1.02	0.07	6.05	8.60	0.02	0.90

3. 明挖车站混凝土柱

工作内容：施工准备，场内运输，浇筑，振捣，养护等。

编号	项目	单位	预算基价					人工	材料					机械	
			总价	人工费	材料费	机械费	管理费	综合工	预拌混凝土AC30	水	电	零星材料费	材料采管费	混凝土输送泵车20m³/h	小型机具
			元	元	元	元	元	工日	m³	m³	kWh	元	元	台班	元
								113.00	376.62	7.85	0.89			1083.75	
4-8	钢筋混凝土矩形柱	m³	580.64	131.08	403.03	22.52	24.01	1.16	1.02	0.47	1.20	5.83	8.29	0.02	0.84
4-9	钢筋混凝土圆形柱	m³	567.54	119.78	402.98	22.45	22.33	1.06	1.02	0.47	1.14	5.83	8.29	0.02	0.77
4-10	钢筋混凝土异形柱	m³	586.07	135.60	403.03	22.72	24.72	1.20	1.02	0.47	1.20	5.83	8.29	0.02	1.04

4. 明开车站混凝土梁

工作内容：施工准备，场内运输，浇筑，振捣，养护等。

编号	项目	单位	预算基价					人工	材料					机械	
			总价	人工费	材料费	机械费	管理费	综合工	预拌混凝土 BC30 P8	水	电	零星材料费	材料采管费	混凝土输送泵车 20m³/h	小型机具
			元	元	元	元	元	工日	m³	m³	kWh	元	元	台班	元
								113.00	394.91	7.85	0.89			1083.75	
4-11	防水钢筋混凝土基础梁	m³	547.82	84.75	423.27	22.58	17.22	0.75	1.02	0.58	1.20	6.13	8.71	0.02	0.90
4-12	钢筋混凝土站台板下梁	m³	576.70	109.61	423.22	22.93	20.94	0.97	1.02	0.57	1.24	6.13	8.70	0.02	1.25
4-13	钢筋混凝土矩形梁	m³	572.35	106.22	423.18	22.58	20.37	0.94	1.02	0.57	1.20	6.13	8.70	0.02	0.90
4-14	钢筋混凝土异形、拱形梁	m³	610.82	138.99	424.07	22.58	25.18	1.23	1.02	0.68	1.20	6.14	8.72	0.02	0.90
4-15	钢筋混凝土圈梁、过梁、反梁、压顶梁	m³	648.82	171.76	424.48	22.58	30.00	1.52	1.02	0.73	1.20	6.14	8.73	0.02	0.90

5. 明开车站混凝土墙①

工作内容：施工准备，场内运输，浇筑，振捣，养护等。

编号	项目		单位	预算基价					人工	材料					机械	
				总价	人工费	材料费	机械费	管理费	综合工	预拌混凝土 BC30 P8	水	电	零星材料费	材料采管费	混凝土输送泵车 $20m^3/h$	小型机具
				元	元	元	元	元	工日	m^3	m^3	kWh	元	元	台班	元
									113.00	394.91	7.85	0.89			1083.75	
4-16	钢筋混凝土直形墙	墙厚70 cm以内	m^3	596.09	127.69	422.37	22.52	23.51	1.13	1.02	0.47	1.20	6.11	8.69	0.02	0.84
4-17		墙厚80 cm以内		598.83	129.95	422.44	22.58	23.86	1.15	1.02	0.47	1.28	6.11	8.69	0.02	0.90
4-18		墙厚100 cm以内		605.61	135.60	422.57	22.72	24.72	1.20	1.02	0.47	1.42	6.12	8.69	0.02	1.04
4-19	钢筋混凝土弧形墙	墙厚70 cm以内		596.09	127.69	422.37	22.52	23.51	1.13	1.02	0.47	1.20	6.11	8.69	0.02	0.84
4-20		墙厚80 cm以内		600.31	131.08	422.54	22.65	24.04	1.16	1.02	0.47	1.38	6.12	8.69	0.02	0.97
4-21		墙厚100 cm以内		609.71	138.99	422.70	22.79	25.23	1.23	1.02	0.47	1.56	6.12	8.69	0.02	1.11
4-22	钢筋混凝土异形墙	墙厚70 cm以内		598.94	129.95	422.55	22.58	23.86	1.15	1.02	0.47	1.40	6.12	8.69	0.02	0.90
4-23		墙厚80 cm以内		600.41	131.08	422.64	22.65	24.04	1.16	1.02	0.47	1.50	6.12	8.69	0.02	0.97
4-24		墙厚100 cm以内		602.22	134.47	420.48	22.72	24.55	1.19	1.02	0.17	1.80	6.09	8.65	0.02	1.04

5. 明开车站混凝土墙②

工作内容：同前

编号	项目		单位	预算基价					人工	材料					机械	
				总价	人工费	材料费	机械费	管理费	综合工	预拌混凝土 BC30 P8	水	电	零星材料费	材料采管费	混凝土输送泵车 $20m^3/h$	小型机具
				元	元	元	元	元	工日	m^3	m^3	kWh	元	元	台班	元
									113.00	394.91	7.85	0.89			1083.75	
4-25	钢筋混凝土直形内衬墙	墙厚 40 cm 以内	m^3	596.09	127.69	422.37	22.52	23.51	1.13	1.02	0.47	1.20	6.11	8.69	0.02	0.84
4-26	钢筋混凝土直形内衬墙	墙厚 60 cm 以内	m^3	597.49	128.82	422.40	22.58	23.69	1.14	1.02	0.47	1.24	6.11	8.69	0.02	0.90
4-27	钢筋混凝土直形内衬墙	墙厚 70 cm 以内	m^3	598.92	129.95	422.45	22.65	23.87	1.15	1.02	0.47	1.30	6.11	8.69	0.02	0.97
4-28	钢筋混凝土直形内衬墙	墙厚 80 cm 以内	m^3	600.40	131.08	422.55	22.72	24.05	1.16	1.02	0.47	1.40	6.12	8.69	0.02	1.04
4-29	钢筋混凝土弧形内衬墙	墙厚 40 cm 以内	m^3	600.47	131.08	422.70	22.65	24.04	1.16	1.02	0.47	1.56	6.12	8.69	0.02	0.97
4-30	钢筋混凝土弧形内衬墙	墙厚 60 cm 以内	m^3	602.15	132.21	422.92	22.79	24.23	1.17	1.02	0.47	1.80	6.12	8.70	0.02	1.11
4-31	钢筋混凝土弧形内衬墙	墙厚 70 cm 以内	m^3	603.62	133.34	423.01	22.86	24.41	1.18	1.02	0.47	1.90	6.12	8.70	0.02	1.18
4-32	钢筋混凝土弧形内衬墙	墙厚 80 cm 以内	m^3	605.09	134.47	423.10	22.93	24.59	1.19	1.02	0.47	2.00	6.12	8.70	0.02	1.25
4-33	钢筋混凝土异形内衬墙	墙厚 40 cm 以内	m^3	597.54	128.82	422.45	22.58	23.69	1.14	1.02	0.47	1.30	6.11	8.69	0.02	0.90
4-34	钢筋混凝土异形内衬墙	墙厚 60 cm 以内	m^3	600.49	131.08	422.64	22.72	24.05	1.16	1.02	0.47	1.50	6.12	8.69	0.02	1.04
4-35	钢筋混凝土异形内衬墙	墙厚 70 cm 以内	m^3	601.96	132.21	422.73	22.79	24.23	1.17	1.02	0.47	1.60	6.12	8.69	0.02	1.11
4-36	钢筋混凝土异形内衬墙	墙厚 80 cm 以内	m^3	603.44	133.34	422.83	22.86	24.41	1.18	1.02	0.47	1.70	6.12	8.70	0.02	1.18

6. 明开车站混凝土板

工作内容：施工准备，场内运输，浇筑，振捣，养护等。

编号	项目	单位	预算基价					人工	材料						机械	
			总价	人工费	材料费	机械费	管理费	综合工	预拌混凝土BC30 P8	水	电	预拌混凝土AC30	零星材料费	材料采管费	混凝土输送泵车20m³/h	小型机具
			元	元	元	元	元	工日	m³	m³	kWh	m³	元	元	台班	元
								113.00	394.91	7.85	0.89	376.62			1083.75	
4-37	防水钢筋混凝土底板	m³	524.43	63.28	421.72	24.88	14.55	0.56	1.02	0.21	2.80		6.10	8.67	0.02	3.20
4-38	防水钢筋混凝土弧形板、拱板	m³	621.69	149.16	423.27	22.58	26.68	1.32	1.02	0.58	1.20		6.13	8.71	0.02	0.90
4-39	钢筋混凝土中板 厚度400 mm	m³	534.23	88.14	405.63	22.72	17.74	0.78		0.79	1.20	1.02	5.87	8.34	0.02	1.04
4-40	钢筋混凝土中板 厚度600 mm	m³	535.65	89.27	405.67	22.79	17.92	0.79		0.79	1.24	1.02	5.87	8.34	0.02	1.11
4-41	钢筋混凝土中板 厚度800 mm	m³	535.82	89.27	405.75	22.86	17.94	0.79		0.79	1.32	1.02	5.87	8.35	0.02	1.18
4-42	防水钢筋混凝土顶板 厚度600 mm	m³	553.40	88.14	424.97	22.58	17.71	0.78	1.02	0.79	1.20		6.15	8.74	0.02	0.90
4-43	防水钢筋混凝土顶板 厚度800 mm	m³	554.88	89.27	425.15	22.58	17.88	0.79	1.02	0.79	1.40		6.15	8.74	0.02	0.90
4-44	防水钢筋混凝土顶板 厚度1000 mm	m³	556.54	90.40	425.34	22.72	18.08	0.80	1.02	0.79	1.60		6.16	8.75	0.02	1.04

7. 明开车站混凝土其他工程

工作内容：1. 施工准备、场内运输、浇筑、振捣、养护等。2. 调、运、铺砂浆，淋砖，运砖，砌砖等。

编号	项目	单位	预算基价					人工	材料								机械	
			总价	人工费	材料费	机械费	管理费	综合工	预拌混凝土AC30	水	电	水泥砂浆M7.5	页岩标砖240×115×53	预拌混凝土BC30 P8	零星材料费	材料采管费	混凝土输送泵车20m³/h	小型机具
			元	元	元	元	元	工日	m³	m³	kWh	m³	千块	m³	元	元	台班	元
								113.00	376.62	7.85	0.89	300.06	578.80	394.91			1083.75	
4-45	钢筋混凝土普通楼梯	m³	601.16	146.90	404.74	23.07	26.45	1.30	1.02	0.68	1.20				5.86	8.32	0.02	1.39
4-46	钢筋混凝土异形楼梯	m³	653.02	190.97	405.97	23.14	32.94	1.69	1.02	0.83	1.20				5.88	8.35	0.02	1.46
4-47	钢筋混凝土台阶	m³	560.88	110.74	406.69	22.45	21.00	0.98	1.02	0.92	1.20				5.89	8.36	0.02	0.77
4-48	砖砌台阶	m²	155.40	55.37	91.90		8.13	0.49		0.02	1.20	0.06	0.12		1.33	1.89		
4-49	钢筋混凝土风井、电梯井、电缆井、消防水池	m³	547.58	88.14	418.55	23.07	17.82	0.78			1.20			1.02	6.06	8.61	0.02	1.39
4-50	钢筋混凝土回填	m³	516.64	72.32	404.91	23.77	15.64	0.64	1.02	0.70	1.20				5.86	8.33	0.02	2.09
4-51	钢筋混凝土结构风管、电缆槽	m³	652.44	169.50	430.10	23.07	29.77	1.50		1.42	1.20			1.02	6.23	8.85	0.02	1.39
4-52	钢筋混凝土小型构件	m³	692.78	213.57	421.58	21.68	35.95	1.89	1.02	2.75	1.20				6.10	8.67	0.02	
4-53	钢筋混凝土电缆沟、水沟	m³	552.46	88.14	423.43	23.07	17.82	0.78		0.60	1.20			1.02	6.13	8.71	0.02	1.39
4-54	设备基础混凝土	m³	524.91	63.28	424.40	23.07	14.16	0.56		0.72	1.20			1.02	6.14	8.73	0.02	1.39
4-55	设备基础二次混凝土灌注	m³	970.57	441.83	437.57	21.68	69.49	3.91		0.83	1.20			1.05	6.33	9.00	0.02	

8. 盖挖、暗挖车站墙体混凝土

工作内容： 混凝土洞内运输，浇筑，振捣，养护，人工配合混凝土泵送。

编号	项目	单位	预算基价					人工	材料						机械	
			总价	人工费	材料费	机械费	管理费	综合工	预拌混凝土 BC30 P8	泵管 DN150	水	电	零星材料费	材料采管费	混凝土输送泵 $30m^3/h$	小型机具
			元	元	元	元	元	工日	m^3	kg	m^3	kWh	元	元	台班	元
								113.00	394.91	4.38	7.85	0.89			703.29	
4-56	混凝土边墙	m^3	654.34	179.67	430.22	14.91	29.54	1.59	1.02	0.81	0.70	3.69	6.23	8.85	0.02	0.84
4-57	混凝土中隔墙	m^3	593.24	129.95	426.14	14.91	22.24	1.15	1.02	0.81	0.20	3.69	6.17	8.76	0.02	0.84
4-58	混凝土支撑墙	m^3	562.92	72.32	427.85	43.04	19.71	0.64	1.02	0.23	0.23	8.13	6.19	8.80	0.06	0.84

9. 盖挖、暗挖车站混凝土柱

工作内容： 混凝土洞内运输，浇筑，振捣，养护，人工配合混凝土泵送。

编号	项目	单位	预算基价					人工	材料						机械	
			总价	人工费	材料费	机械费	管理费	综合工	预拌混凝土 AC30	泵管 *DN*150	水	电	零星材料费	材料采管费	混凝土输送泵 $30m^3/h$	小型机具
			元	元	元	元	元	工日	m^3	kg	m^3	kWh	元	元	台班	元
								113.00	376.62	4.38	7.85	0.89			703.29	
4-59	混凝土矩形柱	m^3	613.06	160.46	410.97	14.91	26.72	1.42	1.02	0.81	0.71	3.70	5.95	8.45	0.02	0.84
4-60	混凝土圆形柱	m^3	618.24	164.98	410.97	14.91	27.38	1.46	1.02	0.81	0.71	3.70	5.95	8.45	0.02	0.84

10. 盖挖、暗挖车站混凝土板

工作内容：混凝土洞内运输，浇筑，振捣，养护，人工配合混凝土泵送。

编号	项目	单位	预算基价 总价	预算基价 人工费	预算基价 材料费	预算基价 机械费	预算基价 管理费	人工 综合工	材料 预拌混凝土 BC30 P8	材料 预拌混凝土 AC25	材料 泵管 DN150	材料 水	材料 电	材料 零星材料费	材料 材料采管费	机械 混凝土输送泵 $30m^3/h$	机械 小型机具
			元	元	元	元	元	工日	m^3	m^3	kg	m^3	kWh	元	元	台班	元
								113.00	394.91	364.55	4.38	7.85	0.89			703.29	
4-61	混凝土底板	m^3	608.00	142.38	426.65	14.91	24.06	1.26	1.02		0.81	0.26	3.70	6.18	8.78	0.02	0.84
4-62	混凝土中层板	m^3	603.05	162.72	398.37	14.91	27.05	1.44		1.02	0.81	0.73	3.70	5.77	8.19	0.02	0.84
4-63	混凝土平顶顶板	m^3	689.57	210.18	430.46	14.91	34.02	1.86	1.02		0.81	0.73	3.70	6.23	8.85	0.02	0.84
4-64	混凝土拱顶板	m^3	668.59	193.23	428.92	14.91	31.53	1.71	1.02		0.47	0.73	3.70	6.21	8.82	0.02	0.84
4-65	混凝土盖挖顶板	m^3	533.96	75.71	429.07	14.91	14.27	0.67	1.02			1.01	3.70	6.21	8.83	0.02	0.84
4-66	混凝土站台板	m^3	527.68	90.40	405.94	14.91	16.43	0.80		1.02	0.81	1.66	3.70	5.88	8.35	0.02	0.84

11. 盖挖、暗挖车站混凝土梁

工作内容：混凝土洞内运输，浇筑，振捣，养护，人工配合混凝土泵送。

编号	项目	单位	预算基价					人工	材料						机械	
			总价	人工费	材料费	机械费	管理费	综合工	预拌混凝土 BC30 P8	泵管 DN150	水	电	零星材料费	材料采管费	混凝土输送泵 30m³/h	小型机具
			元	元	元	元	元	工日	m³	kg	m³	kWh	元	元	台班	元
								113.00	394.91	4.38	7.85	0.89			703.29	
4-67	混凝土底纵梁	m³	574.89	109.61	431.12	14.91	19.25	0.97	1.02	0.81	0.81	3.70	6.24	8.87	0.02	0.84
4-68	混凝土顶纵梁	m³	681.49	201.14	432.74	14.91	32.70	1.78	1.02	0.81	1.01	3.70	6.26	8.90	0.02	0.84
4-69	混凝土边顶梁	m³	691.85	210.18	432.74	14.91	34.02	1.86	1.02	0.81	1.01	3.70	6.26	8.90	0.02	0.84

12. 盖挖、暗挖车站填充混凝土

工作内容：混凝土洞内运输，浇筑，振捣，养护，人工配合混凝土泵送。

编号	项目	单位	预算基价					人工	材料						机械	
			总价	人工费	材料费	机械费	管理费	综合工	预拌混凝土 BC20 P6	泵管 *DN*150	水	电	零星材料费	材料采管费	混凝土输送泵 $30m^3/h$	小型机具
			元	元	元	元	元	工日	m^3	kg	m^3	kWh	元	元	台班	元
								113.00	370.51	4.38	7.85	0.89			703.29	
4-70	底板填充混凝土	m^3	542.36	106.22	402.48	14.91	18.75	0.94	1.02	0.81	0.46	3.70	5.83	8.28	0.02	0.84
4-71	洞顶填充混凝土	m^3	555.32	117.52	402.48	14.91	20.41	1.04	1.02	0.81	0.46	3.70	5.83	8.28	0.02	0.84

13. 切割混凝土、凿孔①

工作内容：施工准备，切割混凝土、清理混凝土等。

编号	项目		单位	预算基价					人工	材料					机械
				总价	人工费	材料费	机械费	管理费	综合工	切割碟片 D 1000	开口碟片 D 600	切割绳	零星材料费	材料采管费	电动切割机
				元	元	元	元	元	工日	张	张	m	元	元	台班
									113.00	2700.00	910.00	617.50			252.47
4-72	切割混凝土	50 cm 以内碟式切割	m^3	27.91	6.78	14.02	5.05	2.06	0.06	0.004	0.003		0.20	0.29	0.02
4-73	切割混凝土	50 cm 以外链式切割	m^3	82.60	13.56	64.00	2.52	2.52	0.12			0.10	0.93	1.32	0.01
4-74	人工凿孔(洞)砖结构(洞口截面 mm)	100×100以内	m^3	3902.32	3402.43			499.89	30.11						
4-75	人工凿孔(洞)砖结构(洞口截面 mm)	300×300以内	m^3	2439.11	2126.66			312.45	18.82						
4-76	人工凿孔(洞)砖结构(洞口截面 mm)	300×300以上	m^3	1709.45	1490.47			218.98	13.19						

13. 切割混凝土、凿孔②

工作内容：准备、测量、画线、钻孔、清理空洞。

编号	项目		单位	预算基价				人工	机械
				总价	人工费	机械费	管理费	综合工	冲击成孔机 CZ-30
				元	元	元	元	工日	台班
								113.00	551.96
4-77	机械钻孔(洞)混凝土（孔径 mm 以内）	ϕ65	个	42.29	13.56	22.08	6.65	0.12	0.04
4-78		ϕ108		55.46	19.21	27.60	8.65	0.17	0.05
4-79		ϕ150		87.17	29.38	44.16	13.63	0.26	0.08
4-80		ϕ200		149.51	42.94	82.79	23.78	0.38	0.15
4-81	机械钻孔（洞）砖墙(mm 以内)	ϕ65		29.13	7.91	16.56	4.66	0.07	0.03
4-82		ϕ108		33.01	11.30	16.56	5.15	0.10	0.03
4-83		ϕ150		54.16	18.08	27.60	8.48	0.16	0.05
4-84		ϕ200		83.29	25.99	44.16	13.14	0.23	0.08

第五章　模 板 与 脚 手 架 工 程

说　　明

一、本章包括区间混凝土板，明挖车站混凝土模板，暗挖、盖挖车站模板工程，车站脚手架工程等4节，共74条基价子目。

二、本章模板按钢模为主、木模为辅综合计算，支撑使用钢支撑。

三、模板项目中综合考虑了地面运输和模板的地面装卸费用。

四、盖挖顶板按地模考虑。

工程量计算规则

一、模板工程量按模板接触混凝土的面积计算，倾斜的模板靠墙的并入墙的模板计算，靠梁的并入梁的模板计算。

二、现浇混凝土墙、板，模板不扣除单个面积在0.3 m^2 以内的孔洞所占的面积，洞侧壁模板面积不增加；单个面积在0.3 m^2 以外时扣除，洞侧壁模板面积并入墙、板工程量内计算。

三、车站脚手架以墙体立面面积计算。

四、车站活动脚手、悬空脚手按车站站内地面净面积计算，不扣除垛、柱、间隔墙所占面积。

工作内容：模板制作、安装、拆除、维护、整理、堆放及场内外运输、刷隔离剂等。

编号	项目			单位	预算基价 总价	人工费	材料费	机械费	管理费	人工 综合工	材料 钢模板
					元	元	元	元	元	工日	kg
										113.00	7.00
5-1	明开区间模板	明开区间结构模板	底板	10m²	611.98	406.80	131.93	13.49	59.76	3.60	6.98
5-2	明开区间模板	明开区间结构模板	边墙顶板	10m²	718.31	491.55	140.45	14.20	72.11	4.35	6.66
5-3	明开区间模板	敞口形结构	墙模板	10m²	692.75	441.83	181.35	5.14	64.43	3.91	6.64
5-4	明开区间模板	检修沟	模板	10m²	1021.42	485.90	430.91	32.41	72.20	4.30	1.24

材						料			机		械
钢支撑	卡 具	扣 件	隔离剂	木模板	镀锌钢丝 1.8～2.0	圆 钉	零星材料费	材料采管费	载货汽车 5t	汽车式起重机 8t	木工圆锯机 500mm
kg	kg	kg	kg	m^3	kg	kg	元	元	台班	台班	台班
9.50	3.65	7.50	4.85	1842.20	8.04	7.81			408.89	726.00	30.72
3.22	3.05	4.25	1.00				1.91	2.71	0.017	0.009	
4.24	2.90	1.97	1.00	0.010			2.03	2.89	0.018	0.009	0.01
6.35	2.90	2.89	1.00	0.016	0.20		2.62	3.73	0.005	0.003	0.03
7.10	0.55	0.41		0.179	0.02	0.60	6.24	8.86	0.040	0.020	0.05

工作内容：模板制作、安装、拆除、维护、整理、堆放及场内外运输、刷隔离剂等。

编号	项目		单位	预算基价				
				总价	人工费	材料费	机械费	管理费
				元	元	元	元	元
5-5	混凝土底板模板	无梁式	m^2	44.75	25.99	14.09	0.85	3.82
5-6	混凝土底板模板	有梁式	m^2	51.53	29.38	16.99	0.85	4.31
5-7	混凝土设备基础模板		m^2	56.72	31.64	19.59	0.85	4.64

凝 土 模 板①

人工	材							料	机	械
综合工	木模板	胶合板 5mm厚	镀锌钢丝 1.8~2.0	圆钉	隔离剂	零星材料费	材料采管费	载货汽车 5t	木工圆锯机 500mm
工日	m^3	m^2	kg	kg	kg	元	元	台班	台班
113.00	1842.20	28.32	8.04	7.81	4.85			408.89	30.72
0.23	0.004	0.09	0.30	0.10	0.10	0.20	0.29	0.002	0.001
0.26	0.005	0.09	0.37	0.15	0.10	0.25	0.35	0.002	0.001
0.28	0.007	0.09	0.24	0.19	0.01	0.28	0.40	0.002	0.001

工作内容：同前

编号	项目		单位	预算基价					人工	材料	
				总价	人工费	材料费	机械费	管理费	综合工	钢支撑	组合钢模板
				元	元	元	元	元	工日	kg	kg
									113.00	9.50	7.84
5-8	混凝土柱模板	矩形柱	m^2	74.56	46.33	19.42	1.98	6.83	0.41	0.73	0.78
5-9	混凝土柱模板	异形柱	m^2	101.45	70.06	19.13	1.98	10.28	0.62	0.84	0.77
5-10	混凝土柱模板	圆形柱	m^2	152.21	66.67	72.76	2.95	9.83	0.59		

凝 土 模 板②

材							料			机		械
木模板	隔离剂	圆　钉	卡　具	扣　件	方　木	模板嵌缝料	镀锌钢丝 1.8~2.0	零星材料费	材料采管费	载货汽车 5t	汽车式起重机 8t	木工圆锯机 500mm
m^3	kg	kg	kg	kg	m^3	kg	kg	元	元	台班	台班	台班
1842.20	4.85	7.81	3.65	7.50	3026.70	8.00	8.04			408.89	726.00	30.72
0.001	0.10	0.04	0.61	0.11				0.28	0.40	0.003	0.001	0.001
0.001	0.10	0.14	0.28					0.28	0.39	0.003	0.001	0.001
0.025	0.10	0.50			0.006	0.10	0.10	1.05	1.50	0.004	0.001	0.019

工作内容：同前

编号	项目		单位	预算基价					人工	材料	
				总价	人工费	材料费	机械费	管理费	综合工	钢支撑	木模板
				元	元	元	元	元	工日	kg	m^3
									113.00	9.50	1842.20
5-11	混凝土梁模板	矩形梁	m^2	96.41	56.50	28.09	3.44	8.38	0.50	1.35	0.001
5-12		圈梁、过梁		103.51	65.54	25.54	2.77	9.66	0.58	0.43	0.002
5-13		拱形梁		128.42	77.97	34.82	4.10	11.53	0.69	1.42	0.009
5-14		异形、弧形梁		110.80	67.80	28.85	4.10	10.05	0.60	1.42	0.006

凝土模板③

材									机		械
组合钢模板	镀锌钢丝 1.8~2.0	圆　钉	隔离剂	卡　具	扣　件	模板嵌缝料	零星材料费	材料采管费	汽车式起重机 8t	载货汽车 5t	木工圆锯机 500mm
kg	kg	kg	kg	kg	kg	kg	元	元	台班	台班	台班
7.84	8.04	7.81	4.85	3.65	7.50	8.00			726.00	408.89	30.72
0.77	0.18	0.36	0.10	0.37	0.04		0.41	0.58	0.004	0.001	0.004
0.74	0.65	0.63	0.10	0.12			0.37	0.53	0.003	0.001	0.006
	0.27	0.01	0.10			0.10	0.50	0.72	0.005	0.001	0.002
	0.24	0.01	0.10			0.10	0.42	0.59	0.005	0.001	0.002

工作内容：同前

编号	项目		单位	预算基价 总价 元	人工费 元	材料费 元	机械费 元
5-15	混凝土柱模板高于6m	每增1m调增	m^2	6.69	3.39	2.38	0.41
5-16	混凝土梁模板高于6m	每增1m调增	m^2	8.28	5.65	1.38	0.41

凝土模板④

预算基价	人工	材料					机械
管理费	综合工	钢支撑	木模板	圆钉	零星材料费	材料采管费	载货汽车 5t
元	工日	kg	m^3	kg	元	元	台班
	113.00	9.50	1842.20	7.81			408.89
0.51	0.03	0.04	0.001	0.01	0.03	0.05	0.001
0.84	0.05	0.14			0.02	0.03	0.001

工作内容：同前

编号	项目			单位	预算基价 总价	人工费	材料费	机械费	管理费	人工 综合工	材料 钢支撑
					元	元	元	元	元	工日	kg
										113.00	9.50
5-17	混凝土直形墙模板	墙厚	600 mm 以内	m²	62.63	31.64	22.36	3.84	4.79	0.28	0.90
5-18	混凝土直形墙模板	墙厚	800 mm 以内	m²	68.28	35.03	24.13	3.84	5.28	0.31	1.07
5-19	混凝土直形墙模板	墙厚	1000 mm 以内	m²	74.41	38.42	26.38	3.84	5.77	0.34	1.30
5-20	混凝土弧形墙模板	墙厚	600 mm 以内	m²	95.56	39.55	46.23	3.84	5.94	0.35	1.06
5-21	混凝土弧形墙模板	墙厚	800 mm 以内	m²	106.31	44.07	51.81	3.84	6.59	0.39	1.17
5-22	混凝土弧形墙模板	墙厚	1000 mm 以内	m²	115.85	47.46	57.46	3.84	7.09	0.42	1.29
5-23	混凝土内衬墙模板	墙厚	400 mm 以内	m²	59.69	29.38	23.29	2.62	4.40	0.26	0.80
5-24	混凝土内衬墙模板	墙厚	600 mm 以内	m²	63.26	31.64	24.27	2.62	4.73	0.28	0.90
5-25	混凝土内衬墙模板	墙厚	800 mm 以内	m²	68.91	35.03	26.04	2.62	5.22	0.31	1.07

凝土模板⑤

材									料	机		械
组合钢模板	隔离剂	卡具	扣件	圆钉	镀锌钢丝 1.8~2.0	木模板	模板嵌缝料	零星材料费	材料采管费	载货汽车 5t	汽车式起重机 8t	木工圆锯机 500mm
kg	kg	kg	kg	kg	kg	m^3	kg	元	元	台班	台班	台班
7.84	4.85	3.65	7.50	7.81	8.04	1842.20	8.00			408.89	726.00	30.72
0.72	0.10	0.36	0.06	0.03	0.61			0.32	0.46	0.004	0.003	0.001
0.72	0.10	0.36	0.06	0.04	0.61			0.35	0.50	0.004	0.003	0.001
0.72	0.10	0.36	0.06	0.04	0.61			0.38	0.54	0.004	0.003	0.001
	0.10			0.01	0.69	0.015	0.10	0.67	0.95	0.004	0.003	0.001
	0.10			0.01	0.77	0.017	0.10	0.75	1.07	0.004	0.003	0.001
	0.10			0.01	0.85	0.019	0.10	0.83	1.18	0.004	0.003	0.001
0.72	0.10	0.36	0.06	0.03	0.61	0.001		0.34	0.48	0.001	0.003	0.001
0.72	0.10	0.36	0.06	0.03	0.61	0.001		0.35	0.50	0.001	0.003	0.001
0.72	0.10	0.36	0.06	0.04	0.61	0.001		0.38	0.54	0.001	0.003	0.001

工作内容：同前

编号	项目			单位	预算基价					人工	材料	
					总价	人工费	材料费	机械费	管理费	综合工	钢支撑	组合钢模板
					元	元	元	元	元	工日	kg	kg
										113.00	9.50	7.84
5-26	混凝土中板、顶板模板	板厚	400 mm 以内	m²	78.05	49.72	18.60	2.39	7.34	0.44	0.39	0.72
5-27			600 mm 以内		85.17	55.37	19.25	2.39	8.16	0.49	0.43	0.72
5-28			800 mm 以内		108.99	59.89	37.89	2.39	8.82	0.53	2.30	0.72
5-29	混凝土拱板模板		400 mm 以内		124.37	72.32	35.42	5.83	10.80	0.64	1.37	
5-30			600 mm 以内		135.68	76.84	40.70	6.65	11.49	0.68	1.88	
5-31			800 mm 以内		148.71	81.36	48.09	7.09	12.17	0.72	2.41	
5-32	混凝土斜板模板		400 mm 以内		85.53	50.85	23.89	3.24	7.55	0.45	1.26	
5-33			600 mm 以内		97.19	56.50	29.08	3.24	8.37	0.50	1.78	
5-34			800 mm 以内		109.43	61.02	36.11	3.27	9.03	0.54	2.30	

凝土模板⑥

材									料	机		械
木模板	隔离剂	镀锌钢丝 1.8~2.0	圆钉	卡具	镀锌钢丝 0.7~1.2	模板嵌缝料	胶合板 5mm厚	零星材料费	材料采管费	汽车式起重机 8t	载货汽车 5t	木工圆锯机 500mm
m^3	kg	kg	kg	kg	kg	kg	m^2	元	元	台班	台班	台班
1842.20	4.85	8.04	7.81	3.65	8.28	8.00	28.32			726.00	408.89	30.72
0.001	0.10	0.33	0.30	0.35				0.27	0.38	0.001	0.004	0.001
0.001	0.10	0.33	0.33	0.35				0.28	0.40	0.001	0.004	0.001
0.001	0.10	0.33	0.36	0.35				0.55	0.78	0.001	0.004	0.001
0.009	0.10		0.03		0.37	0.10		0.51	0.73	0.004	0.007	0.002
0.009	0.10		0.03		0.40	0.10		0.59	0.84	0.004	0.009	0.002
0.010	0.10		0.03		0.43	0.10		0.70	0.99	0.004	0.010	0.003
0.004	0.10		0.02			0.10	0.08	0.35	0.49	0.001	0.006	0.002
0.004	0.10		0.03			0.10	0.08	0.42	0.60	0.001	0.006	0.002
0.005	0.10		0.03			0.10	0.08	0.52	0.74	0.001	0.006	0.003

工作内容：同前

编号	项目		单位	预算基价 总价	人工费	材料费	机械费	管理费	人工 综合工
				元	元	元	元	元	工日
									113.00
5-35	混凝土楼梯模板	普通	m²	232.08	120.91	89.46	3.95	17.76	1.07
5-36		异型		307.11	162.72	115.18	5.31	23.90	1.44
5-37	混凝土站台板模板（高度1.5m以内）			56.98	22.60	28.14	2.82	3.42	0.20
5-38	其他混凝土工程模板	风井、电梯井、电缆井、消防水池		109.35	57.63	40.61	2.61	8.50	0.51
5-39		小型构件		91.49	42.94	39.94	2.26	6.35	0.38
5-40		结构风管 电缆槽		93.26	48.59	34.87	2.61	7.19	0.43

凝土模板⑦

材							料	机		械
钢支撑	胶合板 5mm厚	木模板	隔离剂	模板嵌缝料	圆钉	零星材料费	材料采管费	汽车式起重机 8t	载货汽车 5t	木工圆锯机 500mm
kg	m^2	m^3	kg	kg	kg	元	元	台班	台班	台班
9.50	28.32	1842.20	4.85	8.00	7.81			726.00	408.89	30.72
1.26		0.037	0.16	0.16	0.53	1.29	1.84	0.001	0.006	0.025
1.78		0.047	0.20	0.20	0.65	1.67	2.37	0.001	0.007	0.056
1.26	0.08	0.005	0.10	0.10	0.31	0.41	0.58	0.001	0.004	0.015
0.71		0.015	0.10	0.10	0.45	0.59	0.84	0.001	0.004	0.008
		0.017	0.10	0.10	0.76	0.58	0.82	0.001	0.003	0.010
0.71		0.012	0.10	0.10	0.45	0.50	0.72	0.001	0.004	0.008

工作内容：模板制作，安装，拆除，修理，整理，洞内运输及堆放等。

编号	项目	单位	预算基价					人工	材料		
			总价	人工费	材料费	机械费	管理费	综合工	组合钢模板	钢支撑	木模板
			元	元	元	元	元	工日	kg	kg	m^3
								113.00	7.84	9.50	1842.20
5-41	混凝土边墙模板	m^2	112.24	63.28	22.28	16.66	10.02	0.56	0.64	0.89	0.001
5-42	混凝土中隔墙模板	m^2	122.32	81.36	24.58	4.35	12.03	0.72	0.66	0.40	0.002
5-43	混凝土支撑墙模板	m^2	142.93	90.40	25.29	13.44	13.80	0.80	0.69	0.49	0.003

材料								机械			
卡具	扣件	圆钉	隔离剂	垫木	镀锌钢丝 1.8~2.0	零星材料费	材料采管费	汽车式起重机 8t	载货汽车 5t	木工圆锯机 500mm	卷扬机 电动双筒慢速 80kN
kg	kg	kg	kg	m^3	kg	元	元	台班	台班	台班	台班
3.65	7.50	7.81	4.85	996.14	8.04			726.00	408.89	30.72	277.40
0.22	0.51	0.01	0.10	0.001		0.32	0.46	0.007	0.014	0.001	0.021
0.29	0.46	0.01	0.10	0.006		0.36	0.51	0.001	0.002	0.001	0.010
0.63	0.23	0.02	0.10	0.004	0.02	0.37	0.52	0.016	0.001	0.019	0.003

工作内容：同前

编号	项目	单位	预算基价					人工	材料	
			总价	人工费	材料费	机械费	管理费	综合工	组合钢模板	木模板
			元	元	元	元	元	工日	kg	m^3
								113.00	7.84	1842.20
5-44	混凝土矩形柱模板	m^2	82.55	48.59	22.30	4.38	7.28	0.43	0.78	0.004
5-45	混凝土圆形柱模板	m^2	105.97	72.32	18.98	3.97	10.70	0.64	0.72	0.003

材					料		机			械
钢支撑	隔离剂	卡具	圆钉	垫木	零星材料费	材料采管费	汽车式起重机 8t	载货汽车 5t	木工圆锯机 500mm	卷扬机 电动双筒慢速 80kN
kg	kg	kg	kg	m^3	元	元	台班	台班	台班	台班
9.50	4.85	3.65	7.81	996.14			726.00	408.89	30.72	277.40
0.18	0.10	0.67	0.18	0.002	0.32	0.46	0.002	0.004	0.006	0.004
0.16	0.10	0.52	0.16	0.002	0.27	0.39	0.002	0.003	0.006	0.004

工作内容：同前

编号	项目	单位	预算基价					人工	材料		
			总价	人工费	材料费	机械费	管理费	综合工	组合钢模板	木模板	钢支撑
			元	元	元	元	元	工日	kg	m^3	kg
								113.00	7.84	1842.20	9.50
5-46	混凝土底板模板	m^2	75.00	45.20	15.55	7.32	6.93	0.40	0.70	0.001	0.32
5-47	混凝土中板模板	m^2	104.02	53.11	35.17	7.64	8.10	0.47	0.61	0.003	0.77
5-48	混凝土顶板模板	m^2	150.49	82.49	47.23	8.37	12.40	0.73	0.64	0.003	0.84
5-49	混凝土拱顶板模板	m^2	188.20	99.44	63.29	10.50	14.97	0.88	0.77	0.004	1.01
5-50	混凝土站台板模板	m^2	64.74	36.16	15.31	7.64	5.63	0.32	0.61	0.003	0.18

材料									机械			
隔离剂	卡 具	扣 件	镀锌钢丝 1.8~2.0	圆 钉	扒 钉	垫 木	零星材料费	材料采管费	汽车式起重机 8t	载货汽车 5t	木工圆锯机 500mm	卷扬机 电动双筒慢速 80kN
kg	kg	kg	kg	kg	kg	m^3	元	元	台班	台班	台班	台班
4.85	3.65	7.50	8.04	7.81	9.92	996.14			726.00	408.89	30.72	277.40
0.10	0.29	0.38	0.01	0.02			0.23	0.32	0.004	0.008	0.001	0.004
0.10	0.27	0.46	0.02	0.01	0.12	0.01	0.51	0.72	0.004	0.010	0.003	0.002
0.10	0.28	0.51	0.02	0.02	0.15	0.02	0.68	0.97	0.005	0.010	0.003	0.002
0.10	0.34	0.61	0.03	0.02	0.15	0.03	0.92	1.30	0.006	0.012	0.004	0.004
0.10	0.27	0.14	0.02	0.01			0.22	0.31	0.004	0.010	0.003	0.002

工作内容：同前

编号	项目	单位	预算基价					人工	材料		
			总价	人工费	材料费	机械费	管理费	综合工	组合钢模板	木模板	钢支撑
			元	元	元	元	元	工日	kg	m^3	kg
								113.00	7.84	1842.20	9.50
5-51	混凝土底纵梁模板	m^2	73.30	39.55	24.60	3.24	5.91	0.35	0.64	0.003	0.57
5-52	混凝土顶纵梁模板	m^2	137.62	82.49	41.05	2.00	12.08	0.73	0.78	0.007	0.69
5-53	混凝土边顶纵梁模板	m^2	74.44	42.94	22.73	2.41	6.36	0.38	0.69	0.002	0.62

站模板工程④

材							料		机			械
隔离剂	卡具	扣件	镀锌钢丝 2.8~4.0	圆钉	扒钉	垫木	零星材料费	材料采管费	汽车式起重机 8t	载货汽车 5t	木工圆锯机 500mm	卷扬机 电动双筒慢速 80kN
kg	kg	kg	kg	kg	kg	m^3	元	元	台班	台班	台班	台班
4.85	3.65	7.50	7.85	7.81	9.92	996.14			726.00	408.89	30.72	277.40
0.10	0.28	0.71	0.11	0.01			0.36	0.51	0.001	0.002	0.001	0.006
0.10	0.21	0.50	0.03	0.02	0.07	0.008	0.59	0.84	0.001	0.001	0.001	0.003
0.10	0.30	0.27	0.01	0.01	0.02	0.003	0.33	0.47	0.001	0.002	0.001	0.003

工作内容：同前

编号	项目		单位	预算基价					人工	材料
				总价	人工费	材料费	机械费	管理费	综合工	页岩标砖 240×115×53
				元	元	元	元	元	工日	千块
									113.00	578.80
5-54	盖挖中层板	砖地模	m^2	66.18	34.80	25.95	0.36	5.07	0.308	0.032
5-55		混凝土地模		260.30	96.95	136.87	11.81	14.67	0.858	
5-56	盖挖顶板	砖地模		56.56	29.04	23.11	0.18	4.23	0.257	0.029
5-57		混凝土地模		199.69	54.01	122.06	15.02	8.60	0.478	

材						料	机				械
预拌混凝土 AC20	水泥砂浆 M7.5	水	泵管 *DN*150	木模板	零星材料费	材料采管费	灰浆搅拌机 200L	混凝土输送泵 $30m^3/h$	木工圆锯机 500mm	载货汽车 5t	小型机具
m^3	m^3	m^3	m	m^3	元	元	台班	台班	台班	台班	元
353.38	300.06	7.85	70.00	1842.20			180.11	703.29	30.72	408.89	
	0.017	0.180			0.38	0.53	0.002				
0.182			0.810	0.006	1.98	2.82		0.010	0.020	0.010	0.07
	0.014	0.168			0.33	0.48	0.001				
0.152			0.810	0.004	1.77	2.51		0.010	0.018	0.018	0.07

3. 暗挖、盖挖车站模板工程⑥

工作内容：模板制作，安装拆除，修理整理，洞内运输及堆放等。

编号	项目	单位	预算基价					人工	材料			
			总价	人工费	材料费	机械费	管理费	综合工	组合钢模板	木模板	钢支撑(支模)	隔离剂
			元	元	元	元	元	工日	kg	m^3	kg	kg
								113.00	7.84	1842.20	8.62	4.85
5-58	垫层模板	m^2	50.59	33.45	10.29	1.90	4.95	0.296	0.350	0.001	0.348	0.050

接上表

编号	项目	单位	材料						机械		
			卡具	扣件	镀锌钢丝 1.8~2.0	圆钉	零星材料费	材料采管费	汽车式起重机 8t	木工圆锯机 500mm	卷扬机电动双筒慢速 80kN
			kg	kg	kg	kg	元	元	台班	台班	台班
			3.65	7.50	8.04	7.81			726.00	30.72	277.40
5-58	垫层模板	m^2	0.147	0.188	0.009	0.011	0.15	0.21	0.001	0.002	0.004

3. 暗挖、盖挖车站模板工程⑦

工作内容：同前

编号	项目	单位	预算基价					人工	材料			
			总价	人工费	材料费	机械费	管理费	综合工	组合钢模板	木模板	钢支撑	隔离剂
			元	元	元	元	元	工日	kg	m^3	kg	kg
								113.00	7.84	1842.20	9.50	4.85
5-59	洞顶填充混凝土模板	m^2	197.10	128.82	34.11	14.72	19.45	1.14	0.73	0.007	0.87	0.10
5-60	底板填充混凝土模板	m^2	60.80	40.68	11.50	2.58	6.04	0.36	0.42	0.001	0.42	0.01

接上表

编号	项目	单位	材料						机械			
			卡具	扣件	镀锌钢丝 1.8~2.0	圆钉	零星材料费	材料采管费	汽车式起重机 8t	载货汽车 5t	木工圆锯机 500mm	卷扬机电动双筒慢速 80kN
			kg	kg	kg	kg	元	元	台班	台班	台班	台班
			3.65	7.50	8.04	7.81			726.00	408.89	30.72	277.40
5-59	洞顶填充混凝土模板	m^2	0.26	0.38	0.15	0.07	0.49	0.70	0.008	0.019	0.001	0.004
5-60	底板填充混凝土模板	m^2	0.01	0.23	0.01	0.01	0.17	0.24	0.001	0.001	0.002	0.005

工作内容：同前

编号	项目		单位	预算基价				
				总价	人工费	材料费	机械费	管理费
				元	元	元	元	元
5-61	支模高度超过 6m 每增 1m	墙	m^2	3.50	2.26	0.19	0.69	0.36
5-62		柱		5.77	3.39	0.88	0.96	0.54
5-63		板		12.14	6.78	1.34	2.89	1.13
5-64		梁		7.36	5.65	0.17	0.69	0.85

站模板工程⑧

人工	材				料	机	械
综合工	组合钢模板	钢支撑	扣件	零星材料费	材料采管费	载货汽车 5t	卷扬机 电动双筒慢速 80kN
工日	kg	kg	kg	元	元	台班	台班
113.00	7.84	9.50	7.50			408.89	277.40
0.02		0.02				0.001	0.001
0.03	0.05	0.04	0.01	0.01	0.02	0.001	0.002
0.06		0.12	0.02	0.02	0.03	0.003	0.006
0.05		0.01	0.01			0.001	0.001

工作内容：支架垫层处理，支架搭设，加固维护，拆除，堆放，场内外运输。

编号	项目		单位	预算基价					人工
				总价	人工费	材料费	机械费	管理费	综合工
				元	元	元	元	元	工日
									113.00
5-65	单排脚手架	高度 10 m 内	m^2	64.71	4.52	58.35	1.13	0.71	0.04
5-66		高度 20 m 内		143.69	6.78	134.74	1.13	1.04	0.06
5-67	双排脚手架	高度 10 m 内		121.06	13.56	101.96	3.40	2.14	0.12
5-68		高度 20 m 内		204.85	16.95	181.87	3.40	2.63	0.15
5-69	风井、电梯井脚手架	高度 20 m 内	座	1622.07	1124.35	262.92	68.09	166.71	9.95
5-70		高度 30 m 内		2710.65	1730.03	562.51	158.88	259.23	15.31
5-71	满堂脚手架	基本层 净高 3.6～5.2 m	$100m^2$	1365.12	1142.43	21.00	34.05	167.64	10.11
5-72		每增加一层 1.2 m		468.00	393.24	5.73	11.35	57.68	3.48
5-73	活动脚手架			920.17	689.30	59.26	68.09	103.52	6.10
5-74	悬空脚手架			791.44	526.58	104.96	79.44	80.46	4.66

材						料			机	械
脚手架钢管	直角扣件	对接扣件	回转扣件	底　座	木脚手板	防锈漆	零星材料费	材料采管费	汽车式起重机 8t	载货汽车 5t
kg	个	个	个	个	m^3	kg	元	元	台班	台班
2.98	7.42	7.61	7.33	7.75	1833.33	17.51			726.00	408.89
0.17	0.03	0.01	0.01	0.01	0.03	0.02	0.84	1.20	0.001	0.001
0.19	0.04	0.02	0.01	0.01	0.07	0.03	1.95	2.77	0.001	0.001
0.95	0.15	0.04	0.10	0.02	0.05	0.09	1.48	2.10	0.003	0.003
1.47	0.24	0.07	0.14	0.02	0.09	0.15	2.63	3.74	0.003	0.003
36.84	2.51	0.30	1.22	0.15	0.04	2.26	3.81	5.41	0.060	0.060
82.96	4.26	0.81	2.84	0.20	0.08	5.07	8.14	11.57	0.140	0.140
5.00	0.52	0.12	0.05	0.03			0.30	0.43	0.030	0.030
1.38	0.14	0.03	0.02				0.08	0.12	0.010	0.010
6.25		0.15	0.07	0.03	0.02		0.86	1.22	0.060	0.060
2.53	0.28				0.05		1.52	2.16	0.070	0.070

第六章 钢筋及金属结构、构件制作安装工程

说　　明

一、本章包括明开车站钢筋加工，明开车站金属结构制作安装，暗挖、盖挖车站钢筋加工，暗挖、盖挖车站金属结构制作安装等6节，共47条基价子目。

二、现浇混凝土区间、盾构工程、联络通道中的钢筋及金属结构、构件制作安装工程可参照本章节相关项目。

三、现浇混凝土中的钢筋已综合考虑手工绑扎、成型点焊和接头用的电焊条等，施工操作不同时，不做调整换算。如设计对钢筋的搭接有特殊要求时，可套用其他相应基价项目或编制补充基价。

四、基价中钢筋或钢材损耗为加工损耗。

五、金属结构、构件制作适用于现场加工制作和施工企业附属加工厂制作的构件；金属构件外加工可参考本基价。

六、金属结构、构件制作包括分段制作和整体预装配的人工、材料和机械台班用量，整体装配的螺栓及锚固杆件用螺栓，已综合在基价子目中。

七、金属结构、构件制作均包括现场（加工厂）的材料运输、号料、加工、组装及成品的堆放、装车出厂等全部工序。

八、金属结构、构件制作中，均已包括刷一遍防锈底漆，面漆可套用相关基价。

九、金属结构、构件中的钢材和焊条品种与基价不同时、可按实际施工和设计要求调整；但消耗量不做调整。

十、本章未包括金属结构、构件的焊缝无损探伤费用，发生时另行计算。

工 程 量 计 算 规 则

一、钢筋工程按不同品种、规格，分别按设计图示尺寸以质量计算。

二、金属结构、构件制作、安装工程量，按设计图示尺寸以质量计算，不扣除孔洞（$0.04m^2$）的质量，装配所需的铆钉、螺栓等质量不另行计算。

三、不规则或多边形钢板按其外接矩形面积乘以钢板的厚度乘以单位理论质量计算。

四、固定位置的支撑钢筋、双面钢筋用的马凳、伸出构件的锚固钢筋、预制构件的吊钩等并入钢筋工程量中计算。

五、钢立柱上的节点板、加强环、内衬管、牛腿等并入钢立柱工程量内。

工作内容：制作、绑扎、焊接、浇筑混凝土时钢筋维护、场内运输等。

编号	项目		单位	预算基价					人工	材料	
				总价	人工费	材料费	机械费	管理费	综合工	钢筋 D10以内	钢筋 D10以外
				元	元	元	元	元	工日	t	t
									113.00	2700.29	2672.18
6-1	现浇混凝土钢筋制作	圆钢 D10以内	t	4257.11	1155.99	2932.31	43.12	125.69	10.23	1.02	
6-2		圆钢 D10以外		3870.90	754.84	2914.14	101.33	100.59	6.68		1.02
6-3		螺纹钢 D14以内		4343.00	1091.58	3016.07	101.33	134.02	9.66		
6-4		螺纹钢 D14以外		4099.00	878.01	3009.09	99.54	112.36	7.77		

钢筋加工

材				料		机				械
螺纹钢 锰D14以内	螺纹钢 锰D14~32	电焊条	镀锌钢丝 0.7~1.2	零星材料费	材料采管费	钢筋调直机 40mm	钢筋切断机 40mm	钢筋弯曲机 40mm	对焊机 75kVA	电焊机 30kVA
t	t	kg	kg	元	元	台班	台班	台班	台班	台班
2744.75	2731.63	8.49	8.28			41.66	49.13	29.25	133.91	103.98
			9.09	42.44	60.31	0.32	0.38	0.38		
		5.67	4.62	42.18	59.94		0.12	0.24	0.14	0.67
1.04		5.67	0.93	43.66	62.03		0.12	0.24	0.14	0.67
	1.04	7.05	0.35	43.55	61.89		0.11	0.15	0.15	0.67

工作内容：放线、钢构件制作校正、除锈、刷防锈漆一遍、成品编号码放、吊装校正、安装等全部工作。

编号	项目			单位	预算基价					人工	材料	
					总价	人工费	材料费	机械费	管理费	综合工	钢筋 D10 以内	钢筋 D10 以外
					元	元	元	元	元	工日	t	t
										113.00	2700.29	2672.18
6-5	实腹钢柱	制作	5t 以内	t	6656.46	1155.99	4056.23	1061.02	383.22	10.23	0.002	0.002
6-6			5t 以外		7719.05	1158.25	4706.13	1388.40	466.27	10.25	0.002	0.001
6-7		安装			517.55	328.83	116.20	31.82	40.70	2.91		
6-8	空腹钢柱	制作			8340.58	1082.54	5843.32	1043.28	371.44	9.58		
6-9		安装			493.87	307.36	116.12	31.82	38.57	2.72		
6-10	墙架、挡风架、附墙架	制作			6624.52	2240.79	3349.74	647.64	386.35	19.83		
6-11		安装			1028.15	640.71	85.87	189.91	111.66	5.67		
6-12	管道支架	制作			7167.08	2896.19	3494.50	390.12	386.27	25.63		
6-13		安装			5002.83	4144.84	81.64	291.14	485.21	36.68		
6-14	金属零星构件	制作			10372.07	4494.01	4233.55	956.34	688.17	39.77		
6-15		安装			1657.23	1280.29	47.87	161.17	167.90	11.33		

材										料		
热轧等边角钢 30～32×3～5	热轧薄钢板 1.6～1.9	热轧薄钢板 2～2.5	热轧薄钢板 2.6～3.2	热轧厚钢板 4.5～6	冷轧薄钢板 1～1.5	热轧工字钢 #25～36	电焊条	防锈漆	氧气 6m³	乙炔气 5.5～6.5kg	带帽螺栓	铁件 含制作费
t	kg	t	t	t	t	t	kg	kg	m³	m³	kg	kg
2686.17	2.78	2768.27	2768.27	2745.57	3317.89	2643.17	8.49	17.51	3.27	18.53	9.20	7.69
0.003		0.77	0.003	0.003	0.28		55.92	11.60	6.99	3.04	1.74	3.00
0.003		0.58	0.002	0.002	0.47		111.84	11.60	13.98	6.08	1.74	
							1.63		0.50	0.21		10.38
0.151	192.00	0.06	0.056	0.088	0.17	0.99	75.91	11.60	6.18	2.69	1.74	
							1.63		0.50	0.21		10.37
0.580		0.16					24.31	7.67	3.20	1.40	1.50	
							6.39		0.82	0.36	1.66	
0.930		0.13					20.73	7.67	17.99	7.82		
							1.00		1.17	0.51		
0.120					0.94		27.95	9.20	6.39	2.78	18.83	
							4.03		1.06	0.46		

续表

编号	项目		单位	材料									机械
				汽油 #90	镀锌钢丝 0.7～1.2	垫木	方木	热轧工字钢 #18～24	热轧槽钢 #25～36	水泥砂浆 M7.5	零星材料费	材料采管费	门式起重机 10t
				kg	kg	m^3	m^3	t	t	m^3	元	元	台班
				7.34	8.28	996.14	3026.70	2627.42	2626.42	300.06			446.10
6-5	实腹钢柱	制作 5t以内	t	3.00							58.71	83.43	0.45
6-6	实腹钢柱	制作 5t以外	t	3.00							68.12	96.80	0.45
6-7	实腹钢柱	安装	t		0.23	0.005	0.002				1.68	2.39	
6-8	空腹钢柱	制作	t	3.00							84.58	120.19	0.45
6-9	空腹钢柱	安装	t		0.23	0.005	0.002				1.68	2.39	
6-10	墙架、挡风架、附墙架	制作	t					0.09	0.23		48.49	68.90	
6-11	墙架、挡风架、附墙架	安装	t			0.004					1.24	1.77	
6-12	管道支架	制作	t								50.58	71.88	
6-13	管道支架	安装	t							0.19	1.18	1.68	
6-14	金属零星构件	制作	t								61.28	87.08	
6-15	金属零星构件	安装	t								0.69	0.98	

机										械			
门式起重机 30t	轨道平车 12t	摇臂钻床 63mm	剪板机 40×3100	型钢剪断机 500mm	多辊板料校平机 16×2500	刨边机 12000mm	型钢矫正机	电焊机 40kVA	电动空气压缩机 $10m^3$/min	汽车式起重机 20t	电焊机 30kVA	轨道平车 5t	汽车式起重机 12t
台班	台班	台班	台班	台班	台班	台班	台班	台班	台班	台班	台班	台班	台班
777.41	94.39	49.05	670.14	268.15	1305.22	591.95	238.31	136.41	447.21	1026.06	103.98	35.67	831.92
0.17	0.28	0.14	0.11	0.02	0.11	0.13	0.02	2.60	0.08				
0.17	0.28	0.14	0.11	0.02	0.11	0.13	0.02	5.00	0.08				
										0.03	0.01		
0.17	0.28	0.14	0.11	0.02	0.11	0.13	0.02	2.47	0.08				
										0.03	0.01		
		0.22	0.12						0.02	0.17	3.43	0.46	
									0.01	0.05	1.29		
		0.64									3.45		
											2.80		
		0.05	0.23								6.29	0.82	0.14
											1.55		

工作内容：制作、洞内运输、安装、绑扎焊接、竖井提升运输等。

编号	项目		单位	预算基价					人工	材料	
				总价	人工费	材料费	机械费	管理费	综合工	钢筋 D10以内	钢筋 D10以外
				元	元	元	元	元	工日	t	t
									113.00	2700.29	2672.18
6-16	现浇混凝土钢筋制作	圆钢 *D*10 以内	t	5031.91	1885.97	2901.52	45.62	198.80	16.69	1.02	
6-17		圆钢 *D*10 以外		4755.25	1196.67	2972.01	373.30	213.27	10.59		1.02
6-18		螺纹钢 *D*14 以内		5374.90	1778.62	2958.20	368.30	269.78	15.74		
6-19		螺纹钢 *D*14 以外		4878.61	1343.57	2944.06	365.18	225.80	11.89		

车站钢筋加工

材					料	机				械
螺纹钢 锰D14以内	螺纹钢 锰D14~32	电焊条	镀锌钢丝 0.7~1.2	零星材料费	材料采管费	钢筋调直机 40mm	钢筋切断机 40mm	钢筋弯曲机 40mm	电焊机 30kVA	对焊机 75kVA
t	t	kg	kg	元	元	台班	台班	台班	台班	台班
2744.75	2731.63	8.49	8.28			41.66	49.13	29.25	103.98	133.91
			5.50	42.00	59.68	0.38	0.38	0.38		
		15.29	1.50	43.02	61.13	0.12	0.12	0.24	2.13	1.00
1.04				42.82	60.84		0.12	0.24	2.13	1.00
	1.04			42.61	60.55		0.11	0.15	2.13	1.00

工作内容：钢梯制作、除锈、刷防锈漆，安装校正、紧固螺栓、焊接固定、清扫、洞内运输等。

编号	项目	单位	预算基价					人工	材料					
			总价	人工费	材料费	机械费	管理费	综合工	热轧等边角钢 5~5.6	热轧槽钢 #25~36	钢板（中厚）	钢筋 D10以外	带帽螺栓	电焊条
			元	元	元	元	元	工日	kg	kg	kg	kg	kg	kg
								113.00	2.69	2.63	2.77	2.67	9.20	8.49
6-20	钢梯制作	t	8800.97	3753.86	3527.67	915.17	604.27	33.22	74.00	85.00	670.00	230.00	1.74	24.99
6-21	钢梯安装	t	3347.94	2422.72	267.29	333.10	324.83	21.44						12.40

材料							机械									
氧气 6m^3	乙炔气 5.5~6.5kg	防锈漆	汽油 #90	电	零星材料费	材料采管费	门式起重机 10t	电动空气压缩机 10m^3/min	剪板机 20×4000	多辊板料校平机 16×2000	型钢剪断机 500mm	型钢矫正机	刨边机 12000mm	直流电焊机 30kW	卷扬机电动双筒快速 50kN
m^3	m^3	kg	kg	kWh	元	元	台班	台班	台班	台班	台班	台班	台班	台班	台班
3.27	18.53	17.51	7.34	0.89			446.10	447.21	447.63	1227.20	268.15	238.31	591.95	108.62	289.66
6.16	2.05	11.60	3.00		51.06	72.56	0.50	0.09	0.02	0.02	0.12	0.12	0.03	4.97	
				171.51	3.87	5.50								2.80	0.10

工作内容： 画线、号料、切割，拼装、校正、焊接成型、防锈底漆、堆放、场内外运输、安装固定等。

<table>
<tr><th rowspan="3">编号</th><th rowspan="3" colspan="2">项目</th><th rowspan="3">单位</th><th colspan="5">预算基价</th><th>人工</th><th colspan="7">材料</th></tr>
<tr><th>总价</th><th>人工费</th><th>材料费</th><th>机械费</th><th>管理费</th><th>综合工</th><th>钢板(中厚)</th><th>钢筋 D10 以外</th><th>电焊条</th><th>氧气 6m³</th><th>乙炔气 5.5~6.5kg</th><th>铁件 含制作费</th><th>厚膜环氧富锌漆</th></tr>
<tr><th>元</th><th>元</th><th>元</th><th>元</th><th>元</th><th>工日</th><th>t</th><th>t</th><th>kg</th><th>m³</th><th>m³</th><th>kg</th><th>kg</th></tr>
<tr><td></td><td colspan="2"></td><td></td><td></td><td></td><td></td><td></td><td></td><td>113.00</td><td>2770.00</td><td>2672.18</td><td>8.49</td><td>3.27</td><td>18.53</td><td>7.69</td><td>32.85</td></tr>
<tr><td>6-22</td><td rowspan="2">钢梁制作安装</td><td>主梁</td><td rowspan="4">t</td><td>7486.77</td><td>1674.66</td><td>4492.53</td><td>920.43</td><td>399.15</td><td>14.82</td><td>1.04</td><td>0.02</td><td>53.63</td><td>48.99</td><td>17.04</td><td>2.80</td><td>11.60</td></tr>
<tr><td>6-23</td><td>扶梯梁</td><td>7387.14</td><td>1867.89</td><td>4113.39</td><td>973.98</td><td>431.88</td><td>16.53</td><td>1.04</td><td>0.02</td><td>57.27</td><td>6.99</td><td>3.04</td><td>2.80</td><td>11.60</td></tr>
<tr><td>6-24</td><td rowspan="2">不锈钢栏杆</td><td>主梁栏杆</td><td>41180.90</td><td>4891.77</td><td>34909.24</td><td>713.63</td><td>666.26</td><td>43.29</td><td></td><td></td><td></td><td></td><td></td><td></td><td></td></tr>
<tr><td>6-25</td><td>扶梯梁栏杆</td><td>42731.31</td><td>5952.84</td><td>34986.47</td><td>958.44</td><td>833.56</td><td>52.68</td><td></td><td></td><td></td><td></td><td></td><td></td><td></td></tr>
</table>

材					料		机								械			
砂轮片 D200	不锈钢钢管 D89×2.5	不锈钢电焊条	氩气	钨棒	零星材料费	材料采管费	门式起重机 30t	剪板机 20×4000	刨边机 12000mm	摇臂钻床 63mm	电焊机 40kVA	多辊板料校平机 16×2500	电动空气压缩机 10m³/min	汽车式起重机 40t	电焊机 30kVA	管子切断机 150mm	汽车式起重机 8t	载货汽车 5t
片	kg	kg	m³	kg	元	元	台班	台班	台班	台班	台班	台班	台班	台班	台班	台班	台班	台班
6.70	30.48	73.72	21.50	36.33			777.41	447.63	591.95	49.05	136.41	1305.22	447.21	1586.10	103.98	38.33	726.00	408.89
10.00					65.03	92.40	0.40	0.11	0.13	0.14	1.48	0.11	0.08	0.06				
10.00					59.54	84.60	0.40	0.11	0.13	0.14	1.64	0.11	0.08	0.08				
	1060.00	9.18	25.80	4.01	505.29	718.02									2.21	8.63	0.07	0.25
	1060.00	9.73	27.33	4.04	506.41	719.60									4.10	9.89	0.07	0.25

6. 钢 筋 辅 助 工 程①

工作内容： 制作、安装、焊接、洞内运输。

编号	项目	单位	预算基价					人工	材料						机械	
			总价	人工费	材料费	机械费	管理费	综合工	型钢	焊接钢管	电焊条	电	零星材料费	材料采管费	电焊机 30kVA	卷扬机 电动双筒快速 50kN
			元	元	元	元	元	工日	t	t	kg	kWh	元	元	台班	台班
								113.00	2697.10	3022.55	8.49	0.89			103.98	289.66
6-26	预埋铁件	t	8026.65	3696.23	3293.65	534.53	502.24	32.71	1.06		36.00	15.36	47.67	67.74	4.11	0.37
6-27	预埋钢管	t	6740.13	2463.40	3540.86	392.08	343.79	21.80		1.06	24.00	10.24	51.25	72.83	2.74	0.37

6. 钢 筋 辅 助 工 程②

工作内容：场地清理、除锈、调整校对、配料、钢筋端头加工、机具准备、搭设简易脚手架、连接等。

编号	项目		单位	预算基价					人工	材料				机械
				总价	人工费	材料费	机械费	管理费	综合工	套筒	塑护套	零星材料费	材料采管费	管子切断套丝机 159mm
				元	元	元	元	元	工日	套	个	元	元	台班
									113.00		42.00			24.87
6-28	锥螺纹套管接头	$D \leq 20$	十个	202.61	36.16	159.74	2.49	4.22	0.32	(10.10)	3.67	2.31	3.29	0.10
6-29		$D \leq 25$		215.65	47.46	159.74	2.98	5.47	0.42	(10.10)	3.67	2.31	3.29	0.12
6-30		$D \leq 32$		280.56	105.09	159.74	4.23	11.50	0.93	(10.10)	3.67	2.31	3.29	0.17
6-31		$D \leq 45$		304.17	125.43	159.74	5.22	13.78	1.11	(10.10)	3.67	2.31	3.29	0.21
6-32	直螺纹套管接头	$D \leq 20$		415.03	226.00	159.74	5.47	23.82	2.00	(10.10)	3.67	2.31	3.29	0.22
6-33		$D \leq 25$		469.70	273.46	159.74	7.46	29.04	2.42	(10.10)	3.67	2.31	3.29	0.30
6-34		$D \leq 32$		496.10	296.06	159.74	8.70	31.60	2.62	(10.10)	3.67	2.31	3.29	0.35
6-35		$D \leq 45$		584.32	370.64	159.74	13.68	40.26	3.28	(10.10)	3.67	2.31	3.29	0.55
6-36	冷挤压接头	$D \leq 20$		39.75	36.16			3.59	0.32	(10.10)				
6-37		$D \leq 25$		52.17	47.46			4.71	0.42	(10.10)				
6-38		$D \leq 32$		78.26	71.19			7.07	0.63	(10.10)				
6-39		$D \leq 45$		94.41	85.88			8.53	0.76	(10.10)				

6. 钢 筋 辅 助 工 程③

工作内容：定位、打孔、清孔、植筋。

编号	项目		单位	预算基价					人工	材料				机械
				总价	人工费	材料费	机械费	管理费	综合工	钢筋 D10以外	环氧树脂 6101	零星材料费	材料采管费	冲击钻机 22型(电动)
				元	元	元	元	元	工日	kg	kg	元	元	台班
									113.00	2.67	32.41			423.11
6-40	钢筋植筋（孔深15*d*）	*D*≤12	根	36.09	24.86	3.46	4.23	3.54	0.22	0.400	0.07	0.05	0.07	0.01
6-41		*D*≤20		70.53	44.07	16.78	4.23	5.45	0.39	1.210	0.40	0.24	0.35	0.01
6-42		*D*≤25		98.06	57.63	24.11	8.46	7.86	0.51	2.400	0.52	0.35	0.50	0.02
6-43		*D*≤32		142.29	77.97	45.98	8.46	9.88	0.69	4.960	0.96	0.67	0.95	0.02
6-44	钢筋植筋每增减1 cm（孔深15*d*）	*D*≤12		7.91	1.13	1.37	4.23	1.18	0.01	0.010	0.04	0.02	0.03	0.01
6-45		*D*≤20		6.96	1.13	0.42	4.23	1.18	0.01	0.030	0.01	0.01	0.01	0.01
6-46		*D*≤25		12.63	1.13	0.79	8.46	2.25	0.01	0.040	0.02	0.01	0.02	0.02
6-47		*D*≤32		12.71	1.13	0.87	8.46	2.25	0.01	0.070	0.02	0.01	0.02	0.02

第七章　防 水 工 程

说　　明

一、本章包括明挖防水工程，暗挖、盖挖车站防水工程等 2 节，共 36 条基价子目。
二、柔性防水基价项目中，材料的消耗量包含所有搭接、阴阳角加强层。
三、防水材料品种、规格、施工方法如设计与基价不同时可按设计要求调整换算。
四、水泥砂浆保护层、混凝土层的配比强度等级如设计与基价不同时可按设计要求调整。

工 程 量 计 算 规 则

一、柔性防水、刚性防水按不同材料划分，柔性防水按设计图示主体的外表面积计算，刚性防水按设计图示尺寸以面积计算。
二、接水槽、施工缝、变形缝按图示尺寸以长度计算。

1. 明 挖 防

工作内容：1. 基层表面清理、修整。2. 喷涂基层处理剂。3. 节点附加增强处理。4. 定位、弹性、试铺。5. 铺贴卷材。6. 收头，节点密封。7. 清理、检查、

编号	项目		单位	预算基价				人工	材料	
				总价	人工费	材料费	管理费	综合工	SBS改性沥青防水卷材	改性沥青胶粘剂
				元	元	元	元	工日	m^2	kg
								113.00		
7-1	SBS卷材防水	平面	m^2	26.71	18.08	6.00	2.63	0.16	(1.27)	(0.51)
7-2	SBS卷材防水	立面	m^2	33.33	23.73	6.15	3.45	0.21	(1.27)	(0.51)
7-3	EVA聚氯乙烯卷材（高分子）厚度1.5	平面	m^2	12.74	7.91	3.68	1.15	0.07		
7-4	EVA聚氯乙烯卷材（高分子）厚度1.5	立面	m^2	12.74	7.91	3.68	1.15	0.07		
7-5	EVA聚氯乙烯卷材（高分子）厚度2.0	平面	m^2	12.74	7.91	3.68	1.15	0.07		
7-6	EVA聚氯乙烯卷材（高分子）厚度2.0	立面	m^2	12.74	7.91	3.68	1.15	0.07		
7-7	PVC防水板	厚度15 mm	m^2	42.65	18.08	21.94	2.63	0.16		
7-8	PVC防水板	厚度20 mm	m^2	45.78	18.08	25.07	2.63	0.16		

水 工 程①

修整。

材									料	
EVA聚氯乙烯卷材1.5mm厚	EVA聚氯乙烯卷材2mm厚	改性乳化沥青	聚氨酯胶粘剂	石油液化气	铝合金压条	水	PVC防水板1.5mm厚	板材	PVC防水板2mm厚	零星材料费	材料采管费
m^2	m^2	kg	kg	kg	m	m^3	m^2	m^3	m^2	元	元
		5.52	24.00	3.50	5.79	7.85	16.58	2196.98	17.41		
		0.30	0.14	0.22						0.09	0.12
		0.30	0.14	0.26						0.09	0.13
(1.25)					0.60	0.01				0.05	0.08
(1.25)					0.60	0.01				0.05	0.08
	(1.25)				0.60	0.01				0.05	0.08
	(1.25)				0.60	0.01				0.05	0.08
						0.03	1.13	0.001		0.32	0.45
						0.03		0.001	1.25	0.36	0.52

1.明挖防水工程②

工作内容：1.清理基层，找平层分格缝嵌油膏，防水薄弱处刷膜附加层。2.刷底胶，铺贴卷材，接缝嵌油膏，做收头。3.聚苯乙烯泡沫隔离层：清理基层，刷胶粘剂，粘贴保护层。

编号	项目		单位	预算基价				人工	材料					
				总价	人工费	材料费	管理费	综合工	聚苯乙烯泡沫塑料板3cm	聚氨酯胶粘剂	土工布	防水涂料	零星材料费	材料采管费
				元	元	元	元	工日	m^2	kg	m^2	kg	元	元
								113.00	14.00	24.00	7.90	17.00		
7-9	聚苯乙烯泡沫保护层		m^2	32.95	12.43	18.71	1.81	0.110	1.05	0.14			0.27	0.38
7-10	土工布		m^2	46.48	31.64	10.24	4.60	0.280			1.25		0.15	0.21
7-11	非焦油聚氨酯防水涂料	2 mm	m^2	69.32	11.30	56.38	1.64	0.100				3.200	0.82	1.16
7-12	非焦油聚氨酯防水涂料	每增减0.5 mm	m^2	17.35	2.60	14.37	0.38	0.023				0.815	0.21	0.30

1. 明 挖 防 水 工 程③

工作内容： 1. 清理基层，调制混凝土、砂浆、灌缝膏。2. 纵横扫水泥浆，铺灌混凝土或砂浆，压实，抹光，做分格缝。

编号	项目		单位	预算基价					人工	材			料		机械
				总价	人工费	材料费	机械费	管理费	综合工	水泥砂浆 1:2	预拌混凝土 AC25	板材	零星材料费	材料采管费	混凝土输送泵车 20m³/h
				元	元	元	元	元	工日	m³	m³	m³	元	元	台班
									113.00	380.00	364.55	2196.98			1083.75
7-13	水泥砂浆保护层	25 mm 厚	m²	51.09	12.43	14.09	21.68	2.89	0.11	0.03		0.001	0.20	0.29	0.02
7-14	水泥砂浆保护层	每增减 10 mm	m²	32.87	3.39	6.22	21.68	1.58	0.03	0.01		0.001	0.09	0.13	0.02
7-15	细石混凝土层		m³	953.12	444.09	421.76	21.68	65.59	3.93		1.02	0.016	6.10	8.67	0.02

工作内容：1. 施工准备，施工缝凿毛、清理。2. 钢板剪裁，焊接成型，铺设。3. 止水带剪裁，接头及安装。4. 填缝、收口。

编号	项目		单位	预算基价 总价	人工费	材料费	机械费	管理费	人工 综合工	材料 紫铜板(紫铜板止水带)	钢板腻子止水带250mm宽	热轧薄钢板3.5~5.5	不锈钢板 δ≤4	铜焊条
				元	元	元	元	元	工日	kg	m	kg	kg	kg
									113.00			2.76	19.25	52.75
7-16	变形缝	紫铜板止水带	m	37.23	24.86	7.66	1.05	3.66	0.22	(8.11)				0.14
7-17	变形缝	钢板止水带	m	53.28	21.47	27.59	1.05	3.17	0.19			9.00		
7-18	变形缝	不锈钢止水带	m	53.29	25.99	22.42	1.05	3.83	0.23				0.32	
7-19	变形缝	橡胶止水带	m	265.06	10.17	253.41		1.48	0.09					
7-20	钢板腻子止水带施工缝		m	35.54	30.51	0.29	0.29	4.45	0.27		(1.05)			
7-21	不锈钢板接水槽		m	42.47	32.77	4.94		4.76	0.29					

材									料				机		械	
电焊条	不锈钢电焊条	橡胶止水带	丙酮	环氧树脂6101	甲苯	乙二胺	钢筋D10以内	镀锌钢丝0.7~1.2	铁件含制作费	锡焊料	零星材料费	材料采管费	剪板机20×2500	电焊机30kVA	钢筋切断机40mm	钢筋调直机40mm
kg	kg	m	kg	kg	kg	kg	kg	kg	kg	kg	元	元	台班	台班	台班	台班
8.49	73.72	231.37	11.31	32.41	11.75	24.37	2.70	8.28	7.69	69.17			320.99	103.98	49.13	41.66
											0.11	0.16	0.001	0.007		
0.21											0.40	0.57	0.001	0.007		
	0.21										0.32	0.46	0.001	0.007		
		1.05	0.03	0.03	0.02	0.002					3.67	5.21				
							0.01	0.03				0.01		0.001	0.002	0.002
									0.35	0.03	0.07	0.10				

2. 暗挖、盖挖车站防水工程①

工作内容：1. SBS 卷材防水包括：刷冷底子油、卷材铺设。2. ECB、EVA 卷材防水包括：防水铺设、固定。

编号	项目	单位	预算基价					人工	材								料	机械
			总价	人工费	材料费	机械费	管理费	综合工	防水卷材 SBS	乳化橡胶沥青	ECB 防水板 2mm 厚	EVA 防水板 2mm 厚	PE 泡沫板	防水卷材 LDPE	塑料焊条	零星材料费	材料采管费	热合机
			元	元	元	元	元	工日	m^2	kg	m^2	m^2	m^2	m^2	kg	元	元	台班
								113.00	40.02	3.25	53.91	43.12	11.00	41.00	15.10			84.27
7-22	SBS 卷材防水	m^2	86.71	24.86	58.24		3.61	0.22	1.38	0.30						0.84	1.20	
7-23	SBS 卷材防水每增一层	m^2	77.95	18.08	57.24		2.63	0.16	1.38							0.83	1.18	
7-24	ECB 防水板	m^2	115.67	36.16	69.84	4.21	5.46	0.32			1.25					1.01	1.44	0.05
7-25	EVA 防水板	m^2	103.97	36.16	58.14	4.21	5.46	0.32				1.25	0.20			0.84	1.20	0.05
7-26	LDPE 卷材	m^2	107.86	36.16	66.45		5.25	0.32					1.05	1.26	0.06	0.96	1.37	

2. 暗挖、盖挖车站防水工程②

工作内容：1. 刷底胶，铺贴卷材，接缝嵌油膏，做收头。2. 聚苯乙烯泡沫隔离层：清理基层，刷胶粘剂，粘贴保护层。

编号	项目	单位	预算基价				人工	材料				
			总价	人工费	材料费	管理费	综合工	聚苯乙烯泡沫塑料板 3cm	聚氨酯胶粘剂	土工布	零星材料费	材料采管费
			元	元	元	元	工日	m^2	kg	m^2	元	元
							113.00	14.00	24.00	7.90		
7-27	聚苯乙烯泡沫保护层	m^2	34.60	15.82	16.48	2.30	0.14	1.05	0.05		0.24	0.34
7-28	土工布	m^2	38.71	24.86	10.24	3.61	0.22			1.25	0.15	0.21
7-29	土工布防水每增一层	m^2	29.65	16.95	10.24	2.46	0.15			1.25	0.15	0.21

2. 暗挖、盖挖车站防水工程③

工作内容：基层处理、混凝土搅拌、输送、浇筑、养护。

编号	项目	单位	预算基价					人工	材料				机械	
			总价	人工费	材料费	机械费	管理费	综合工	预拌混凝土 AC15	预拌砂浆 RS20	零星材料费	材料采管费	混凝土输送泵车 20m³/h	小型机具
			元	元	元	元	元	工日	m³	m³	元	元	台班	元
								113.00	341.29	304.50			1083.75	
7-30	防水保护层	m²	38.15	15.82	17.68	2.24	2.41	0.14	0.05		0.26	0.36	0.002	0.07
7-31	防水找平层	m²	30.32	9.04	6.31	13.01	1.96	0.08		0.02	0.09	0.13	0.012	

2. 暗挖、盖挖车站防水工程④

工作内容：安装、固定、涂刷等。

编号	项目	单位	预算基价				人工	材料					
			总价	人工费	材料费	管理费	综合工	不锈钢接水盒	环氧聚氨酯嵌缝膏	防水涂料	油毡	零星材料费	材料采管费
			元	元	元	元	工日	m	kg	kg	m^2	元	元
							113.00		1.40	17.00	4.38		
7-32	不锈钢接水盒	m	38.22	32.77	0.69	4.76	0.29	(1.03)	0.48			0.01	0.01
7-33	防水涂料	m^2	66.27	16.95	46.86	2.46	0.15			2.66		0.68	0.96
7-34	隔离层	m^2	11.74	5.65	5.27	0.82	0.05				1.16	0.08	0.11

2. 暗挖、盖挖车站防水工程⑤

工作内容：基层处理、止水带的安装、缝隙填实等。

编号	项目	单位	预算基价 总价	人工费	材料费	机械费	管理费	人工 综合工	材料 背贴式止水带	中埋式注浆止水带	遇水膨胀止水条30×20	结晶型界面剂	聚苯板	水泥砂浆1:2
			元	元	元	元	元	工日	m^2	m	m	kg	m^3	m^3
								113.00					350.00	380.00
7-35	变形缝	m	97.31	67.80	19.05	0.58	9.88	0.60	(1.15)	(1.02)			0.007	0.01
7-36	施工缝	m	268.40	12.43	253.86	0.29	1.82	0.11			(2.03)	(0.03)		

接上表

编号	项目	单位	材料 聚氨酯泡沫板	纤维板	塑料注浆管	橡胶止水带	乙二胺	丙酮	甲苯	环氧树脂6101	零星材料费	材料采管费	机械 卷扬机电动双筒快速50kN
			m^3	m^2	m	m	kg	kg	kg	kg	元	元	台班
			1550.00	22.80	14.62	231.37	24.37	11.31	11.75	32.41			289.66
7-35	变形缝	m	0.007	0.03	0.06							0.39	0.002
7-36	施工缝	m				1.05	0.02	0.03	0.02	0.03	3.67	5.22	0.001

第八章　施 工 排 水、降 水 工 程

说　　明

一、本章包括打拔井点、大口井、工程排水、挖还水窝子等4节,共10条基价子目。

二、施工排水降水费是指为确保工程在正常条件下施工所采取的各种排水、降水措施所发生的费用。

三、本章施工排水与降水费用不包括给、排水管道沟槽排水。

四、水窝子为一个整体计算,单项表示。

五、挖深小于4 m或槽(坑)底标高在大沽水平±0.00以上时采用水窝子方法降水;挖深超过4 m或标高在大沽水平±0.00以下者,可采用井点或大口井方法配合降水。

六、井点组装拆除、机具迁移、设备安装所需费用均已纳入打拔井点基价内,不另行计算。

七、井点滤管,管径为50 cm,组装长度为2 m,总长分9 m以内和9 m以外两种,井点间距为1 m。

八、井点抽水机组的设施按顶管工作坑考虑,每个工作坑安设一部机组。

工程量计算规则

一、水窝子依管道长度每50 m敷设一个,不足50 m按一个水窝子计算。

二、基坑排水周期依照施工组织设计或施工方案规定,按台班计算。

三、顶管工作坑及井点排水的排水台班按下列规定计算:

1. *D*1000 ~ *D*1500管以40 m为单位计算,周期40天;*D*1650 ~ *D*1960管以34 m为单位计算,周期45天;每昼夜3个台班。

2. 管道及泵站工程采用井点排水时,每机组按35根井点管考虑。

1. 打 拔 井 点

工作内容：设备安拆、井点组装、运输打拔、连接、挖填沉淀池。

编号	项目		单位	预算基价					人工	材料				
				总价	人工费	材料费	机械费	管理费	综合工	粗砂	花管 φ50	横管 φ100	立管 φ50	高压胶管
				元	元	元	元	元	工日	t	m	m	m	m
									113.00	87.17	55.44	37.26	17.09	29.75
8-1	打拔井点	9m以内	十根	6826.71	4222.81	812.96	1121.51	669.43	37.37	5.960	0.67	0.33	2.00	0.33
8-2	打拔井点	9m以外	十根	8411.21	5025.11	824.76	1744.24	817.10	44.47	5.960	0.67	0.33	2.66	0.33

接上表

编号	项目		单位	材料							机械		
				树棕	镀锌钢丝 2.8～4.0	镀锌钢丝 0.7～1.2	综合螺栓 M20×35～100	窗纱	零星材料费	材料采管费	井点钻机 汽车式	卷扬机 电动单筒慢速 50kN	电动单级离心清水泵 50mm
				kg	kg	kg	个	m	元	元	台班	台班	台班
				22.28	7.85	8.28	3.50	8.10			502.22	192.33	32.28
8-1	打拔井点	9m以内	十根	4.30	0.87	2.00	0.03	5.50	19.42	16.72	1.76	0.94	1.76
8-2	打拔井点	9m以外	十根	4.30	0.87	2.00	0.03	5.50	19.70	16.96	2.63	1.76	2.63

2. 大 口 井

工作内容： 放线定位、装拆钻机、移动机位钻孔、疏通泥浆沟、清淤泥、安设滤水管、填充砂石料，材料场内运输。

编号	项目		单位	预算基价					人工	材料			
				总价	人工费	材料费	机械费	管理费	综合工	无砂管	粗砂	黏土	油毡
				元	元	元	元	元	工日	m	t	m^3	m^2
									113.00		87.17	54.30	4.38
8-3	大口井	*D*400	10m	3681.19	1559.40	1243.84	620.43	257.52	13.80	10.50×68.20	1.020	1.260	10.40
8-4	大口井	*D*600	10m	4656.14	1921.00	1722.90	698.30	313.94	17.00	10.50×86.00	2.220	2.830	14.50

接上表

编号	项目		单位	材料							机械			
				石油沥青 #10	板材	铁件 含制作费	镀锌钢丝 2.8～4.0	水	零星材料费	材料采管费	工程钻机 *D*800	电动单级离心清水泵 100mm	泥浆泵 100mm	汽车式起重机 8t
				kg	m^3	kg	kg	m^3	元	元	台班	台班	台班	台班
				4.55	2196.98	7.69	7.85	7.85			533.80	40.04	244.90	726.00
8-3	大口井	*D*400	10m	7.60	0.020	3.10	3.10	18.20	29.71	25.58	0.60	0.20	0.60	0.20
8-4	大口井	*D*600	10m	10.60	0.020	3.50	3.50	23.70	41.16	35.44	0.70	0.20	0.70	0.20

3. 工 程 排 水

工作内容：排水、降低地下水配合施工。

编号	项目		单位	预算基价			机械			
				总价	机械费	管理费	射流井点泵 9.50m	电动单级离心清水泵 100mm	电动单级离心清水泵 150mm	电动单级离心清水泵 200mm
				元	元	元	台班	台班	台班	台班
							72.15	40.04	68.01	104.97
8-5	井点排水射流泵		台班	75.76	72.15	3.61	1.00			
8-6	电动清水泵	DN100 以内	台班	42.04	40.04	2.00		1.00		
8-7	电动清水泵	DN100～150	台班	71.41	68.01	3.40			1.00	
8-8	电动清水泵	DN150～200	台班	110.22	104.97	5.25				1.00

4. 挖 还 水 窝 子

工作内容： 1. 挖土、支撑、码砌井、下沉。2. 拆撑、回填、分层夯实、材料现场倒运。

编号	项目		单位	预算基价				人工	材料				
				总价	人工费	材料费	管理费	综合工	页岩标砖 240×115×53	井盘	草袋 840×760	零星材料费	材料采管费
				元	元	元	元	工日	千块	m^3	条	元	元
								113.00	578.80	800.00	1.93		
8-9	挖还水窝子	做水窝子	座	933.38	706.25	124.55	102.58	6.25	0.150	0.033	3.00	2.98	2.56
8-10	挖还水窝子	回填水窝子	座	808.83	706.25		102.58	6.25					

第九章　人 防 工 程 项 目

说　　明

一、本章包括手动立转门安装,门框、门扇拼装,人防设备洞内运输等 3 节,共 22 条基价子目。

二、人防门安装项目中未包括人防门费用,编制造价文件时,可另行计算。

三、本章不包括人防设备油漆防腐。

工程量计算规则

一、立转门安装及门框、门扇拼装按设计图示尺寸以数量计算。

二、人防防护设备垂直及洞内水平运输按整樘防护设备的总质量计算。

三、人防设备洞内水平运输超过 60 m 时,按每增加 50 m 基价子目,运距不足 50 m 的按 50 m 计算。

工作内容：门框、门扇安装调试、闭锁装置安装调试、总体调试、验收等。

编号	项目		单位	预算基价					人工	材料	
				总价	人工费	材料费	机械费	管理费	综合工	人防门	型钢
				元	元	元	元	元	工日	套	kg
									113.00		2.70
9-1	手动立转门安装	≤5 t	组	39712.27	24630.61	9566.92	1844.95	3669.79	217.97	(1.00)	1399.78
9-2		≤10 t		48557.14	30532.60	11290.55	2189.71	4544.28	270.20	(1.00)	1617.88
9-3		≤15 t		57915.80	35990.50	14113.42	2461.28	5350.60	318.50	(1.00)	2195.69
9-4		>15 t		73103.50	47686.00	15649.60	2706.30	7061.60	422.00	(1.00)	2341.99
9-5	单扇拱形手动立转门	≤5 t		37110.83	24826.10	6722.99	1862.67	3699.07	219.70	(1.00)	1104.30
9-6		≤10 t		45681.36	30775.55	8023.61	2297.26	4584.94	272.35	(1.00)	1288.95
9-7		≤15 t		54718.67	36781.50	9961.05	2508.27	5467.85	325.50	(1.00)	1473.08
9-8		>15 t		69367.40	48081.50	11368.36	2794.10	7123.44	425.50	(1.00)	1767.70

门 安 装①

材								料				机 械
热轧槽钢 #25~36	钢 板 10~12	钢 板 (中厚)	橡胶板	膨胀螺栓 M14×150	螺 母	电焊条	斜垫铁 Q235钢	热轧工字钢 #37~40	砂轮片 *D*200	零星材料费	材料采管费	小型机具
kg	kg	kg	m^2	套	个	kg	块	t	片	元	元	元
2.63	2.75	2.77	126.00	3.83	0.10	8.49	13.50	2650.17	6.70			
1111.53	310.36	33.28	5.21	43.87	7.70	48.78	22.12			183.73	196.77	1844.95
1425.65	322.58	36.20	5.79	46.96	7.96	58.58	24.36			216.83	232.22	2189.71
1778.18	334.89	39.17	6.32	50.34	8.12	67.04	26.56			271.04	290.29	2461.28
2108.71	350.00	45.50	7.00	56.00	8.40	69.97	28.00			300.54	321.88	2706.30
320.00	96.00	12.00				47.00		0.68	20.00	129.11	138.28	1862.67
400.00	120.00	12.00				56.00		0.83	20.00	154.09	165.03	2297.26
400.00	120.00	15.00				72.00		1.29	20.00	191.30	204.88	2508.27
480.00	144.00	15.00				76.00		1.37	25.00	218.32	233.83	2794.10

工作内容：同前

编号	项目		单位	预算基价					人工	材料
				总价	人工费	材料费	机械费	管理费	综合工	人防门
				元	元	元	元	元	工日	套
									113.00	
9-9	双扇平板手动立转门	≤5 t	组	32118.66	25425.00	2372.50	598.32	3722.84	225.00	(1.00)
9-10		≤10 t		38124.10	29775.50	3250.61	736.35	4361.64	263.50	(1.00)
9-11		≤15 t		43278.04	32261.50	5502.80	788.41	4725.33	285.50	(1.00)
9-12		>15 t		52918.37	38363.50	7693.13	1228.12	5633.62	339.50	(1.00)
9-13	双扇拱形手动立转门	≤5 t		38057.54	25707.50	6982.39	1555.90	3811.75	227.50	(1.00)
9-14		≤10 t		44791.02	30058.00	8507.38	1771.22	4454.42	266.00	(1.00)
9-15		≤15 t		47693.39	32487.50	8525.06	1868.66	4812.17	287.50	(1.00)
9-16		>15 t		56265.89	38713.80	9920.42	1912.93	5718.74	342.60	(1.00)

门 安 装②

材						料					机械
型钢	钢板 10～12	钢板 4.5～10	钢板(中厚)	砂轮片 $D200$	电焊条	焊接钢管 DN 150	热轧工字钢 #37～40	热轧槽钢 #25～36	零星材料费	材料采管费	小型机具
kg	kg	kg	kg	片	kg	m	t	kg	元	元	元
2.70	2.75	2.77	2.77	6.70	8.49	48.95	2650.17	2.63			
439.49	128.00	192.70	10.00	12.00	11.50				45.56	48.80	598.32
736.54	128.00	192.70	13.00	15.00	13.00				62.43	66.86	736.35
1252.12	192.00	333.00	40.00	20.00	24.50				105.68	113.18	788.41
1657.22	307.20	466.20	70.00	35.00	41.00				147.74	158.23	1228.12
	96.00		12.00	20.00	47.00	66.00	0.68	320.00	134.09	143.61	1555.90
	120.00		15.00	20.00	62.00	81.00	0.80	400.00	163.38	174.98	1771.22
	120.00		15.00	20.00	64.00	81.00	0.80	400.00	163.72	175.34	1868.66
	144.00		19.00	25.00	81.00	81.00	1.13	480.00	190.52	204.04	1912.93

2. 门 框、门

工作内容：1. 安装前作业空间清理，门框包装拆除，左右门框安装，支护，上门框安装，门框形位调试，固定等。2. 现场清理，就位，支护，固定，打筑前防

编号	项目	单位	预算基价					人工	材料	
			总价	人工费	材料费	机械费	管理费	综合工	型钢	膨胀螺栓 M14×150
			元	元	元	元	元	工日	kg	套
								113.00	2.70	3.83
9-17	门框	套	23334.66	14294.50	6111.86	811.48	2116.82	126.50	926.25	22.85
9-18	门扇	扇	11417.87	7684.00	2128.72	465.78	1139.37	68.00	313.64	7.85
9-19	排水沟阀板安装	套	3789.78	1921.00	1424.27	157.61	286.90	17.00	70.00	

扇 拼 装

锈处理,隐检,检验,配合浇筑,配合验收等。

材							料					机 械
钢 板 10~12	热轧槽钢 #25~36	钢 板 (中厚)	橡胶板	斜垫铁 Q235 钢	螺 母	电焊条	普碳钢板 δ8~15	热轧槽钢 #16 以内	石棉橡胶板 δ3	零星材料费	材料采管费	小型机具
kg	kg	kg	m^2	块	个	kg	kg	kg	kg	元	元	元
2.75	2.63	2.77	126.00	13.50	0.10	8.49	2.77	2.61	17.65			
191.36	718.40	18.10	2.87	13.21	3.45	32.31				117.38	125.71	811.48
68.41	190.22	6.50	2.45	4.21	1.32	11.20				40.88	43.78	465.78
				20.00		10.00	36.00	61.00	32.00	27.35	29.29	157.61

3. 人防设备洞内运输

工作内容：竖井障碍拆除，设备垂直运输（包括门框、门扇、其他专用件的运输）等。

编号	项目	单位	预算基价					人工	材料						机械	
			总价	人工费	材料费	机械费	管理费	综合工	型钢	垫木	钢丝绳	电焊条	零星材料费	材料采管费	汽车式起重机8t	小型机具
			元	元	元	元	元	工日	kg	m^3	kg	kg	元	元	台班	元
								113.00	2.70	996.14	7.31	8.49			726.00	
9-20	人防设备垂直运输	t	430.38	339.00	13.26	27.51	50.61	3.00				1.50	0.25	0.27	0.03	5.73
9-21	人防设备洞口水平运输 运距60 m以内	t	542.41	339.00	137.41	15.96	50.04	3.00	8.76	0.05	8.00		2.64	2.83		15.96
9-22	人防设备洞口水平运输 每增加50 m	t	207.11	180.80		0.05	26.26	1.60								0.05

第十章　轨 道 铺 设 工 程

说　　明

一、本章包括轨节拼装、碎石道床铺设、隧道内整体道床铺轨、轨节铺设等20节，共97条基价子目。

二、本章按照有缝线路考虑编制。无缝线路计价时应对接头夹板、接头螺栓带帽、弹簧垫圈的损耗作相应调整。其中接头夹板、接头螺栓带帽、弹簧垫圈均按1%计。

三、本章中“线站”指车场、车辆段反线线路和辅助线路等线路。

四、轨料运输基价中运输轨料为钢轨及扣配件。

五、轨枕中含高强塑料套管。

六、铺轨基价已包括因铺设短轨接头增加所需接头夹板和螺栓的数量。

七、新铺线路换铺法铺设长钢轨基价应与轨节拼装、铺设轨节基价配套使用。标准轨节从铺轨基地至工地的运杂费另行计算，倒用轨的回收运输已含在铺设基价中。

八、道岔尾部无枕地段铺轨指道岔跟端至末根岔枕中心距离已铺长岔枕地段的铺轨。铺道岔基价包括长岔枕铺设工作内容。

九、整体道床铺轨基价包括钢轨支撑架费用。

十、大型机械安拆与调试基价，一个项目计列一次。

工程量计算规则

一、轨道工程量按设计图示每股道的中心长度（不包括道岔）计算。

二、道碴工程量按设计断面尺寸和道床长度以体积计算。

1. 轨 节 拼 装

工作内容： 吊散摆排轨枕、组装轨枕扣件、检配吊散轨及打印、方正轨枕、散布与安装钢轨配件和轨枕扣件、轨枕方钢连接、检修、吊码、吊装轨节至平板车上、捆轨件、装配件、涂油等。

编号	项目		单位	预算基价				人工	机械			
				总价	人工费	机械费	管理费	综合工	门式起重机 10t	轨道车 120kW	轨排钉联机 25m	轨道平车 30t
				元	元	元	元	工日	台班	台班	台班	台班
								113.00	446.10	325.03	634.00	231.13
10-1	混凝土短枕	1600 对	km	32934.75	20715.16	7557.62	4661.97	183.32	6.00	2.40	1.00	15.00
10-2	混凝土短枕	1680 对	km	33862.33	21523.11	7557.62	4781.60	190.47	6.00	2.40	1.00	15.00
10-3	混凝土短枕	每增 80 对	km	927.58	807.95		119.63	7.15				
10-4	混凝土长枕	1600 根	km	32156.36	20037.16	7557.62	4561.58	177.32	6.00	2.40	1.00	15.00
10-5	混凝土长枕	1680 根	km	33083.94	20845.11	7557.62	4681.21	184.47	6.00	2.40	1.00	15.00
10-6	混凝土长枕	每增 80 根	km	927.58	807.95		119.63	7.15				

2. 碎 石 道 床 铺 设

工作内容：碎石现场运输、卸料、铺筑，面碴包括回填均匀道碴、起道、串碴、捣固、拔道、整理道床等。

编号	项目	单位	预算基价					人工	材料			机械	
			总价	人工费	材料费	机械费	管理费	综合工	碎石道渣	零星材料费	材料采管费	液压起拔道机 ≤15kW	液压捣固机 ≤240根/h
			元	元	元	元	元	工日	m^3	元	元	台班	台班
								113.00	74.55			229.46	133.43
10-7	底碴	1000m^3	154879.47	57517.00	88845.88		8516.59	509.00	1150.00	1285.99	1827.39		
10-8	线间石碴	1000m^3	140219.75	44748.00	88845.88		6625.87	396.00	1150.00	1285.99	1827.39		
10-9	面碴	1000m^3	163532.16	60342.00	88845.88	4466.88	9877.40	534.00	1150.00	1285.99	1827.39	9.00	18.00

3. 隧道内整

工作内容：选配、散布钢轨、检配、散布与安装钢轨扣配件、钢轨支撑架安拆、组装扣件、悬挂钢筋混凝土轨枕、调试、就位、上油、检修等。

编号	项目			单位	预算基价					人工	材料	
					总价	人工费	材料费	机械费	管理费	综合工	混凝土短枕扣件	混凝土弹性短枕扣件
					元	元	元	元	元	工日	套	套
										113.00		
10-10	混凝土短枕	60 kg 钢轨普通（减振）扣件	1600 对	km	674739.26	99666.00	553551.85	5585.29	15936.12	882.00	(3209.60)	
10-11			1680 对		693264.19	103083.12	568153.68	5585.29	16442.10	912.24	(3370.08)	
10-12			每增加80对		18524.92	3417.12	14601.82		505.98	30.24	(160.48)	
10-13	混凝土弹性短枕	60 kg 钢轨普通扣件	1600 对		713159.39	133130.95	553551.85	5585.29	20891.30	1178.15		(3209.60)
10-14			1680 对		731684.32	136548.07	568153.68	5585.29	21397.28	1208.39		(3370.08)
10-15			每增加80对		18524.92	3417.12	14601.82		505.98	30.24		(160.48)
10-16	混凝土长枕	60 kg 钢轨普通（减振）扣件	1600 根		632283.37	99421.92	511376.18	5585.29	15899.98	879.84	(3209.60)	
10-17			1680 根		648699.51	102839.04	523869.23	5585.29	16405.95	910.08	(3370.08)	
10-18			每增加80根		16416.15	3417.12	12493.05		505.98	30.24	(160.48)	
10-19	混凝土弹性长枕	60 kg 钢轨普通扣件	1600 根		678899.98	133130.95	519292.44	5585.29	20891.30	1178.15		(3209.60)
10-20			1680 对		695711.94	136548.07	532181.30	5585.29	21397.28	1208.39		(3209.60)
10-21			每增加80根		16811.96	3417.12	12888.86		505.98	30.24		(160.48)

体道床铺轨

材									料		机		械
长枕橡胶包套	钢轨 60kg 25m 中锰钢	接头夹板 60kg 中锰钢	高强度接头螺栓带帽 60kg	钢轨支撑架	弹簧垫圈 60kg	混凝土短枕	混凝土长枕	混凝土弹性长枕	零星材料费	材料采管费	轨道车 120kW	轨道平车 30t	铺轨龙门架 25m
套	根	块	套	套	个	块	根	根	元	元	台班	台班	台班
	3070.91	2.57	6.39	607.35	1.10	87.80	150.24	155.00			325.03	231.13	766.30
	80.08	164.16	496.90	3.76	501.80	3209.60			8012.31	11385.49	3.00	10.00	3.00
	80.08	164.16	496.90	3.76	501.80	3370.08			8223.66	11685.82	3.00	10.00	3.00
						160.48			211.35	300.33			
(3209.60)	80.08	164.16	496.90	3.76	501.80	3209.60			8012.31	11385.49	3.00	10.00	3.00
(3370.08)	80.08	164.16	496.90	3.76	501.80	3370.08			8223.66	11685.82	3.00	10.00	3.00
(160.48)						160.48			211.35	300.33			
	80.08	164.16	496.90	3.76	501.80		1604.80		7401.84	10518.02	3.00	10.00	3.00
	80.08	164.16	496.90	3.76	501.80		1685.04		7582.67	10774.98	3.00	10.00	3.00
							80.24		180.83	256.96			
(1604.80)	80.08	164.16	496.90	3.76	501.80			1604.80	7516.43	10680.84	3.00	10.00	3.00
(1685.04)	80.08	164.16	496.90	3.76	501.80			1685.04	7702.99	10945.94	3.00	10.00	3.00
(80.24)								80.24	186.56	265.10			

4. 轨　节

工作内容：轨节运至铺轨工地(或前方作业站)后,轨节列车的调车,轨节的倒装拖拉、吊铺,合拢口锯轨、钢轨钻孔,安装钢轨配件,拆除轨节连接件、检

编号	项目			单位	总价	人工费	材料费	机械费	管理费	人工 综合工	材料 混凝土短枕扣件	橡胶包套(含微孔橡胶垫板)	混凝土弹性短枕扣件
					预算基价								
					元	元	元	元	元	工日	套	块	套
										113.00			
10-22	混凝土短枕	60 kg 钢轨普通(减振)扣件	1600 对	km	636843.84	65413.44	554126.51	6290.73	11013.16	578.88	(3209.60)		
10-23			1680 对		651445.67	65413.44	568728.34	6290.73	11013.16	578.88	(3370.08)		
10-24			每增加80对		14601.82		14601.82				(160.48)		
10-25	混凝土弹性短枕	60 kg 钢轨普通扣件	1600 对		656667.74	65413.44	573950.41	6290.73	11013.16	578.88		(3209.60)	(3209.60)
10-26			1680 对		672260.76	65413.44	589543.43	6290.73	11013.16	578.88		(3370.08)	(3370.08)
10-27			每增加80对		15593.02		15593.02					(160.48)	(160.48)
10-28	混凝土长枕	60 kg 钢轨普通(减振)扣件	1600 根		590263.83	62077.68	511376.18	6290.73	10519.24	549.36			
10-29			1680 根		602756.88	62077.68	523869.23	6290.73	10519.24	549.36			
10-30			每增加80根		12493.05		12493.05						
10-31	混凝土弹性长枕	60 kg 钢轨普通扣件	1600 根		598180.09	62077.68	519292.44	6290.73	10519.24	549.36		(3209.60)	
10-32			1680 根		611068.95	62077.68	532181.30	6290.73	10519.24	549.36		(3370.08)	
10-33			每增加80根		12888.86		12888.86					(160.48)	

查等。

材							料						机		械	
混凝土长枕扣件	钢轨 60kg 25m 中锰钢	接头夹板 60kg 中锰钢	高强度接头螺栓带帽 60kg	弹簧垫圈 60kg	钢轨支撑架	混凝土短枕	方钢	混凝土弹性短枕	混凝土长枕	混凝土弹性长枕	零星材料费	材料采管费	铺轨龙门架 25m	轨道平车 30t	门式起重机 10t	轨道车 120kW
套	根	块	套	个	套	块	t	块	根	根	元	元	台班	台班	台班	台班
	3070.91	2.57	6.39	1.10	607.35	87.80	2772.60	93.76	150.24	155.00			766.30	231.13	446.10	325.03
	80.08	164.16	496.90	501.80	3.76	3209.60	0.20				8020.63	11397.31	2.00	15.00	1.00	2.60
	80.08	164.16	496.90	501.80	3.76	3370.08	0.20				8231.98	11697.64	2.00	15.00	1.00	2.60
						160.48					211.35	300.33				
	80.08	164.16	496.90	501.80	3.76		0.20	3209.60			8307.57	11805.05	2.00	15.00	1.00	2.60
	80.08	164.16	496.90	501.80	3.76		0.20	3370.08			8533.27	12125.77	2.00	15.00	1.00	2.60
								160.48			225.70	320.72				
(3209.60)	80.08	164.16	496.90	501.80	3.76				1604.80		7401.84	10518.02	2.00	15.00	1.00	2.60
(3370.08)	80.08	164.16	496.90	501.80	3.76				1685.04		7582.67	10774.98	2.00	15.00	1.00	2.60
(160.48)									80.24		180.83	256.96				
(3209.60)	80.08	164.16	496.90	501.80	3.76					1604.80	7516.43	10680.84	2.00	15.00	1.00	2.60
(3370.80)	80.08	164.16	496.90	501.80	3.76					1685.04	7702.99	10945.94	2.00	15.00	1.00	2.60
(160.48)										80.24	186.56	265.10				

5. 隧道内浮置

工作内容：检配、散布与安装钢轨配件和轨枕扣件，钢轨支撑架安拆，组装扣件，悬挂钢筋混凝土轨枕，调整、就位、上油、检修等。

编号	项目			单位	预算基价					人工
					总价	人工费	材料费	机械费	管理费	综合工
					元	元	元	元	元	工日
										113.00
10-34	60 kg 钢轨普通扣件	橡胶浮置板	1600 对	km	337587.12	60369.12	261515.31	5585.29	10117.40	534.24
10-35			1680 对		341603.62	63867.60	261515.31	5585.29	10635.42	565.20
10-36			每增加80对		4016.50	3498.48			518.02	30.96
10-37		凸形浮置板	1600 对		344919.57	66755.88	261515.31	5585.29	11063.09	590.76
10-38			1680 对		348936.08	70254.36	261515.31	5585.29	11581.12	621.72
10-39			每增加80对		4016.50	3498.48			518.02	30.96
10-40		钢弹簧浮置板	1600 对		352252.03	73142.64	261515.31	5585.29	12008.79	647.28
10-41			1680 对		356268.53	76641.12	261515.31	5585.29	12526.81	678.24
10-42			每增加80对		4016.50	3498.48			518.02	30.96

板道床铺轨

材							料	机		械
普通扣件	钢轨 60kg 25m 中锰钢	接头夹板 60kg 中锰钢	高强度接头螺栓带帽 60kg	弹簧垫圈 60kg	钢轨支撑架	零星材料费	材料采管费	轨道车 120kW	轨道平车 30t	铺轨龙门架 25m
套	根	块	套	个	套	元	元	台班	台班	台班
	3070.91	2.57	6.39	1.10	607.35			325.03	231.13	766.30
(3209.60)	80.08	164.16	496.90	501.80	3.76	3785.27	5378.87	3.00	10.00	3.00
(3370.08)	80.08	164.16	496.90	501.80	3.76	3785.27	5378.87	3.00	10.00	3.00
(160.48)										
(3209.60)	80.08	164.16	496.90	501.80	3.76	3785.27	5378.87	3.00	10.00	3.00
(3370.08)	80.08	164.16	496.90	501.80	3.76	3785.27	5378.87	3.00	10.00	3.00
(160.48)										
(3209.60)	80.08	164.16	496.90	501.80	3.76	3785.27	5378.87	3.00	10.00	3.00
(3370.08)	80.08	164.16	496.90	501.80	3.76	3785.27	5378.87	3.00	10.00	3.00
(160.48)										

6. 直线电机

工作内容：轨节运至铺轨工地（或前方作业站）后，轨节列车的调车，轨节的倒装拖拉、悬挂钢筋混凝土轨节，合拢口锯轨、钢轨钻孔，安装钢轨配件，钢轨

编号	项目			单位	预算基价					人工	材料			
					总价	人工费	材料费	机械费	管理费	综合工	混凝土长枕扣件	弹性隔离层	无孔钢轨连接器	钢轨 60kg 25m 中锰钢
					元	元	元	元	元	工日	套	个	套	根
										113.00				3070.91
10-43	混凝土长枕	60 kg 钢轨普通扣件	1600 根	km	596575.41	28589.00	556135.14	6290.73	5560.54	253.00	(3209.60)	(3209.60)	(29.50)	80.08
10-44	混凝土长枕	60 kg 钢轨普通扣件	1680 根	km	612960.41	31979.00	568628.18	6290.73	6062.50	283.00	(3370.08)	(3370.08)	(29.50)	80.08
10-45	混凝土长枕	60 kg 钢轨普通扣件	每增加80根	km	16385.01	3390.00	12493.05		501.96	30.00	(160.48)	(160.48)		

线路铺轨

支撑架安拆，调整、就位、上油、检修等。

材								料				机		械	
接头夹板 60kg 中锰钢	高强度接头螺栓带帽 60kg	弹簧垫圈 60kg	混凝土长枕	钢轨支撑架	钢轨 24kg/m 12.5m	膨胀螺栓 M14×150	钢支墩	热轧槽钢 #25~36	螺栓 M24×180	零星材料费	材料采管费	铺轨龙门架 25m	门式起重机 10t	轨道平车 30t	轨道车 120kW
块	套	个	根	套	根	套	个	t	百个	元	元	台班	台班	台班	台班
2.57	6.39	1.10	150.24	607.35	681.74	3.83	333.85	2626.42	517.65			766.30	446.10	231.13	325.03
164.16	496.90	501.80	1604.80	3.76	0.98	4000.00	24.58	0.37	34.82	8049.70	11438.63	2.00	1.00	15.00	2.60
164.16	496.90	501.80	1685.04	3.76	0.98	4000.00	24.58	0.37	34.82	8230.53	11695.58	2.00	1.00	15.00	2.60
			80.24							180.83	256.96				

7. 碎石道床混凝

工作内容：选配钢轨，挂线散枕，摆排轨枕，涂绝缘膏，吊散钢轨，合拢口锯轨，钢轨钻孔，钢轨划印，方正轨枕，散布与安装钢轨配件和轨枕扣件，上油，检

编号	项目		单位	预算基价					人工	材料		
				总价	人工费	材料费	机械费	管理费	综合工	接头夹板 50kg 中锰钢	接头螺栓带帽 50kg	弹簧垫圈 50kg
				元	元	元	元	元	工日	块	套	个
									113.00	2.34	5.59	1.08
10-46	50 kg 钢轨 25 m	1600 根	km	709223.61	52869.31	644546.08	3286.39	8521.83	467.87	164.16	496.92	501.82
10-47		1680 根		731596.05	55429.89	663978.79	3286.39	8900.98	490.53	164.16	496.92	501.82
10-48		每增加80根		22359.50	2560.58	19419.77		379.15	22.66			
10-49	60 kg 钢轨 25 m	1600 根		705900.35	52869.31	641222.82	3286.39	8521.83	467.87			
10-50		1680 根		727957.16	55429.89	660339.90	3286.39	8900.98	490.53			
10-51		每增加80根		22056.82	2560.58	19117.09		379.15	22.66			

土枕人工铺轨

修,拨荒道等。

材									料	机	械
钢轨 50kg 25m 中锰钢	50 kg 钢轨弹条 I型扣件	混凝土长枕	接头夹板 60kg 中锰钢	接头螺栓带帽 60kg	弹簧垫圈 60kg	钢轨 60kg 25m 中锰钢	60 kg 钢轨弹条 I型扣件	零星材料费	材料采管费	轨道车 120kW	轨道平车 30t
根	套	根	块	套	个	根	套	元	元	台班	台班
3040.50	41.65	150.24	2.57	5.87	1.10	3070.91	39.83			325.03	231.13
80.08	3209.30	1604.80						9329.39	13257.07	3.00	10.00
80.08	3370.08	1685.04						9610.67	13656.76	3.00	10.00
	160.48	80.24						281.09	399.43		
		1604.80	164.16	496.92	501.82	80.08	3209.60	9281.29	13188.72	3.00	10.00
		1685.04	164.16	496.92	501.82	80.08	3370.08	9558.00	13581.92	3.00	10.00
		80.24					160.48	276.71	393.20		

8. 碎石道床混凝

工作内容：轨节运至铺轨工地(或前方作业站)后，轨节列车的调车，轨节的倒装拖拉、吊、铺，合拢口锯轨、钢轨钻孔，安装钢轨配件，检查、拨荒道等。

编号	项目		单位	预算基价					人工	材料		
				总价	人工费	材料费	机械费	管理费	综合工	接头夹板 50kg 中锰钢	接头螺栓带帽 50kg	弹簧垫圈 50kg
				元	元	元	元	元	工日	块	套	个
									113.00	2.34	5.59	1.08
10-52	50 kg 钢 轨 25 m	1600 根	km	668653.07	14351.00	644559.03	6290.73	3452.31	127.00	164.16	496.92	501.82
10-53		1680 根		686334.94	14351.00	662240.90	6290.73	3452.31	127.00	164.16	196.92	501.82
10-54		每增加 80 根		19419.77		19419.77						
10-55	60 kg 钢 轨 25 m	1600 根		665316.86	14351.00	641222.82	6290.73	3452.31	127.00			
10-56		1680 根		684433.94	14351.00	660339.90	6290.73	3452.31	127.00			
10-57		每增加 80 根		19117.09		19117.09						

土枕机械铺轨

材							料			机		械	
钢轨 50kg 25m 中锰钢	50 kg 钢轨弹条 I 型扣件	混凝土长枕	接头夹板 60kg 中锰钢	接头螺栓带帽 60kg	弹簧垫圈 60kg	钢轨 60kg 25m 中锰钢	60 kg 钢轨弹条 I 型扣件	零星材料费	材料采管费	铺轨龙门架 25m	门式起重机 10t	轨道平车 30t	轨道车 120kW
根	套	根	块	套	个	根	套	元	元	台班	台班	台班	台班
3040.50	41.65	150.24	2.57	5.87	1.10	3070.91	39.83			766.30	446.10	231.13	325.03
80.08	3209.60	1604.80						9329.58	13257.34	2.00	1.00	15.00	2.60
80.08	3370.08	1685.04						9585.52	13621.02	2.00	1.00	15.00	2.60
	160.48	80.24						281.09	399.43				
		1604.80	164.16	496.92	501.82	80.08	3209.60	9281.29	13188.72	2.00	1.00	15.00	2.60
		1685.04	164.16	496.92	501.82	80.08	3370.08	9558.00	13581.92	2.00	1.00	15.00	2.60
		80.24					160.48	276.71	393.20				

9. 异 型

工作内容： 选配钢轨，挂线散枕，摆排轨枕，涂绝缘膏，吊散钢轨，合拢口锯轨，钢轨钻孔，钢轨划印，方正轨枕，散布与安装钢轨配件和轨枕扣件，上油，检

编号	项目		单位	预算基价					人工	材料	
				总价	人工费	材料费	机械费	管理费	综合工	异型钢轨 60~50kg 6.25m	异型钢轨 60~50kg 12.5m
				元	元	元	元	元	工日	根	根
									113.00	898.24	1796.48
10-58	60~50 kg 混凝土枕 轨长6.25m	1600 根	km	785372.91	66155.85	705441.49	3286.39	10489.18	585.45	320.32	
10-59		1680 根		808238.92	68980.85	725064.20	3286.39	10907.48	610.45	320.32	
10-60		每增加80根		22815.28	2825.00	19571.98		418.30	25.00		
10-61	60~50 kg 混凝土枕 轨长12.5m	1600 根		773796.67	62988.46	697501.64	3286.39	10020.18	557.42		160.16
10-62		1680 根		796662.69	65813.46	717124.36	3286.39	10438.48	582.42		160.16
10-63		每增加80根		22815.28	2825.00	19571.98		418.30	25.00		

轨铺设

修，拨荒道等。

材								料			机	械
接头夹板 50kg 中锰钢	接头夹板 60kg 中锰钢	接头螺栓带帽 50kg	高强度接头螺栓带帽 60kg	弹簧垫圈 50kg	弹簧垫圈 60kg	混凝土长枕	50 kg 钢轨弹条 I 型扣件	平垫圈 25×45×4	零星材料费	材料采管费	轨道车 120kW	轨道平车 30t
块	块	套	套	个	个	根	套	个	元	元	台班	台班
2.34	2.57	5.59	6.39	1.08	1.10	150.24	41.65	0.45			325.03	231.13
320.32	320.32	969.6	969.6	979.2	979.2	1604.80	3209.60	6419.20	10210.82	14509.57	3.00	10.00
320.32	320.32	969.6	969.6	979.2	979.2	1685.04	3370.08	6854.40	10494.84	14913.17	3.00	10.00
						80.24	160.48	326.40	283.29	402.56		
160.16	160.16	484.8	484.8	489.6	489.6	1604.80	3209.60	6419.20	10095.89	14346.26	3.00	10.00
160.16	160.16	484.8	484.8	489.6	489.6	1685.04	3370.08	6854.40	10379.92	14749.86	3.00	10.00
						80.24	160.48	326.40	283.29	402.56		

工作内容：清理桥面，吊运钢轨、轨枕及配件，散布钢轨、轨枕、配件，安装钢轨支撑架，安装钢轨配件及轨枕扣件，上油检修等。

编号	项目			单位	预算基价					人工	材料	
					总价	人工费	材料费	机械费	管理费	综合工	橡胶包套(含微孔橡胶垫板)	混凝土短枕扣件
					元	元	元	元	元	工日	块	套
										113.00		
10-64	混凝土短枕	60 kg钢轨普通(减振)扣件	1600 对	km	638310.51	67935.60	553551.85	5585.29	11237.77	601.20	(3209.60)	(3209.60)
10-65	混凝土短枕	60 kg钢轨普通(减振)扣件	1680 对	km	656928.85	71434.08	568153.68	5585.29	11755.80	632.16	(3370.08)	(3370.08)
10-66	混凝土短枕	60 kg钢轨普通(减振)扣件	每增加80对	km	18618.32	3498.48	14601.82		518.02	30.96	(160.48)	(160.48)
10-67	混凝土长枕	60 kg钢轨普通(减振)扣件	1600 根	km	597276.49	68930.00	511376.18	5585.29	11385.02	610.00		
10-68	混凝土长枕	60 kg钢轨普通(减振)扣件	1680 根	km	614180.42	72772.00	523869.23	5585.29	11953.90	644.00		
10-69	混凝土长枕	60 kg钢轨普通(减振)扣件	每增加80根	km	16903.94	3842.00	12493.05		568.89	34.00		

铺 轨

材										机		械
混凝土长枕扣件	钢轨 60kg 25m 中锰钢	接头夹板 60kg 中锰钢	高强度接头螺栓带帽 60kg	弹簧垫圈 60kg	钢轨支撑架	混凝土短枕	混凝土长枕	零星材料费	材料采管费	轨道车 120kW	轨道平车 30t	铺轨龙门架 25m
套	根	块	套	个	套	块	根	元	元	台班	台班	台班
	3070.91	2.57	6.39	1.10	607.35	87.80	150.24			325.03	231.13	766.30
	80.08	164.16	496.90	501.80	3.76	3209.60		8012.31	11385.49	3.00	10.00	3.00
	80.08	164.16	496.90	501.80	3.76	3370.08		8223.66	11685.82	3.00	10.00	3.00
						160.48		211.35	300.33			
(3209.60)	80.08	164.16	496.90	501.80	3.76		1604.80	7401.84	10518.02	3.00	10.00	3.00
(3370.08)	80.08	164.16	496.90	501.80	3.76		1685.04	7582.67	10774.98	3.00	10.00	3.00
(160.48)							80.24	180.83	256.96			

11. 道岔尾部

工作内容：选配钢轨，涂绝缘膏，吊散钢轨，钢轨划印，方正轨枕，散布与安装钢轨配件和轨枕扣件，上油，检修等。

编号	项目			单位	预算基价					人工	材料	
					总价	人工费	材料费	机械费	管理费	综合工	接头夹板 50kg 中锰钢	钢轨 50kg 12.5m 中锰钢
					元	元	元	元	元	工日	块	根
										113.00	2.34	1439.49
10-70	混凝土岔枕地段	50 kg 钢轨	轨长 12.5 m	km	449927.78	43216.85	398798.57	1249.55	6662.81	382.45	320.32	160.16
10-71	混凝土岔枕地段	50 kg 钢轨	轨长 25 m	km	459231.74	42907.23	408458.00	1249.55	6616.96	379.71	160.16	
10-72	混凝土岔枕地段	60 kg 钢轨	轨长 25 m	km	457761.22	44836.14	404772.95	1249.55	6902.58	396.78		

无枕地段铺轨

材											机械	
接头螺栓带帽 50kg	弹簧垫圈 50kg	50 kg 钢轨弹条 I型扣件	钢轨 50kg 25m 中锰钢	钢轨 60kg 25m 中锰钢	接头夹板 60kg 中锰钢	高强度接头螺栓带帽 60kg	弹簧垫圈 60kg	60 kg 钢轨弹条 I型扣件	零星材料费	材料采管费	轨道车 120kW	轨道平车 30t
套	个	套	根	根	块	套	个	套	元	元	台班	台班
5.59	1.08	41.65	3040.50	3070.91	2.57	6.39	1.10	39.83			325.03	231.13
969.60	979.20	3530.56							5772.36	8202.52	1.00	4.00
484.80	489.60	3530.56	80.08						5912.17	8401.19	1.00	4.00
				80.08	160.16	484.80	489.60	3530.56	5858.83	8325.40	1.00	4.00

工作内容：检配、散步、安装钢轨及配件，钢轨支撑架安拆，悬挂轨枕，调整、就位、上油、检修等。

编号	项目			单位	总价	人工费	材料费	机械费	管理费	人工：综合工	材料：普通扣件	材料：钢轨 50kg 25m 中锰钢	材料：接头夹板 50kg 中锰钢
					元	元	元	元	元	工日	套	根	块
										113.00		3040.50	2.34
10-73	钢轨轨长 25 m	50 kg 钢轨	整体道床	km	677679.82	127803.00	524189.14	5585.29	20102.39	1131.00	(2890.37)	80.08	164.16
10-74	钢轨轨长 25 m	60 kg 钢轨	整体道床	km	685401.91	136548.07	521871.27	5585.29	21397.28	1208.39	(2890.37)		
10-75	钢轨轨长 25 m	50 kg 钢轨	检查坑有轨枕	km	668849.49	129768.07	513102.77	5585.29	20393.36	1148.39	(2808.40)	80.08	
10-76	钢轨轨长 25 m	50 kg 钢轨	检查坑无轨枕	km	456121.57	63958.00	375929.47	5585.29	10648.81	566.00	(2890.37)	80.08	164.16

铺 轨

材									料			机		械
接头螺栓带帽 50kg	弹簧垫圈 50kg	混凝土短枕	钢轨支撑架	钢轨 60kg 25m 中锰钢	接头夹板 60kg 中锰钢	接头螺栓带帽 60kg	弹簧垫圈 60kg	高强度接头螺栓带帽 60kg	高强度钢轨绝缘 50kg	零星材料费	材料采管费	轨道车 120kW	轨道平车 30t	铺轨龙门架 25m
套	个	块	套	根	块	套	个	套	组	元	元	台班	台班	台班
5.59	1.08	87.80	607.35	3070.91	2.57	5.87	1.10	6.39	238.17			325.03	231.13	766.30
496.90	501.80	2890.37	8.00							7587.30	10781.56	3.00	10.00	3.00
		2890.37		80.08	164.16	496.90	501.80			7553.75	10733.89	3.00	10.00	3.00
		2808.40	8.00		8.01		24.58	24.29		7426.84	10553.53	3.00	10.00	3.00
	501.80								496.90	5441.34	7732.14	3.00	10.00	3.00

13. 站线增加钢轨损耗

工作内容：钢轨损耗。

编号	项目			单位	预算基价 总价	预算基价 材料费	材料 钢轨 50kg 12.5m 中锰钢	材料 钢轨 50kg 25m 中锰钢	材料 钢轨 60kg 25m 中锰钢	材料 零星材料费	材料 材料采管费
					元	元	根	根	根	元	元
							1439.49	3040.50	3070.91		
10-77	增加 0.1%	50 kg 钢轨	轨长 12.5 m	km	238.68	238.68	0.16			3.45	4.91
10-78			轨长 25 m		252.07	252.07		0.08		3.65	5.18
10-79		60 kg 钢轨	轨长 25 m		254.60	254.60			0.08	3.69	5.24

14. 大型机械安拆与调试

工作内容：安装、调试、试运转、施工完成后拆除。

编号	项目	单位	预算基价					人工	材料						机械			
			总价	人工费	材料费	机械费	管理费	综合工	热轧等边角钢 50×5	铁件 含制作费	钢轨 60kg 25m 中锰钢	木枕 Ⅰ类	零星材料费	材料采管费	汽车式起重机 8t	汽车式起重机 20t	焊轨机组	铺轨机组
			元	元	元	元	元	工日	m	kg	根	根	元	元	台班	台班	台班	台班
								113.00	10.16	7.69	3070.91	170.31			726.00	1026.06	231.83	259.15
10-80	长轨压接焊作业线	次	113397.28	67520.89	24939.11	9033.37	11903.91	597.53	39.00	709.60	1.76	75.20	360.98	512.95	3.37	6.25	0.75	
10-81	长轨铺轨机	次	14904.54	8510.03	5021.45	93.29	1279.77	75.31		72.00		25.20	72.68	103.28				0.36

工作内容：选配料、除锈、焊接、调整、探伤、吊轨、编号、分类堆码等。

编号	项目	单位	预算基价				
			总价	人工费	材料费	机械费	管理费
			元	元	元	元	元
10-82	厂内焊接长钢轨（接触焊）	十个	3027.48	1143.56	151.71	1290.57	441.64

接长钢轨

人工	材料				机械		
综合工	钢轨 60kg 25m 中锰钢	水	零星材料费	材料采管费	门式起重机 5t	门式起重机 10t	长轨气压焊机组
工日	根	m^3	元	元	台班	台班	台班
113.00	3070.91	7.85			343.83	446.10	314.19
10.12	0.04	3.00	2.20	3.12	3.17	0.33	0.17

工作内容：检配、散布与安装钢轨配件、钢轨支撑架安拆、组装扣件、悬挂钢筋混凝土轨枕、调整、就位、上油、检修等。

编号	项目		单位	预算基价 总价	人工费	材料费	机械费	管理费	人工 综合工	材料 混凝土短枕扣件	混凝土长枕扣件
				元	元	元	元	元	工日	套	套
									113.00		
10-83	整体道床无缝线路	1600 对	km	716712.40	139938.07	549289.80	5585.29	21899.24	1238.39	(3209.60)	
10-84	整体道床无缝线路	1680 对	km	733078.58	141474.87	563891.63	5585.29	22126.79	1251.99	(3370.08)	
10-85	整体道床无缝线路	增加 80 对	km	16366.18	1536.80	14601.82		227.56	13.60	(160.48)	
10-86	一次性铺无缝线路(混凝土长枕)		km	534605.79	10622.00	517202.93	4300.62	2480.24	94.00		(3370.08)
10-87	换铺长钢轨	混凝土长枕 1680 对	km	17835.02	15311.50	-1712.11	1625.47	2610.16	135.50	(10.00)	
10-88	换铺长钢轨	混凝土短枕 1680 对	km	17835.02	15311.50	-1712.11	1625.47	2610.16	135.50		(10.00)

长 钢 轨

材								料	机				械
钢 轨 60kg 25m 中锰钢	混凝土 短 枕	接头夹板 60kg 中锰钢	高强度接 头螺栓带帽 60kg	弹簧垫圈 60kg	钢 轨 支撑架	混凝土 长 枕	零 星 材料费	材 料 采管费	轨道车 120kW	轨道平车 30t	铺 轨 龙门架 25m	长 轨 铺轨机	长轨运 输平车
根	块	块	套	个	套	根	元	元	台班	台班	台班	台班	台班
3070.91	87.80	2.57	6.39	1.10	607.35	150.24			325.03	231.13	766.30	229.68	90.33
80.08	3209.60	0.16	4.80	4.80	3.76		7950.62	11297.83	3.00	10.00	3.00		
80.08	3370.08	0.16	4.80	4.80	3.76		8161.97	11598.16	3.00	10.00	3.00		
	160.48						211.35	300.33					
80.08						1685.04	7486.18	10637.87	3.00			2.00	31.73
0.80		-162.50	-492.10	-497.00			-24.78	-35.21	3.00				7.20
0.80		-162.50	-492.10	-497.00			-24.78	-35.21	3.00				7.20

工作内容：施工准备、轨料装车、场内调车、运输、卸车、返回等。

编号	项目	单位	预算基价	
			总价	人工费
			元	元
10-89	运距1km以内装运	km	3698.49	1130.00
10-90	每增运1km	km	5.92	1.13

运 输

预算基价		人工	机械		
机械费	管理费	综合工	门式起重机 5t	轨道车 120kW	长轨料运输车
元	元	工日	台班	台班	台班
		113.00	343.83	325.03	86.77
1982.80	585.69	10.00	2.857	1.400	6.286
3.82	0.97	0.01			0.044

工作内容：焊轨前准备、拆除扣件、轨端打磨、对轨、焊轨、打磨、探伤、安装扣件、清理现场等。

编号	项目	单位	预算基价					人工	材料
			总价	人工费	材料费	机械费	管理费	综合工	钢轨 60kg 25m 中锰钢
			元	元	元	元	元	工日	根
								113.00	3070.91
10-91	铝热焊	头	1114.14	376.29	493.50	155.77	88.58	3.33	0.004
10-92	气压焊	头	1009.62	626.02	92.58	163.77	127.25	5.54	0.004
10-93	接触焊	头	473.50	272.33	128.55	26.67	45.95	2.41	0.040

轨焊接

材					料		机		械	
坩埚(铝热焊用)	氧气 6m³	乙炔气 5.5～6.5kg	铝热焊剂	碗形砂轮	零星材料费	材料采管费	汽油发电机组 10kW	长轨铝热焊机组	超声波探伤机 CTS-22	长轨气压焊机组
个	m^3	m^3	包	个	元	元	台班	台班	台班	台班
30.88	3.27	18.53	380.00	7.00			175.44	381.00	222.40	314.19
1.00	1.20	2.40	1.00		11.79	10.15	0.20	0.20	0.20	
	1.72	3.43		1.00	2.21	1.90	0.23		0.23	0.23
					3.07	2.64		0.07		

19. 无缝线路绝缘接头

工作内容：胶结绝缘接头制作，安装。

编号	项目	单位	预算基价				人工	材料		
			总价	人工费	材料费	管理费	综合工	胶结绝缘接头	零星材料费	材料采管费
			元	元	元	元	工日	套	元	元
							113.00	7.50		
10-94	60 kg 钢轨无缝线路接头	头	1682.61	1458.83	7.77	216.01	12.91	1.00	0.11	0.16

20. 应力放散及锁定

工作内容：1. 应力放散：施工准备，扒道碴，松扣件，安拆滚轮支撑钢轨，安拆拉伸器落轨，长钢轨应力放散，紧扣件、整理道床。2. 锁定：方正接头轨枕，拧紧螺栓，测量放散量，标写锁定轨温及日期。

编号	项目			单位	预算基价			人工
					总价	人工费	管理费	综合工
					元	元	元	工日
								113.00
10-95	应力放散	正线		km·次	13135.37	11441.25	1694.12	101.25
10-96		道岔	9号	组·次	8065.44	7025.21	1040.23	62.17
10-97			12号		9678.01	8429.80	1248.21	74.60

第十一章　道 岔 铺 设 工 程

说　　明

一、本章包括单开道岔铺设、复式交分道岔铺设、交叉渡线等 3 节，共 14 条基价子目。

二、本章中道岔内包括扣件、非金属件（橡胶垫板）等材料。

三、整体道床地段铺设道岔，岔枕按混凝土岔枕编制，安拆支撑架人工已包含在基价内。

工程量计算规则

铺道岔工程量按设计图示以数量计算。

工作内容：整平路面、选配与吊散道岔及岔枕、散布与安装道岔配件和岔枕扣件、整修、100 m 以内运输等。

编号	项目			单位	预算基价					人工	材料		
					总价	人工费	材料费	机械费	管理费	综合工	混凝土岔枕 50kg-9 号（单开道岔）	单开道岔 50kg-9 号（混凝土枕用）AT	混凝土岔枕 50kg-12 号
					元	元	元	元	元	工日	组	组	组
										113.00	35020.00	148520.00	38110.00
11-1	混凝土岔枕	50 kg	9 号	组	201327.98	11358.76	187581.73	582.65	1804.84	100.52	1.00	1.00	
11-2	混凝土岔枕	50 kg	12 号	组	220064.44	14807.52	202288.62	640.58	2327.72	131.04			1.00
11-3	混凝土岔枕	60 kg	9 号	组	220047.16	12939.63	204485.96	582.65	2038.92	114.51			
11-4	混凝土岔枕	60 kg	12 号固定辙叉	组	86063.46	22540.11	59410.08	640.58	3472.69	199.47			
11-5	混凝土岔枕	60 kg	12 号可动心辙叉	组	356032.13	22540.11	329378.75	640.58	3472.69	199.47			

岔 铺 设①

材						料		机		械
单开道岔 50kg-12号(混凝土枕用)AT	单开道岔 60kg-9号(混凝土枕)AT	混凝土岔枕 60kg-9号(复式交分)	单开道岔 60kg-12号(混凝土枕)AT	混凝土岔枕 60kg-12号	可动心单开道岔 60kg-12号(混凝土枕)AT	零星材料费	材料采管费	门式起重机 10t	轨道车 120kW	轨道平车 30t
组	组	组	组	组	组	元	元	台班	台班	台班
159820.00	147140.00	52940.00	22760.00	35370.00	286911.78			446.10	325.03	231.13
						183.54	3858.19	0.77	0.43	0.43
1.00						197.93	4160.69	0.85	0.47	0.47
	1.00	1.00				200.08	4205.88	0.77	0.43	0.43
			1.00	1.00		58.13	1221.95	0.85	0.47	0.47
				1.00	1.00	322.28	6774.69	0.85	0.47	0.47

工作内容：整平路面、选配与吊散道岔、道岔支架安拆、倒运、散布与安装道岔配件和岔枕扣件、整修、100 m 以内运输等。

编号	项目		单位	预算基价					人工
				总价	人工费	材料费	机械费	管理费	综合工
				元	元	元	元	元	工日
									113.00
11-6	整体道床 60 kg	9 号	组	178545.13	20703.86	153820.49	788.72	3232.06	183.22
11-7	整体道床 60 kg	12 号	组	206428.44	36065.08	163861.70	959.10	5542.56	319.16

岔铺设②

材					料		机		械
单开道岔 60kg-9号	单开道岔 60kg-12号	混凝土岔枕 60kg-9号	混凝土岔枕 60kg-12号	钢轨支撑架	零星材料费	材料采管费	门式起重机 10t	轨道车 120kW	轨道平车 30t
组	组	组	组	套	元	元	台班	台班	台班
118436.50	124778.84	31930.00	35370.00	607.35			446.10	325.03	231.13
1.000		1.00		0.23	150.51	3163.79	1.02	0.60	0.60
	1.00		1.00	0.30	160.33	3370.32	1.19	0.77	0.77

2. 复式交分

工作内容：整平路面、选配与吊散道岔、道岔支架安拆、倒运、散布与安装道岔配件和岔枕扣件、整修、100 m以内运输等。

编号	项目		单位	预算基价					人工
				总价	人工费	材料费	机械费	管理费	综合工
				元	元	元	元	元	工日
									113.00
11-8	整体道床 60 kg	9号	组	261980.23	29380.00	227383.55	715.41	4501.27	260.00
11-9	整体道床 60 kg	12号固定辙叉	组	349945.22	35256.00	308512.92	789.36	5386.94	312.00
11-10	整体道床 60 kg	12号可动心辙叉	组	358542.77	38781.60	313062.83	789.36	5908.98	343.20

道岔铺设

材					料		机		械
复式交分道岔 60kg-9 号	混凝土岔枕 60kg-9 号 （复式交分）	复式交分道岔 60kg-12 号 （固定辙岔）	混凝土岔枕 60kg-12 号 （复式交分）	复式交分道岔 60kg-12 号 （可动心辙）	零星材料费	材料采管费	门式起重机 10t	轨道车 120kW	轨道平车 30t
组	组	组	组	组	元	元	台班	台班	台班
169544.23	52940.00	244853.53	57012.00	249305.41			446.10	325.03	231.13
1.00	1.00				222.48	4676.84	0.85	0.43	0.85
		1.00	1.00		301.87	6345.52	0.94	0.47	0.94
			1.00	1.00	306.32	6439.10	0.94	0.47	0.94

3. 交　叉　渡　线①

工作内容：整平路面、选配与吊散道岔及岔枕、道岔支撑架安拆、倒运散布与安装道岔配件和岔枕扣件、整修、100 m 以内运输等。

编号	项目		单位	预算基价					人工	材料
				总价	人工费	材料费	机械费	管理费	综合工	交叉渡线 60kg-9 号-5m
				元	元	元	元	元	工日	组
									113.00	502696.06
11-11	混凝土岔枕 60 kg	9 号	组	783826.60	41421.28	734685.99	1309.70	6409.63	366.56	1.00
11-12	混凝土岔枕 60 kg	12 号	组	932194.21	48499.60	874927.19	1309.70	7457.72	429.20	

接上表

编号	项目		单位	材料					机械		
				混凝土岔枕交叉渡线 60kg-9 号-5m	交叉渡线 60kg-12 号-5m	混凝土岔枕交叉渡线 60kg-12 号-5m	零星材料费	材料采管费	门式起重机 10t	轨道车 120kW	轨道平车 30t
				组	组	组	元	元	台班	台班	台班
				216160.00	637753.55	218322.00			446.10	325.03	231.13
11-11	混凝土岔枕 60 kg	9 号	组	1.00			718.86	15111.07	1.06	1.06	2.13
11-12	混凝土岔枕 60 kg	12 号	组		1.00	1.00	856.08	17995.56	1.06	1.06	2.13

3. 交 叉 渡 线②

工作内容：整平路面、选配与吊散道岔、道岔支架安拆、倒运、散布与安装道岔配件和岔枕扣件、整修、100 m 以内运输等。

编号	项目		单位	预算基价 总价	人工费	材料费	机械费	管理费	人工 综合工	材料 交叉渡线 60kg-9号-5m	交叉渡线 60kg-12号-5m
				元	元	元	元	元	工日	组	组
									113.00	502696.06	637753.55
11-13	整体道床 60 kg	9 号	组	805536.43	58760.00	735927.44	1774.03	9074.96	520.00	1.00	
11-14	整体道床 60 kg	12 号	组	959890.49	70512.00	876789.37	1774.03	10815.09	624.00		1.00

接上表

编号	项目		单位	材料 混凝土岔枕交叉渡线 60kg-9号-5m	混凝土岔枕交叉渡线 60kg-12号-5m	钢轨支撑架	零星材料费	材料采管费	机械 门式起重机 10t	轨道车 120kW	轨道平车 30t
				组	组	套	元	元	台班	台班	台班
				216160.00	218322.00	607.35			446.10	325.03	231.13
11-13	整体道床 60 kg	9 号	组	1.00		2.00	720.07	15136.61	2.13	1.02	2.13
11-14	整体道床 60 kg	12 号	组		1.00	3.00	857.90	18033.87	2.13	1.02	2.13

第十二章　道 床 铺 筑 工 程

说　　明

一、本章包括整体道床铺筑、浮置板减振道床、预制浮置板道床等 3 节，共 11 条基价子目。

二、道床混凝土强度等级如设计要求与基价不同时，可按设计要求调整。

工 程 量 计 算 规 则

一、道床混凝土工程量按设计图示尺寸以体积计算。

二、橡胶支座安装按设计图示以数量计算。

1. 整体道

工作内容：1. 混凝土：凿毛、清理、清理道床基底、混凝土浇筑、振捣、抹平、养护等。2. 模板：制作、安装、刷油清理、拆除、堆放、运输等。

编号	项目		单位	预算基价 总价	人工费	材料费	机械费	管理费	人工 综合工	材料 预拌混凝土 AC30
				元	元	元	元	元	工日	m^3
									113.00	376.62
12-1	隧道内	道床混凝土	$10m^3$	4991.83	426.01	4033.89	387.16	144.77	3.77	10.20
12-2	隧道内	道床混凝土模板	$10m^2$	361.12	229.39	60.11	31.09	40.53	2.03	
12-3	桥面	道床混凝土	$10m^3$	4968.48	405.67	4033.89	387.16	141.76	3.59	10.20
12-4	桥面	道床混凝土模板	$10m^2$	348.14	218.09	60.11	31.09	38.85	1.93	
12-5	地面	道床混凝土	$10m^3$	4947.72	387.59	4033.89	387.16	139.08	3.43	10.20
12-6	地面	道床混凝土模板	$10m^2$	337.76	209.05	60.11	31.09	37.51	1.85	

床铺筑

材					料	机				械
木模板	圆　钉	镀锌钢丝 1.8～2.0	水	零星材料费	材料采管费	混凝土输送泵 30m³/h	汽车式起重机 8t	载货汽车 4t	木工圆锯机 500mm	小型机具
m³	kg	kg	m³	元	元	台班	台班	台班	台班	元
1842.20	7.81	8.04	7.85			703.29	726.00	391.19	30.72	
			1.66	96.36	82.97	0.54				7.38
0.02	2.45	0.18		1.44	1.24		0.02	0.04	0.03	
			1.66	96.36	82.97	0.54				7.38
0.02	2.45	0.18		1.44	1.24		0.02	0.04	0.03	
			1.66	96.36	82.97	0.54				7.38
0.02	2.45	0.18		1.44	1.24		0.02	0.04	0.03	

2. 浮 置 板

工作内容：1. 混凝土：凿毛、清理、清理道床基底、混凝土浇筑、振捣、抹平、养护等。2. 模板：制作、安装、刷油清理、拆除、堆放、运输等。

编号	项目	单位	预算基价					人工	材料
			总价	人工费	材料费	机械费	管理费	综合工	预拌混凝土 AC30
			元	元	元	元	元	工日	m^3
								113.00	376.62
12-7	道床混凝土	$10m^3$	5502.18	858.80	4047.37	387.16	208.85	7.60	10.20
12-8	道床模板	$10m^2$	573.75	412.45	62.95	30.78	67.57	3.65	

减振道床

材					料	机				械
木模板	圆　钉	镀锌钢丝 1.8~2.0	水	零星材料费	材料采管费	混凝土输送泵 30m³/h	汽车式起重机 8t	载货汽车 4t	木工圆锯机 500mm	小型机具
m³	kg	kg	m³	元	元	台班	台班	台班	台班	元
1842.20	7.81	8.04	7.85			703.29	726.00	391.19	30.72	
			3.30	96.69	83.25	0.54				7.38
0.02	2.80	0.18		1.50	1.29		0.02	0.04	0.02	

工作内容：1. 预制：浮置板预制及养护。2. 安装浮置板道床：吊装、就位浮置板道床、支撑块制作安装、橡胶支座安装等。

编号	项目		单位	预算基价					人工	材料			
				总价	人工费	材料费	机械费	管理费	综合工	橡胶支座	侧向支座	纵向支座	弹簧隔振器
				元	元	元	元	元	工日	个	块	个	套
									113.00				
12-9	预制浮置板道床		10m³	6819.86	2299.55	4109.96	57.68	352.67	20.35				
12-10	安装	浮置板道床橡胶支座	个	709.05	379.68	172.02	83.51	73.84	3.36	(1.000)	(0.890)	(0.090)	
12-11	安装	浮置板道床弹簧减震器	个	1821.14	1356.00	264.36		200.78	12.00				(1.00)

置板道床

材									料	机				械
预拌混凝土AC30	木模板	圆钉	铁件含制作费	环氧树脂6101	综合螺栓M20×35~100	塑料布	水	零星材料费	材料采管费	混凝土搅拌机400L	木工圆锯机500mm	门式起重机10t	汽车式起重机16t	小型机具
m^3	m^3	kg	kg	kg	个	kg	m^3	元	元	台班	台班	台班	台班	元
376.62	1842.20	7.81	7.69	32.41	3.50	12.63	7.85			227.21	30.72	446.10	945.75	
10.10	0.06	0.34					1.30	98.18	84.53	0.23	0.07			3.27
			3.29	3.98	2.88			4.11	3.54			0.06	0.06	
						20.00		6.32	5.44					

第十三章　轨道加强设备及护轮轨安装工程

说　　明

一、本章包括轨距杆安装、防爬设备、钢轨伸缩调节器、安装防脱护轮等 7 节，共 28 条基价子目。

二、本章基价中安装绝缘轨距杆、普通轨距杆按厂家成套成品安装考虑。

三、本章基价中防爬支撑项目按木制防爬支撑考虑，如设计材质与基价不同时，另列补充项目。

四、本章基价中钢轨伸缩调节器项目只考虑桥面、桥头引线 60 kg 钢轨伸缩量 1000 mm 的调节器，工程中使用其他规格调节器时，可对相应材料、机械台班价格进行调整，其人工、材料、机械台班消耗量不变。

五、本章基价铺设护轮轨项目按双侧考虑，如遇单侧可对半折减。

工程量计算规则

本章基价工程数量按设计图纸或施工组织设计方案数量计列。

1. 轨 距 杆 安 装

工作内容：螺栓涂油、安装轨距杆、调整轨距。

编号	项目		单位	预算基价				人工	材									料
				总价	人工费	材料费	管理费	综合工	绝缘轨距杆 φ32	绝缘轨距杆 φ34	绝缘轨距杆 φ36	绝缘轨距杆 φ38	普通轨距杆 φ32	普通轨距杆 φ34	普通轨距杆 φ36	普通轨距杆 φ38	零星材料费	材料采管费
				元	元	元	元	工日	根	根	根	根	根	根	根	根	元	元
								113.00	148.35	160.85	170.32	205.83	166.25	190.00	205.83	253.33		
13-1	绝缘轨距杆安装	φ32	百根	16738.18	1175.20	15404.48	158.50	10.40	100.20								222.97	316.84
13-2	绝缘轨距杆安装	φ34	百根	18036.17	1175.20	16702.47	158.50	10.40		100.20							241.76	343.54
13-3	绝缘轨距杆安装	φ36	百根	19019.51	1175.20	17685.81	158.50	10.40			100.20						255.99	363.76
13-4	绝缘轨距杆安装	φ38	百根	22706.83	1175.20	21373.13	158.50	10.40				100.20					309.36	439.60
13-5	普通轨距杆安装	φ32	百根	18596.89	1175.20	17263.19	158.50	10.40					100.20				249.87	355.07
13-6	普通轨距杆安装	φ34	百根	21063.06	1175.20	19729.36	158.50	10.40						100.20			285.57	405.79
13-7	普通轨距杆安装	φ36	百根	22706.83	1175.20	21373.13	158.50	10.40							100.20		309.36	439.60
13-8	普通轨距杆安装	φ38	百根	27639.17	1175.20	26305.47	158.50	10.40								100.20	380.75	541.05

2. 防 爬 设 备

工作内容：设备运输、现场清理、防爬支撑制作、安装等。

编号	项目		单位	预算基价				人工	材料				
				总价	人工费	材料费	管理费	综合工	防爬器 60kg	防爬支撑	垫木	零星材料费	材料采管费
				元	元	元	元	工日	个	个	m^3	元	元
								113.00	16.68	2.63	996.14		
13-9	防爬设备	穿销式混凝土枕 60 kg	千个	20609.57	2034.00	18301.25	274.32	18.00	1005.00		0.90	264.90	376.42
13-10	防爬支撑	木制混凝土枕	千个	8267.08	4859.00	2752.76	655.32	43.00		1010.00		39.84	56.62
13-11	防爬支撑	混凝土制混凝土枕	千个	5548.39	2463.40	2752.76	332.23	21.80		1010.00		39.84	56.62

工作内容：检配轨料、钻孔、注油、散布钢轨伸缩调节器、安装构件配件、整修等。

编号	项目		单位	预算基价					人工	材料		
				总价	人工费	材料费	机械费	管理费	综合工	单向曲线型调节器 (60kg 12.5m 伸缩量±500)	单向曲线型支撑块 (60kg 12.5m 伸缩量±500)	双向曲线型调节器 (60kg 22m 伸缩量±500)
				元	元	元	元	元	工日	对	组	对
									113.00			
13-12	60 kg 钢轨 伸缩量1000 mm	桥面	单向组	35355.34	3073.60	31439.44	427.77	414.53	27.20			
13-13	60 kg 钢轨 伸缩量1000 mm	桥头引线	单向组	36807.64	2745.90	33263.64	427.77	370.33	24.30			
13-14	60 kg 钢轨 伸缩量500 mm	整体道床12.5 m 单向曲线形	单向组	3164.54	2350.40		497.15	316.99	20.80	(1.00)	(1.00)	
13-15	60 kg 钢轨 伸缩量500 mm	整体道床22 m 双向曲线形	单向组	3472.32	2621.60		497.15	353.57	23.20			(1.00)
13-16	60 kg 钢轨 伸缩量1000 mm	整体道床22 m 双向曲线形	单向组	3472.32	2621.60		497.15	353.57	23.20			

材								料	机		械	
双向曲线型支撑块(60kg 22m 伸缩量±500)	双向曲线型调节器(60kg 22m 伸缩量±1000)	双向曲线型支撑块(60kg 22m 伸缩量±1000)	道 钉	钢轨伸缩调节器60kg 1000mm	钢轨伸缩调节器60kg 1000mm	木枕 I类	零星材料费	材料采管费	轨道式内燃起重机16t	轨道平车30t	轨道车120kW	铺轨龙门架25m
组	对	对	kg	对	对	根	元	元	台班	台班	台班	台班
			2.50	30170.97	28062.95	170.31			624.40	231.13	325.03	766.30
			66.70	1.00			455.07	646.65	0.50	0.50		
			42.40		1.00	23.07	481.47	684.17	0.50	0.50		
										0.43	0.21	0.43
(1.00)										0.43	0.21	0.43
	(1.00)	(1.00)								0.43	0.21	0.43

4. 安 装 防

工作内容：1. 铺装防脱护轮：散布防脱护轮、支架及护轨铺设安装与接头连接等。2. 铺装护轮轨：弯曲护轮轨、梭头制作、散布钢轨及梭头、钻孔、注油、

编号	项目	单位	预算基价					人工	材料			
			总价	人工费	材料费	机械费	管理费	综合工	水泥 32.5级	粗砂	接头夹板	接头螺栓带帽 15kg
			元	元	元	元	元	工日	kg	kg	块	套
								113.00	0.36	0.87	2.34	1.68
13-17	铺设防脱护轮	100m	3833.90	2892.80	234.27	316.69	390.14	25.60			17.10	68.40
13-18	铺设护轮轨 60 kg 钢轨	100m	21341.69	2260.00	18460.20	316.69	304.80	20.00	71.40	253.11	32.03	

脱 护 轮

涂绝缘膏、安装钢轨配件与梭头连接、固定整修等。

材									料			机	械	
平垫圈 25×45×4	弹簧垫圈 15kg	旧轨	中间扣板 50kg	接头扣板 50kg	塑料垫板护轨	接头螺栓带帽 50kg	螺旋道钉带螺帽 M24×195	硫黄	弹簧垫圈 50kg	零星材料费	材料采管费	铺轨龙门架 25m	轨道车 120kW	轨道平车 30t
个	个	t	块	块	块	套	套	kg	个	元	元	台班	台班	台班
0.45	0.59	1300.00	2.57	2.34	1.00	5.59	3.00	2.23	1.08			766.30	325.03	231.13
68.40	68.40									3.39	4.82	0.17	0.09	0.68
718.10		10.31	64.20	64.19	352.00	97.00	711.00	143.10	97.00	267.20	379.69	0.17	0.09	0.68

5. 车

工作内容：基础开挖、浆砌片石、运土、填筑、车挡制作、埋设、涂油等。

编号	项目		单位	预算基价					人工	材料					
				总价	人工费	材料费	机械费	管理费	综合工	缓冲滑动式车挡	库内车挡月牙形45号铸钢	水泥32.5级	片石	粗砂	螺栓M22×80
				元	元	元	元	元	工日	组	组	kg	t	t	百个
									113.00			0.36	88.39	87.17	211.05
13-19	车挡	缓冲滑动式	处	1282.40	1130.00			152.40	10.00	(1.00)					
13-20	车挡	库内车挡	处	492.65	282.50	116.62	55.43	38.10	2.50		(1.00)				0.121
13-21	车挡	土堆式	处	1675.64	910.78	642.03		122.83	8.06						
13-22	浆砌片石式		处	5418.69	2610.30	2456.35		352.04	23.10			800.00	11.73	4.24	

挡

材														料			机械
螺栓 M24×180	六角光螺母 M24	弹簧垫圈 M24	螺母 M22	弹簧垫圈 M22	钢轨 50kg 12.5m 中锰钢	混凝土长枕	铁座 82×45×8	螺旋道钉带螺帽 M24×195	平垫圈 25×45×4	双层弹簧垫圈 M24	中间扣板 50kg	绝缘缓冲垫片（普通）	绝缘缓冲垫板 50 kg	水	零星材料费	材料采管费	钻孔机
百个	百个	百个	百个	百个	根	根	块	套	个	个	块	块	块	m^3	元	元	台班
517.65	156.45	25.00	101.89	24.00	1439.49	150.24	1.56	3.00	0.45	1.08	2.57	0.30	2.19	7.85			221.71
0.101	0.101	0.102	0.121	0.122											2.79	2.40	0.25
					0.16	2.01	8.02	8.10	8.20	8.20	8.02	8.10	4.01		15.34	13.21	
					0.16	2.01	8.02	8.10	8.20	8.20	8.02	8.10	4.01	5.00	58.68	50.52	

6. 标　　志

工作内容： 1. 洞内标志包括标志定位、划印、边墙钻孔，用膨胀螺栓固定标志。2. 洞外标志及永久性基标包括木模制作、安装、拆除，钢筋制作及绑扎，混凝土制作、灌注、振捣及养护，标志涂油两遍及油漆写字，挖坑埋设等。

编号	项目	单位	预算基价					人工	材料						
			总价	人工费	材料费	机械费	管理费	综合工	预拌混凝土 AC30	方木	原木	钢筋 D10以内	镀锌钢丝 1.8~2.0	铁件含制作费	电焊条
			元	元	元	元	元	工日	m^3	m^3	m^3	kg	kg	kg	kg
								113.00	376.62	3026.70	1766.98	2.70	8.04	7.69	8.49
13-23	洞外标志	百个	14546.23	6215.00	7462.30	30.73	838.20	55.00	4.16	1.66		120.80	0.50	0.60	0.30
13-24	永久性基标	百个	138557.11	57404.00	73212.01	199.18	7741.92	508.00	95.34	2.49	0.19			21.00	

接上表

编号	项目	单位	材料						机械						
			水	汽油 #90	调合漆	防腐帮桩 φ160~200×2000	零星材料费	材料采管费	交流弧焊机 42kVA	钢筋调直机 40mm	钢筋切断机 40mm	钢筋弯曲机 40mm	木工圆锯机 500mm	木工压刨床 600mm 单面	汽车式起重机 8t
			m^3	kg	kg	根	元	元	台班	台班	台班	台班	台班	台班	台班
			7.85	7.34	15.87	62.50			145.85	41.66	49.13	29.25	30.72	38.76	726.00
13-23	洞外标志	百个	7.11	1.40	13.00		108.01	153.49	0.04	0.03	0.02	0.03	0.52	0.15	
13-24	永久性基标	百个	46.59	0.60	5.40	420.00	1059.70	1505.83					0.61	0.16	0.24

7. 其　　他

工作内容：1. 运散接触轨及防护板、接头、弯头及配件，安装接触轨底座、绝缘子、防护板，安装接触轨。2. 碎石道床包括接触轨加长枕木铺设，整体道床包括混凝土底座吊架安装、拆除。

编号	项目		单位	预算基价 总价	人工费	材料费	机械费	管理费	人工 综合工	材料 接触轨 12.5m	接触轨鱼尾板	接触轨鱼尾螺栓带帽 M20×105	弹簧垫圈 M20	混凝土接触底座	长头螺栓 M12	绝缘子	精制六角带帽螺栓 M12×45
				元	元	元	元	元	工日	t	块	套	百个	块	个	个	套
									113.00	4299.75	83.02	7.64	23.00	39.05	0.77	74.13	1.13
13-25	接触轨安装	整体道床	km	303492.53	22294.90	276797.73	1393.05	3006.85	197.30	52.66	20.04	40.60	0.41	252.50	759.00	255.00	506.00
13-26	接触轨焊接	移动式气压焊	个	651.21	339.00	118.08	148.41	45.72	3.00	0.01							
13-27	接头轨弯头安装	整体道床	个	1730.36	452.00	1179.89	37.51	60.96	4.00		2.00	4.06	0.04	2.02	6.01	2.04	4.10
13-28	安装玻璃钢防护板	整体道床	km	315730.74	14125.00	299109.27	591.47	1905.00	125.00					505.00	1518.00		

续表

编号	项目		单位	材								料					
				螺母 M12	垫圈 M12	弹簧垫圈 M12	接触轨扣板	防爬器夹子	防爬器螺栓带帽 M18×180	圆箍U形箍软铜复绞线焊接板	接触轨吊架	氧气 6m³	乙炔气 5.5～6.5kg	碗形砂轮	砂轮片 *D*200	液压油	氧气胶管
				个	百个	百个	块	个	套	套	个	m³	m³	个	片	kg	m
				0.18	12.60	16.00	3.43	7.51	4.15	340.98	297.55	3.27	18.53	7.00	6.70	9.58	7.54
13-25	接触轨安装	整体道床	km	759.00	12.80	7.68	505.00	80.80	40.80	10.15	8.00						
13-26	接触轨焊接	移动式气压焊	个									1.43	2.84	0.20	1.00	0.05	0.30
13-27	接头轨弯头安装	整体道床	个		0.10	0.10	2.02										
13-28	安装玻璃钢防护板	整体道床	km	1518.00	15.36	20.48					8.00						

材料												机械								
液压胶管	接触轨弯头	六角光螺母M12	导向板	弹簧垫圈M8	防护板(玻璃钢)	防护板支架	精制六角带帽螺栓M8×30	精制六角带帽螺栓M8×50	垫圈M8	零星材料费	材料采管费	轨道车120kW	铺轨滚筒平车16t	锯轨机	钻孔机	直流电焊机12kW	长轨气压焊机组	超声波探伤机CTS-22	轨道平车16t	小型机具
m	个	个	块	百个	m	个	套	套	百个	元	元	台班	台班	台班	台班	台班	台班	台班	台班	元
28.00	682.50	0.32	3.46	4.00	182.33	154.51	0.44	0.68	4.20			325.03	50.03	313.18	221.71	50.72	314.19	222.40	133.22	
										4006.47	5693.20	0.50	2.00	1.00	3.00	3.00				
0.10										1.71	2.43			0.20			0.20	0.10		0.70
	1.00	6.00	2.02							17.08	24.27	0.10	0.10							
				15.36	1015.00	501.50	1012.00	2024.00	30.72	4329.42	6152.10	1.00							2.00	

第十四章 信号机及设备安装工程

说　　明

一、本章包括信号机安装、电动道岔转辙装置安装、轨道电路安装、轨道绝缘等 11 节，共 75 条基价子目。

二、信号机工作内容包括基础制作、设备本身的安装固定，内部器材的安装、接线等全部工作内容。

三、矮型色灯信号机安装与矮型进路表示器安装，洞内安装在托架上或是车场安装在混凝土基础上，均综合考虑了洞内分线箱方式配线及室外（车场）电缆和方式配线的工作内容。

四、电动道岔转辙装置安装是按普通安装方式测算的。采用三轨方式送牵引电及电动道岔转辙装置安装侵线，需对电动道岔转辙装置改形加工时，其消耗量不做调整。

五、电动道岔转辙装置安装包括绝缘件安装用工，未包括转辙装置绝缘件费用。

六、轨道电路安装包含箱、盒内各种器材安装及配线。

七、钢轨接续线焊接按每点含 2 个轨缝，每个轨缝焊接 2 根钢轨接续线（95 mm^2 ×1.3 m、95 mm^2 ×1.5 m 橡套软铜线）测算。

八、本章基价不含非定型及数量不固定的器材（如组合、继电器、交流轨道电路滤波器等），编制造价文件时应按设计数量另行计算其消耗量。其安装所需的工、料费用已综合在各有关项目中。

九、电器集中控制台安装、调度集中控制台安装综合了室内地脚螺栓安装和垫板上摆放安装所用人工、材料消耗量。

十、调度集中控制台安装未含通信设备、危机终端设备的安装接线。

十一、分线柜安装按六柱端子、十八柱端子，分 10 组道岔以外、10 组道岔以内综合测算。未包括分线柜与墙体的绝缘设置、电缆固定以及电缆绝缘测试设备的安装。

十二、调度集中控制台安装考虑了上楼搬运因素并增加了起重机台班的消耗量，高度按 20 m 以内确定，超过 20 m 时应另行计算。

十三、电气集中组合柜安装综合了室内地脚螺栓安装和地板上摆放安装，按 25 组道岔以内、25 组道岔以外综合测算。

十四、电气集中组合柜安装未包括熔丝报警器与其他电源装置的安装。

工 程 量 计 算 规 则

本章基价工程数量按设计图纸或施工组织设计方案数量计算。

工作内容： 安装配线、涂油、立杆、调整试验等。

编号	项目		单位	预算基价				人工	材料			
				总价	人工费	材料费	管理费	综合工	信号机托架	色灯信号机构	单元式灯丝转换器 DSDX	塑料铜芯软线 BVR 500V 1.5mm^2
				元	元	元	元	工日	个	架	台	m
								113.00			520.00	1.25
14-1	矮型色灯信号机	二显示	架	1854.33	198.88	1628.63	26.82	1.76		1.00 ×469.07	2.00	21.00
14-2	矮型色灯信号机	三显示	架	2623.02	223.74	2369.10	30.18	1.98		1.00 ×637.34	3.00	30.00
14-3	高柱色灯信号机	二显示	架	3895.66	698.34	3103.14	94.18	6.18		1.00 ×866.58	2.00	56.00
14-4	高柱色灯信号机	三显示	架	4809.82	768.40	3937.79	103.63	6.80		1.00 ×1101.31	3.00	84.00
14-5	进路表示器矮型	二方向	组	2473.57	127.69	2328.66	17.22	1.13			2.00	26.00
14-6	进路表示器矮型	三方向	组	3298.01	175.15	3099.24	23.62	1.55			3.00	40.00
14-7	进路表示器高柱	二方向	组	2540.99	113.00	2412.75	15.24	1.00			2.00	63.00
14-8	进路表示器高柱	三方向	组	3389.74	135.60	3235.85	18.29	1.20			3.00	95.00
14-9	信号机托架		组	279.07	140.12	120.05	18.90	1.24	(1.00)			

材									料			
配线用爪形线环	铁路信号灯泡 TX12-25/25A	信号锁 40	酚醛调合漆	六角带帽螺栓 M10×50	钢筋混凝土机柱 ϕ150×8.5m	色灯信号机梯子 8.5m	色灯信号机引入管 M10×50	进路表示器	膨胀螺栓 M14×150	绝缘管垫 ϕ14	零星材料费	材料采管费
个	个	把	kg	套	根	架	根	台	套	套	元	元
0.34	6.63	4.67	12.37	0.60	589.16	346.71	14.87		3.83	22.67		
30.00	2.10	1.01	0.50	2.02							23.57	33.50
50.00	3.15	1.01	0.60	2.02							34.29	48.73
46.00	2.10	1.01	1.60	2.02	1.02	1.00	1.00				44.92	63.83
68.00	3.15	1.01	1.70	2.02	1.02	1.00	1.00				57.00	80.99
24.00	2.10	2.02	0.40					1.00×1138.09（矮型二灯）			33.71	47.90
36.00	3.15	3.03	0.50					1.00×1327.17（矮型三灯）			44.86	63.75
24.00	2.10	2.02	0.60					1.00×1170.51（高柱二灯）			34.92	49.63
36.00	3.15	3.03	0.90					1.00×1385.29（高柱三灯）			46.84	66.56
			0.60						4.04	4.10	1.74	2.47

工作内容：安装配线、打眼、固定安装装置、表示杆加工、清扫涂油、调整试验等。

编号	项目		单位	预算基价				人工	材料		
				总价	人工费	材料费	管理费	综合工	单开道岔安装装置一个牵引点	重型单开道岔安装装置两个牵引点	可动心轨道岔安装装置
				元	元	元	元	工日	组	组	组
								113.00			
14-10	电动转辙装置安装	单开道岔（一个牵引点）	组	1163.78	814.73	239.17	109.88	7.21	(1.00)		
14-11	电动转辙装置安装	重型单开道岔（两个牵引点）	组	3103.73	2327.80	461.99	313.94	20.60		(1.00)	
14-12	电动转辙装置安装	可动心轨	组	1255.51	814.73	330.90	109.88	7.21			(1.00)
14-13	电动转辙装置安装	复式交分	组	5520.59	4073.65	897.54	549.40	36.05			
14-14	四线制道岔电路整流二极管		十组	371.32	232.78	107.15	31.39	2.06			

辙装置安装

材												料
复式交分道岔安装装置	塑料铜芯软线 BVR 500V 1.5mm^2	配线用爪形线环	镀锌蛇皮管 *DN*38	蛇管接头	信号锁 40	酚醛调合漆	六角带帽螺栓 M10×50	四线制道岔电路整流二极管	仪器仪表使用费	零星材料费	材料采管费
组	m	个	m	组	把	kg	套	个	元	元	元
	1.25	0.34	18.00	42.50	4.67	12.37	0.60	5.23			
	30.00	40.00	1.00	1.00	1.01	2.00	2.02		88.52	3.46	4.92
	55.00	52.00	2.00	2.00	2.02	4.00	4.04		177.03	6.69	9.50
	30.00	40.00	1.00	1.00	1.01	2.00	2.02		177.03	4.79	6.81
(1.00)	120.00	160.00	3.00	4.00	4.04	8.00	2.02		318.65	12.99	18.46
	30.00	40.00						10.00		1.55	2.20

工作内容：箱盒内部器材按装配线、安装引接线及卡具、调整测试等。

编号	项目		单位	预算基价				人工	材料					
				总价	人工费	材料费	管理费	综合工	调谐单元 TU	接线盒 DIS	焊药 185mm²	焊药 35mm²	焊药 10mm²	焊接模具
				元	元	元	元	工日	台	个	筒	筒	筒	套
								113.00						
14-15	50周交流轨道电路	一送一受	区段	1595.12	226.00	1338.64	30.48	2.00						
14-16	50周交流轨道电路	一送二受	区段	2562.15	339.00	2177.43	45.72	3.00						
14-17	50周交流轨道电路	一送三受	区段	3389.78	508.50	2812.70	68.58	4.50						
14-18	无绝缘轨道电路	FS-2500	区段	7756.06	1653.19	5879.91	222.96	14.63	(2.00)	(1.00)	(4.00)	(4.00)		(0.20)
14-19	无绝缘轨道电路	FS-2000	区段	4846.73	1489.34	3156.53	200.86	13.18		(1.00)			(6.00)	(0.15)

路安装

材									料		
发送单元 TFU	接收单元 TCU	铜芯电缆 80/0.4 10mm²	塑料铜芯软线 BVR 500V 1.5mm²	轨道变压器 BG-1	中继变压器 BZ-3	变阻器 R-2.2/220	钢轨引接线 1×19 1600mm	钢轨引接线 1×19 3000mm	熔断器座	瓷二座	配线用爪形线环
台	台	m	m	台	台	台	根	根	个	个	个
			1.25	570.00	330.00	200.00	7.83	11.75	8.53	8.59	0.34
			13.00	1.00	1.00	1.00	2.00	2.00	2.00	10.00	36.00
			19.00	1.00	2.00	3.00	3.00	3.00	2.00	15.00	48.00
			24.00	1.00	3.00	4.00	4.00	4.00	2.00	20.00	64.00
(1.00)	(1.00)	(100.00)									

续表

编号	项目		单位	材料							
				钢丝绳卡具	膨胀螺栓 M10×105	调谐单元托架	终端棒 925/0.5 185mm²	终端棒托架	接线盒托架	钢轨连接线 276/0.4 35mm²	PVC阻燃双绞屏蔽电缆 2×7/0.67+7/0.3 2.5mm²
				套	套	个	m	个	个	m	m
				17.60	1.09	347.26	455.57	45.36	40.79	31.62	33.35
14-15	50周交流轨道电路	一送一受	区段	1.20							
14-16	50周交流轨道电路	一送二受	区段	1.50							
14-17	50周交流轨道电路	一送三受	区段	2.00							
14-18	无绝缘轨道电路	FS-2500	区段		16.00	2.00	3.70	2.00	1.00	3.20	80.00
14-19	无绝缘轨道电路	FS-2000	区段		12.00						80.00

材														料
冷压接线环 35mm²	冷压接线环 2.5mm²	铜套 185mm²	铜套 35mm²	铜套 10mm²	Ω卡 φ20	信号锁 40	塑料胀栓 M6	镀锌钢丝 1.8~2.0	六角带帽螺栓 M8×40	单元托架	冷压接线环 10mm²	仪器仪表使用费	零星材料费	材料采管费
个	个	个	个	个	个	把	个	kg	套	个	个	元	元	元
11.49	1.32	30.60	13.47	8.87	0.85	4.67	0.24	8.04	0.35	56.70	8.98			
													19.38	27.53
													31.52	44.79
													40.71	57.85
4.00	8.00	4.00	4.00		40.00	2.00	80.00	0.50	12.00			72.04	85.11	120.94
	8.00			4.00	40.00		80.00		12.00	3.00	4.00	55.38	45.69	64.92

4. 轨 道 绝 缘

工作内容：安装轨道绝缘。

编号	项目			单位	预算基价：总价	预算基价：人工费	预算基价：材料费	预算基价：管理费	人工：综合工	材料：钢轨绝缘	材料：高强度钢轨绝缘	材料：零星材料费	材料：材料采管费
					元	元	元	元	工日	组	组	元	元
									113.00				
14-20	轨道绝缘	43 kg 普通		组	550.51	175.15	351.74	23.62	1.55	2.00×169.71		5.09	7.23
14-21	轨道绝缘	43 kg 加强		组	564.16	175.15	365.39	23.62	1.55		2.00×176.29	5.29	7.52
14-22	轨道绝缘	50 kg 普通		组	618.17	175.15	419.40	23.62	1.55	2.00×202.35		6.07	8.63
14-23	轨道绝缘	50 kg 加强		组	692.41	175.15	493.64	23.62	1.55		2.00×238.17	7.15	10.15
14-24	轨道绝缘	钢轨绝缘	60 kg 普通	对	721.24	175.15	522.47	23.62	1.55	2.00×252.08		7.56	10.75
14-25	轨道绝缘	钢轨绝缘	60 kg 加强	对	751.17	175.15	552.40	23.62	1.55		2.00×266.52	8.00	11.36

5. 道岔连接杆绝缘

工作内容：安装杆件、绝缘。

编号	项目		单位	总价	人工费	材料费	管理费	综合工	道岔连接杆绝缘	零星材料费	材料采管费
				预算基价				人工	材料		
				元	元	元	元	工日	组	元	元
								113.00	174.97		
14-26	轨道绝缘	道岔连接杆绝缘	组	380.09	175.15	181.32	23.62	1.55	1.00	2.62	3.73

工作内容：运输、临时电源连接、焊接及固定等。

编号	项目		单位	预算基价				人工	材料		
				总价	人工费	材料费	管理费	综合工	焊药	焊接模机具	钢轨接续线 TXR95mm² 1.3m
				元	元	元	元	工日	管	套	根
								113.00			66.19
14-27	钢轨接续线		组	547.49	209.05	310.25	28.19	1.85	(8.40)	(0.20)	2.10
14-28	道岔跳线	单开	组	2832.78	325.44	2463.45	43.89	2.88	(58.80)	(1.40)	10.50
14-29	道岔跳线	复式交分	组	6724.01	500.59	6155.91	67.51	4.43	(130.20)	(3.10)	21.00
14-30	交流轨道电路极性交叉回流线		组	2345.08	395.50	1896.24	53.34	3.50	(8.40)	(0.20)	

线、极性交叉回流线安装

材					料	
钢轨接续线 TXR95mm^2 1.5m	道岔跳线 TXR95mm^2 0.9m	道岔跳线 TXR95mm^2 3.0m	道岔跳线 TXR95mm^2 2.0m	极性交叉回流线 TXR95mm^2 3.5m	零星材料费	材料采管费
根	根	根	根	根	元	元
76.37	71.58	204.42	159.08	440.00		
2.10					4.49	6.38
10.50	6.30	2.10			35.66	50.67
21.00	10.50	4.20	8.40		89.10	126.62
				4.20	9.24	39.00

工作内容：环路敷设、馈电电源及电阻盒配线安装、调整测试等。

编号	项目		单位	预算基价				人工	材料		
				总价	人工费	材料费	管理费	综合工	馈电单元 LFU	电阻盒 RB	电缆卡
				元	元	元	元	工日	个	个	个
								113.00			
14-31	道岔环路	30 m	个	1572.44	687.04	792.74	92.66	6.08	(1.00)	(1.00)	(215.00)
14-32	道岔环路	60 m	个	2214.40	884.79	1210.28	119.33	7.83	(1.00)	(1.00)	(430.00)
14-33	道岔环路	90 m	个	2923.20	1141.30	1627.98	153.92	10.10	(1.00)	(1.00)	(645.00)
14-34	道岔环路	120 m	个	3460.04	1280.29	2007.08	172.67	11.33	(1.00)	(1.00)	(860.00)

材												料	
单芯电缆 7/0.85 4mm²	馈电单元托架	环路过道托架	尼龙线扣 150	膨胀螺栓 M8×100	六角带帽螺栓 M8×40	冷压接线环 ϕ6	Ω卡 ϕ20	塑料胀栓 M6	镀锌钢丝 1.8~2.0	电阻盒托架	仪器仪表使用费	零星材料费	材料采管费
m	个	个	个	套	套	个	个	个	kg	个	元	元	元
3.71	56.70	72.14	0.10	0.81	0.35	0.35	0.85	0.24	8.04	61.19			
72.00	2.00	2.00	215.00	12.00	8.00	6.00	10.00	20.00	0.02	2.00	68.20	11.47	16.31
135.00	2.00	4.00	430.00	16.00	8.00	6.00	10.00	20.00	0.04	2.00	68.20	17.52	24.89
198.00	2.00	6.00	645.00	20.00	8.00	6.00	10.00	20.00	0.08	2.00	68.20	23.56	33.48
251.00	2.00	8.00	860.00	24.00	8.00	6.00	10.00	20.00	0.10	2.00	68.20	29.05	41.28

7. 传 输 环

工作内容：环路敷设、连接盒配线安装、调整测试等。

编号	项目		单位	预算基价				人工	材料					
				总价	人工费	材料费	管理费	综合工	接线盒 DIS	电缆卡	馈电单元 LFU	电阻盒 RB	匹配单元 MU	单芯电缆 7/0.85 $4mm^2$
				元	元	元	元	工日	个	个	个	个	台	m
								113.00						3.71
14-35	列车识别装置(PTI)		个	2300.32	1629.46	451.10	219.76	14.42	(1.00)	(22.00)				29.00
14-36	日、月检环路		个	1556.01	904.00	530.09	121.92	8.00		(79.00)	(1.00)	(1.00)		32.50
14-37	列车自动运行(ATO)	发送环路	个	2790.01	1978.63	544.53	266.85	17.51		(55.00)	(1.00)			44.80
14-38	列车自动运行(ATO)	接受环路	个	1698.46	1280.29	245.50	172.67	11.33		(8.00)			(1.00)	12.00

路 安 装②

材													料			
PVC 管 *DN*20	冷压接线环 ϕ6	接线盒托架	Ω 卡 ϕ50	Ω 卡 ϕ20	塑料胀栓 M6	膨胀螺栓 M8×100	六角带帽螺栓 M8×40	电阻盒托架	热轧等边角钢 40×4	尼龙线扣 150	馈电单元托架	过道管托架	镀锌钢丝 1.8~2.0	仪器仪表使用费	零星材料费	材料采管费
m	个	个	个	个	个	套	套	个	m	个	个	m	kg	元	元	元
3.90	0.35	40.79	1.50	0.85	0.24	0.81	0.35	61.19	6.51	0.10	56.70	14.26	8.04			
28.50	4.00	1.00	34.00	68.00	4.00	4.00								61.36	6.53	9.28
15.00	6.00		18.00	36.00	108.00	8.00	8.00	2.00	6.00	79.00				68.20	7.67	10.90
44.00	4.00			51.00	102.00	4.00	4.00			55.00	1.00			51.57	7.88	11.20
11.50	4.00			23.00						8.00	1.00	1.20	0.05	51.57	3.55	5.05

工作内容：安装配线、导通测试、走线架安装等。

编号	项目			单位	预算基价 总价	预算基价 人工费	预算基价 材料费	预算基价 管理费	人工 综合工	材料 分线柜	材料 走线架	材料 焊锡丝 HLSNPB50 D1.5~2.5	材料 聚氯乙烯软管 φ0.6	材料 聚氯乙烯单丝 φ1.0
					元	元	元	元	工日	台	架	kg	m	kg
									113.00			70.25	0.40	15.20
14-39	分线柜	六柱端子	10组道岔以内	架	5989.46	2909.75	2687.28	392.43	25.75	(1.00)		0.20	10.00	0.20
14-40	分线柜	六柱端子	10组道岔以外	架	6882.08	3491.70	2919.46	470.92	30.90	(1.00)		0.30	20.00	0.30
14-41	分线柜	十八柱端子	10组道岔以内	架	6670.68	3491.70	2708.06	470.92	30.90	(1.00)		0.40	10.00	0.20
14-42	分线柜	十八柱端子	10组道岔以外	架	7622.38	4073.65	2999.33	549.40	36.05	(1.00)		0.60	40.00	0.30
14-43	走线架			十架	1257.80	1047.51	69.02	141.27	9.27		(1.00)			

盘、架安装①

材											料		
环氧酚醛层压玻璃布板 3240×55×8.0	熔断器座	端子直六柱座	铜垫片	配线铭牌红钢纸方形	酚醛调合漆	酚醛磁漆	镀锌六角带帽螺栓 M10×100	热轧等边角钢 8×100	热轧等边角钢 50×5	膨胀螺栓 M12×100	汽油 #90	方木	零星材料费	材料采管费
kg	个	个	kg	个	kg	kg	套	m	m	套	kg	m^3	元	元
70.49	8.53	5.22	45.00	0.20	12.37	16.11	1.18	33.23	10.16	2.09	7.34	3026.70		
26.50	8.00	70.00	1.00	360.00	0.40	0.10	8.08	3.00			1.00	0.01	38.90	55.27
26.50	8.00	95.00	2.00	540.00	0.40	0.10	8.08	3.00			1.00	0.01	42.26	60.05
26.50	8.00	70.00	1.00	390.00	0.40	0.10	8.08	3.00			1.00	0.01	39.20	55.70
26.50	8.00	95.00	2.00	780.00	0.40	0.10	8.08	3.00			1.00	0.01	43.41	61.69
					2.00				3.00	4.04	0.40		1.00	1.42

工作内容：安装配线、组合导通、继电器测试、插继电器写铭牌、导通测试、走线架安装等。

编号	项目		单位	预算基价 总价	人工费	材料费	管理费	人工 综合工	材料 组合柜AUD	新型组合柜加宽型	塑料铜芯软线 RV 500V 0.5mm²	塑料铜芯软线 RV 500V 1.5mm²
				元	元	元	元	工日	架	架	m	m
								113.00			0.72	1.23
14-44	组合架	25组以内	架	4753.78	2560.58	1847.86	345.34	22.66	(1.00)		1500.00	65.00
14-45	组合架	25组以外	架	4976.55	2676.97	1938.54	361.04	23.69	(1.00)		1600.00	70.00
14-46	电气集中新型组合柜	25组以内	架	4790.76	2327.80	2149.02	313.94	20.60		(1.00)	1600.00	65.00
14-47	电气集中新型组合柜	25组以外	架	4683.99	2444.19	1910.16	329.64	21.63		(1.00)	1800.00	70.00

盘、架安装②

材										料			
塑料铜芯软线 RV 500V 4.0mm²	塑料铜芯软线 RV 500V 6.0mm²	焊锡	焊锡丝 HLSNPB50 *D*1.5~2.5	平行爪形线环	聚氯乙烯软管 ϕ0.6	聚氯乙烯单丝 ϕ1.0	线槽板	胶合板 5mm厚	酚醛调合漆	热轧等边角钢 50×5	仪器仪表使用费	零星材料费	材料采管费
m	m	kg	kg	个	m	kg	架	m²	kg	m	元	元	元
2.73	3.90	69.17	70.25	1.98	0.40	15.20	163.83	28.32	12.37	10.16			
27.00	12.00	0.70	0.80	48.00	23.00	0.10	1.00	1.00	0.40	0.50	90.08	26.75	38.01
29.00	13.00	0.70	0.80	48.00	23.00	0.10	1.00	1.00	0.40	0.50	90.08	28.06	39.87
27.00	112.00	0.70	0.80	48.00	23.00	0.10		1.00	0.20		90.08	31.11	44.20
29.00	13.00	0.70	0.80	48.00	23.00	0.10		1.00	0.20		90.08	27.65	39.29

工作内容：安装配线、导通测试等。

编号	项目		单位	预算基价 总价	人工费	材料费	管理费	人工 综合工	材料 熔丝报警器	塑料铜芯软线 RV 250V 0.4mm^2
				元	元	元	元	工日	台	m
								113.00		0.62
14-48	电缆绝缘测试装置	组合式	台	7359.48	465.56	6831.13	62.79	4.12		430.00
14-49	电缆绝缘测试装置	端子排式	十块	5132.42	291.54	4801.56	39.32	2.58		450.00
14-50	轨道测试盘	PG-26	台	1058.89	407.93	595.94	55.02	3.61		900.00
14-51	轨道测试盘	PG-48	台	1593.11	524.32	998.08	70.71	4.64		1500.00
14-52	熔丝报警器		台	93.88	70.06	14.37	9.45	0.62	(1.00)	6.00
14-53	轨道电路防雷组合		个	3724.86	232.78	3460.69	31.39	2.06		

盘、架安装③

材									料		
焊锡丝 HLSNPB50 $D1.5\sim2.5$	兆欧表 500V/1000MΩ	插座板 30位	聚氯乙烯软管 $\phi6$	圆柱头机制螺栓 M4×20	平行爪形线环	螺栓 M8×35	塑料铜芯软线 BRV 500V 0.75mm²	聚氯乙烯单丝 $\phi1.0$	轨道防雷组合 ULG3	零星材料费	材料采管费
kg	台	个	m	kg	个	套	m	kg	个	元	元
70.25	680.00	430.00	1.00	21.54	1.98	0.53	0.62	15.20	2980.00		
0.60	1.00	13.00	13.00							98.88	140.50
0.60		10.00	10.00	0.10						69.50	98.76
0.20			3.00							8.63	12.26
0.40			5.00							14.45	20.53
					4.04	4.04				0.21	0.30
			1.00		55.00		400.00	0.10	1.00	50.09	71.18

8. 电气集中柜、

工作内容：开箱检查、现场运输、安装配线、插接固定、导通测试、铭牌标志等。

编号	项目		单位	预算基价 总价	人工费	材料费	管理费	人工 综合工	材料 ATP模拟显示维修盘	轨道架标准型	英国继电器插座
				元	元	元	元	工日	个	架	个
								113.00			
14-54	ATP 模拟显示维修盘		个	4149.26	2793.36	979.17	376.73	24.72	(1.00)		
14-55	列车自动防护(ATP)架	轨道架	架	4794.74	2409.16	2060.66	324.92	21.32		(1.00)	(20.40)
14-56	列车自动防护(ATP)架	码发生器架	架	2670.13	1688.22	754.22	227.69	14.94			
14-57	列车自动运行(ATO)架		架	3189.47	2211.41	679.81	298.25	19.57			

盘、架安装④

材							料		
码发生器架 标准型	ATO 架 标准型	聚氯乙烯单丝 ϕ1.0	聚氯乙烯软管 ϕ6	铜端头 $8mm^2$	塑料铜芯软线 RV 500V $0.5mm^2$	塑料铜芯软线 RV 500V $1.5mm^2$	焊锡丝 HLSNPB50 $D1.5\sim2.5$	膨胀螺栓 M10×105	塑料铜芯软线 RV 500V $2.5mm^2$
架	架	kg	m	个	m	m	kg	套	m
		15.20	1.00	10.16	0.72	1.23	70.25	1.09	1.84
		0.40	55.00	20.00	400.00	200.00	0.50	4.04	
						102.00			40.80
(1.00)						102.00			
	(1.00)				306.00			4.08	

续表

编号	项目		单位	材料					
				塑料铜芯软线 RV 500V 4.0mm²	塑料铜芯软线 RV 500V 6.0mm²	塑料铜芯双绞线 0.5mm²	塑料铜芯双绞线 0.75mm²	塑料屏蔽软线 1.5mm²	平行线叉子
				m	m	m	m	m	个
				2.73	3.90	0.96	1.85	2.33	1.98
14-54	ATP模拟显示维修盘		个						
14-55	列车自动防护(ATP)架	轨道架	架	20.40	20.40	102.00	102.00	122.40	306.00
14-56	列车自动防护(ATP)架	码发生器架	架	20.40	20.40			102.00	
14-57	列车自动运行(ATO)架		架						

材									料			
胀管螺栓 M10×105	六角带帽螺栓 M10×100	六角带帽螺栓 M6×30	塑料走线槽 50×80	塑料走线槽 40×50	线扣 150	塑料双绞线 16×0.3×2	塑铜线 $4mm^2$	塑铜线 $6mm^2$	线扣 100	仪器仪表使用费	零星材料费	材料采管费
个	套	套	m	m	百个	m	m	m	百个	元	元	元
1.87	1.00	0.24	23.50	18.20	48.86	0.40	2.61	3.86	38.95			
										107.05	14.17	20.14
4.08	10.20	40.80	2.28	12.24	1.02					121.17	29.83	42.38
4.08	10.20	11.22	2.28	3.06	0.51					74.70	10.92	15.51
	10.20	20.40	2.28	4.08		102.00	20.40	20.40	1.02	75.77	9.84	13.98

工作内容：开箱检查、现场运输、安装配线、插接固定、导通测试、铭牌标志等。

编号	项目		单位	预算基价				人工	材料			
				总价	人工费	材料费	管理费	综合工	DPU 柜	RTU 架 分体式	LPU 柜 整体型	塑料铜芯软线 RV 500V 0.5mm²
				元	元	元	元	工日	个	架	个	m
								113.00				0.72
14-58	列车自动监控(ATS)架	DPU 柜	台	3660.66	2502.95	820.14	337.57	22.15	(1.00)			204.00
14-59	列车自动监控(ATS)架	RTU 架	架	4010.16	2804.66	827.24	378.26	24.82		(1.00)		204.00
14-60	列车自动监控(ATS)架	LPU 柜	台	3679.12	2502.95	838.60	337.57	22.15			(1.00)	204.00

盘、架安装⑤

材									料
塑料铜芯软线 RV 500V 1.5mm²	塑料铜芯软线 RV 500V 2.5mm²	塑料铜芯软线 RV 500V 6.0mm²	塑料铜芯双绞线 1.5mm²	胀管螺栓 M10×105	线扣 150	六角带帽螺栓 M10×100	仪器仪表使用费	零星材料费	材料采管费
m	m	m	m	个	百个	套	元	元	元
1.23	1.84	3.90	2.52	1.87	48.86	1.00			
102.00	51.00	20.40	102.00	4.08	0.61		51.19	11.87	16.87
102.00	51.00	20.40	102.00	4.08	0.61	6.12	51.93	11.97	17.01
102.00	51.00	20.40	102.00	4.08	0.61	6.12	62.88	12.14	17.25

工作内容：现场搬运、吊装、就位安装、画线、打眼、配线、导通测试等。

编号	项目		单位	预算基价					人工	材料					
				总价	人工费	材料费	机械费	管理费	综合工	终端机	显示器	键盘	光电笔	鼠标	塑料铜芯软线 RV 500V 0.5mm²
				元	元	元	元	元	工日	台	台	个	支	个	m
									113.00						0.72
14-61	横向	30～40 块	台	2939.79	2327.80	298.05		313.94	20.60						40.00
14-62	横向	50～70 块	台	4683.62	3491.70	721.00		470.92	30.90						50.00
14-63	横向	80～100 块	台	5421.05	4073.65	798.00		549.40	36.05						60.00
14-64	横向	100 块以外	台	7516.74	5237.55	1572.82		706.37	46.35						40.00
14-65	调度集中控制台		台	16716.93	10475.10	4103.08	726.00	1412.75	92.70						350.00
14-66	信息员工作台		台	4566.92	3617.13	98.96	363.00	487.83	32.01	(1.00)	(1.00)	(1.00)	(1.00)	(1.00)	
14-67	调度长工作台		台	5625.99	4550.51	98.77	363.00	613.71	40.27	(1.00)	(1.00)	(1.00)	(1.00)	(1.00)	
14-68	调度员工作台		台	4619.50	3663.46	98.96	363.00	494.08	32.42	(1.00)	(1.00)	(1.00)	(1.00)	(1.00)	
14-69	数字化仪工作台		台	2222.01	1871.28	98.36		252.37	16.56	(1.00)	(1.00)	(1.00)	(1.00)	(1.00)	
14-70	应急台		台	1989.49	1664.49	100.51		224.49	14.73	(1.00)	(1.00)	(1.00)	(1.00)	(1.00)	
14-71	调度集中总机柜		台	5686.16	4655.60	402.67		627.89	41.20						102.00
14-72	调度集中分机柜		台	4948.43	4124.50	267.67		556.26	36.50						51.00

台安装

材														料
发光二极管	焊锡	焊锡丝 HLSNPB50 D1.5~2.5	铜端头 8mm^2	平行爪形线环	聚氯乙烯软管 ϕ0.6	聚氯乙烯单丝 ϕ1.0	镀锌六角带帽螺栓 M10×120	钩头带帽螺栓 M12×200	塑料铜芯软线 RV 500V 2.5mm^2	塑料铜芯软线 RV 500V 6.0mm^2	方木	带帽螺栓 M10×50	绝缘橡胶板 δ=6~12	清洁剂
个	kg	kg	个	个	m	kg	套	套	m	m	m^3	套	kg	瓶
1.64	69.17	70.25	10.16	1.98	0.40	15.20	1.22	1.38	1.84	3.90	3026.70	0.38	12.19	3.35
20.00	0.20	0.40	9.00	21.00	6.00	0.60	3.03	4.04			0.01			
30.00	0.50	0.40	33.00	59.00	12.00	0.70	7.07	8.08			0.02			
40.00	0.50	0.60	33.00	59.00	18.00	0.80	9.09	8.08			0.03			
20.00	0.20	0.40	90.00	210.00	6.00	0.60	30.00	4.04			0.01			
	1.00	1.00	90.00	210.00	50.00	0.60	30.00	6.00	200.00	150.00	0.40			
												4.04	5.00	0.50
												4.04	5.00	0.50
													5.00	0.50
														0.50

续表

编号	项目	单位	材料											机械
			铜芯塑料护套线 BVV 二芯 2.5	五联电源插座	线扣 150	带帽螺栓 M8×35	棉纱	膨胀螺栓 M10×105	线扣 100	六角带帽螺栓 M10×100	仪器仪表使用费	零星材料费	材料采管费	汽车式起重机 8t
			m	个	百个	套	kg	套	百个	套	元	元	元	台班
			4.13	5.50	48.86	0.24	18.62	1.09	38.95	1.00				726.00
14-61	横向 30~40 块	台										4.31	6.13	
14-62	横向 50~70 块	台										10.44	14.83	
14-63	横向 80~100 块	台										11.55	16.41	
14-64	横向 100 块以外	台										22.77	32.35	
14-65	调度集中控制台	台										59.39	84.39	1.00
14-66	信息员工作台	台	4.00	1.00			0.50					1.43	2.04	0.50
14-67	调度长工作台	台	4.00	1.00	1.50							1.43	2.03	0.50
14-68	调度员工作台	台	4.00	1.00			0.50					1.43	2.04	0.50
14-69	数字化仪工作台	台	4.00	1.00		4.04	0.50					1.42	2.02	
14-70	应急台	台	4.00	1.00	1.50							1.45	2.07	
14-71	调度集中总机柜	台						4.08	1.23		262.76	5.83	8.28	
14-72	调度集中分机柜	台							0.21	4.08	209.31	3.87	5.51	

10. 继 电 联 锁 系 统 调 试

工作内容：电源连接、设备调整、联锁试验等。

编号	项目	单位	预算基价				人工	材料			
			总价	人工费	材料费	管理费	综合工	塑料铜芯软线 BVR 500V 1.5mm²	棉纱	零星材料费	材料采管费
			元	元	元	元	工日	m	kg	元	元
							113.00	1.25	18.62		
14-73	站间联系电路	处	**404.73**	339.00	20.01	45.72	3.00	8.00	0.50	0.29	0.41
14-74	联锁道岔	组	**417.55**	350.30	20.01	47.24	3.10	8.00	0.50	0.29	0.41

11. 调度集中系统调试

工作内容：通道检测、遥控功能检测调试、遥信功能检测调试、双机切换功能调试等。

编号	项目	单位	预算基价				人工	材料				
			总价	人工费	材料费	管理费	综合工	塑料铜芯软线 BVR 500V 1.5mm^2	棉纱	仪器仪表使用费	零星材料费	材料采管费
			元	元	元	元	工日	m	kg	元	元	元
							113.00	1.25	18.62			
14-75	远程终端调度集中系统调试	站	7016.18	5876.00	347.70	792.48	52.00	8.00	0.50	316.21	5.03	7.15

第十五章　监 测 量 控 工 程

说　　明

一、本章包括地表沉降测点布设、建筑物变形测点布设、土体分层沉降测点布设、孔隙水压力测孔布设等 11 节，共 54 条基价子目。

二、基价中仪器使用费是按各项测控方法使用的不同仪器设备综合取定的，实际使用仪器设备费用较大时，可按设计要求调整。

工程量计算规则

一、监测点布置分地表和地下两部分，其中地表测孔深度与基价不同时可内插计算。

二、监测点的布设根据设计图示数量计算。

三、监控测试根据测点以组日计算，测试时间按施工组织设计确定。

1. 地 表 沉 降 测 点 布 设

工作内容：测点布置、钻孔或人工挖孔、钢护管加工与埋设、保护盖加工与安装、预埋件加工与埋设、浇筑混凝土、测读初值等。

编号	项目	单位	预算基价					人工	材料							机械		
			总价	人工费	材料费	机械费	管理费	综合工	预拌混凝土 AC25	钢筋 D10 以外	钢管 D100×4	保护圈盖	预埋件	零星材料费	材料采管费	汽油发电机 4kW	钻孔机	仪器使用费
			元	元	元	元	元	工日	m^3	kg	kg	套	kg	元	元	台班	台班	元
								113.00	364.55	2.67	3.13	28.17	6.70			98.43	221.71	
15-1	混凝土路面	点	1014.95	509.63	101.57	318.29	85.46	4.51	0.01	5.74	14.11	1.00	1.00	1.47	2.09	0.54	0.54	145.41
15-2	沥青混凝土路面	点	1052.15	509.63	101.57	350.30	90.65	4.51	0.01	5.74	14.11	1.00	1.00	1.47	2.09	0.64	0.64	145.41
15-3	自然路面	点	870.24	519.80	146.90	145.41	58.13	4.60	0.13	5.74	14.11	1.00	1.00	2.13	3.02			145.41

2. 建筑物变形测点布设

工作内容：测点布设、钻孔、预埋件加工安装、裂缝标记、测读初值等。

编号	项目	单位	预算基价					人工	材料				机械		
			总价	人工费	材料费	机械费	管理费	综合工	沉降预埋件	倾斜预埋件	零星材料费	材料采管费	高空作业车	仪器使用费	小型机具
			元	元	元	元	元	工日	套	个	元	元	台班	元	元
								113.00	240.00	240.00			644.13		
15-4	沉降观测	点	885.69	226.00	248.72	340.74	70.23	2.00	1.00		3.60	5.12	0.30	145.41	2.09
15-5	倾斜观测	点	843.51	186.45	248.72	340.74	67.60	1.65		1.00	3.60	5.12	0.30	145.41	2.09
15-6	裂缝观测	点	697.23	282.50		340.74	73.99	2.50					0.30	145.41	2.09

3. 土体分层沉

工作内容：测孔布设、钻孔、沉降管及磁环安装、回填、预埋件加工埋设、做保护盖、测值等。

编号	项目		单位	预算基价					人工	材料
				总价	人工费	材料费	机械费	管理费	综合工	水泥 32.5级
				元	元	元	元	元	工日	kg
									113.00	0.36
15-7	土体分层沉降	10 m 以内	孔	2813.88	1205.71	856.47	577.88	173.82	10.67	387.60
15-8	土体分层沉降	20 m 以内	孔	4267.57	1678.05	1683.73	683.44	222.35	14.85	775.20
15-9	土体分层沉降	30 m 以内	孔	5718.77	2150.39	2511.08	786.79	270.51	19.03	1163.00
15-10	土体水平位移	10 m 以内	孔	2725.37	1267.86	701.67	577.88	177.96	11.22	387.60
15-11	土体水平位移	20 m 以内	孔	4090.54	1802.35	1374.14	683.44	230.61	15.95	775.20
15-12	土体水平位移	30 m 以内	孔	5453.23	2336.84	2046.69	786.79	282.91	20.68	1163.00

降测点布设

材料										机械		
膨润土	促进剂KA	塑料注浆阀管	磁环	磁环夹具	导向铝管$\phi30$	保护圈盖	塑料测斜管$\phi80$	零星材料费	材料采管费	泥浆泵50mm	钻孔机	仪器使用费
kg	kg	m	个	个	m	套	m	元	元	台班	台班	元
0.45	0.70	18.14	45.00	4.50	11.54	28.17	23.76			51.13	221.71	
115.70	7.83	10.50	5.50	5.50	12.00	1.00		12.40	17.62	1.00	1.72	145.41
231.40	15.66	21.00	11.00	11.00	24.00	1.00		24.37	34.63	1.20	2.15	145.41
347.10	23.48	31.50	16.50	16.50	36.00	1.00		36.35	51.65	1.40	2.57	145.41
115.70	7.83	10.50				1.00	11.00	10.16	14.43	1.00	1.72	145.41
231.40	15.66	21.00				1.00	22.00	19.89	28.26	1.20	2.15	145.41
347.10	23.48	31.50				1.00	33.00	29.62	42.10	1.40	2.57	145.41

4. 孔隙水压力测孔布设

工作内容：测孔布设、钻孔、密封检查、预埋件加工埋设、测试元件安装、接线、埋设泥球止水隔离层、回填、做保护圈盖、测读初值等。

编号	项目		单位	预算基价					人工	材料								机械		
				总价	人工费	材料费	机械费	管理费	综合工	膨润土	孔隙水压计	屏蔽线二芯	保护圈盖	热轧一般无缝钢管 $D70\times3$	透水管	零星材料费	材料采管费	泥浆泵 50mm	钻孔机	仪器使用费
				元	元	元	元	元	工日	kg	个	m	套	m	m	元	元	台班	台班	元
									113.00	0.45	447.20	4.03	28.17	26.66	19.00			51.13	221.71	
15-13	孔隙水压力	10 m 以内	孔	2392.79	969.54	687.26	577.88	158.11	8.58	304.50	1.00	12.60	1.00			9.95	14.14	1.00	1.72	145.41
15-14		20 m 以内		2705.13	1106.27	731.11	683.44	184.31	9.79	304.50	1.00	23.10	1.00			10.58	15.04	1.20	2.15	145.41
15-15		30 m 以内		3014.90	1243.00	774.96	786.79	210.15	11.00	304.50	1.00	33.60	1.00			11.22	15.94	1.40	2.57	145.41
15-16	水位观测孔	10 m 以内		2182.12	969.54	476.59	577.88	158.11	8.58	304.50			1.00	10.27	1.10	6.90	9.80	1.00	1.72	145.41
15-17		20 m 以内		2734.07	1106.27	760.05	683.44	184.31	9.79	304.50			1.00	20.53	1.10	11.00	15.63	1.20	2.15	145.41
15-18		30 m 以内		3283.74	1243.00	1043.80	786.79	210.15	11.00	304.50			1.00	30.80	1.10	15.11	21.47	1.40	2.57	145.41

5. 地下管线沉降、位移测点布设

工作内容：地下管线沉降、位移、测点布置、预埋件加工、安装预埋件、安设预埋件、接线、测值等。

编号	项目		单位	预算基价					人工	材料				机械		
				总价	人工费	材料费	机械费	管理费	综合工	管线抱箍标志	屏蔽线二芯	零星材料费	材料采管费	轻便钻机 XJ-100	仪器使用费	小型机具
				元	元	元	元	元	工日	个	m	元	元	台班	元	元
									113.00	180.00	4.03			256.07		
15-19	地下管线沉降、位移	10 m 以内	点	802.41	410.19	190.71	149.93	51.58	3.63	1.00	1.00	2.76	3.92		145.41	4.52
15-20	地下管线沉降、位移	20 m 以内	点	1127.41	678.00	190.71	183.82	74.88	6.00	1.00	1.00	2.76	3.92	0.15	145.41	

6. 混凝土构筑物钢筋应力、混凝土应变测点布设

工作内容：测点布置、安装应力计、排线固定、安装预埋件、保护装置、测读初值等。

编号	项目		单位	预算基价					人工	材料					机械			
				总价	人工费	材料费	机械费	管理费	综合工	保护圈盖	屏蔽线二芯	钢筋应力计	零星材料费	材料采管费	直流电焊机20kW	高空作业车	仪器使用费	小型机具
				元	元	元	元	元	工日	套	m	个	元	元	台班	台班	元	元
									113.00	28.17	4.03	245.00			87.69	644.13		
15-21	混凝土构筑物钢筋应力	地上	点	847.61	248.60	396.18	160.32	42.51	2.20	1.00	21.00	1.10	5.73	8.15	0.17		145.41	
15-22	混凝土构筑物钢筋应力	地下	点	974.85	248.60	396.18	269.82	60.25	2.20	1.00	21.00	1.10	5.73	8.15	0.17	0.17	145.41	
15-23	混凝土构筑物混凝土应变	地上	点	542.99	236.17	116.89	149.93	40.00	2.09	1.00	21.00		1.69	2.40			145.41	4.52
15-24	混凝土构筑物混凝土应变	地下	点	692.69	236.17	116.89	278.76	60.87	2.09	1.00	21.00		1.69	2.40		0.20	145.41	4.52

7. 钢结构应力、应变测点布设

工作内容： 1. 钢结构应力：测点布设、钢结构安装应力计测试元件标定、排线固定、保护圈盖、测值等。2. 钢结构应变：测点布设、安装应力元件标定、排线固定、安装预埋件、保护圈盖、测值等。

编号	项目			单位	预算基价					人工	材料			机械		
					总价	人工费	材料费	机械费	管理费	综合工	屏蔽线二芯	零星材料费	材料采管费	直流电焊机20kW	高空作业车	仪器使用费
					元	元	元	元	元	工日	m	元	元	台班	台班	元
										113.00	4.03			87.69	644.13	
15-25	钢结构应力、应变	地下	连续监测	点	539.13	248.60	87.70	160.32	42.51	2.20	21.00	1.27	1.80	0.17		145.41
15-26	钢结构应力、应变	地下	间断监测	点	539.13	248.60	87.70	160.32	42.51	2.20	21.00	1.27	1.80	0.17		145.41
15-27	钢结构应力、应变	地上	连续监测	点	666.37	248.60	87.70	269.82	60.25	2.20	21.00	1.27	1.80	0.17	0.17	145.41
15-28	钢结构应力、应变	地上	间断监测	点	666.37	248.60	87.70	269.82	60.25	2.20	21.00	1.27	1.80	0.17	0.17	145.41

8. 界面土压力测点布设

工作内容：测点布置、预埋加工件、测试元件标定、安装土压计、测读初值等。

编号	项目	单位	预算基价					人工	材料				机械	
			总价	人工费	材料费	机械费	管理费	综合工	铜导线 BVV-0.5kV 1×10	热轧一般无缝钢管 $D50\times3.5$	零星材料费	材料采管费	履带式电动起重机 5t	仪器使用费
			元	元	元	元	元	工日	m	m	元	元	台班	元
								113.00	6.45	12.34			239.88	
15-29	混凝土界面土压力	点	1324.39	882.53	74.82	265.35	101.69	7.81	10.60	0.31	1.08	1.54	0.50	145.41

9. 桩体水平位移测点布设

工作内容： 测点布置、仪器标定、钢筋笼装测斜管、浇捣混凝土、定测斜方向、安装保护盖、测读初值等。

编号	项目		单位	预算基价					人工	材料			机械	
				总价	人工费	材料费	机械费	管理费	综合工	热轧一般无缝钢管 $D108\times4.5$	零星材料费	材料采管费	履带式电动起重机 5t	仪器使用费
				元	元	元	元	元	工日	m	元	元	台班	元
									113.00	37.42			239.88	
15-30	围护结构水平位移	10 m 以内	孔	1797.81	596.64	853.14	265.35	82.68	5.28	22.00	12.35	17.55	0.50	145.41
15-31	围护结构水平位移	20 m 以内	孔	2384.81	720.94	1279.70	289.34	94.83	6.38	33.00	18.52	26.32	0.60	145.41
15-32	围护结构水平位移	30 m 以内	孔	2971.83	845.24	1706.27	313.33	106.99	7.48	44.00	24.70	35.09	0.70	145.41

10. 隧道沉降及收敛监测点布设

工作内容：测点布设、仪器标定、埋设、测读初值等。

编号	项目		单位	预算基价 总价	人工费	材料费	机械费	管理费	人工 综合工	材料 沉降预埋件	屏蔽线二芯	收敛预埋件	裂缝计预埋件	应变计预埋件	零星材料费	材料采管费	机械 仪器使用费	小型机具
				元	元	元	元	元	工日	套	m	只	只	个	元	元	元	元
									113.00	240.00	4.03	240.00	240.00	48.00				
15-33	隧道纵向沉降及位移	人工	点	752.88	285.89	273.59	150.07	43.33	2.53	1.10					3.96	5.63	145.41	4.66
15-34	隧道纵向沉降及位移	自动	点	2155.06	534.49	1410.63	150.07	59.87	4.73	5.00	40.00				20.42	29.01	145.41	4.66
15-35	隧道直径变形(收敛)		点	1838.78	534.49	1094.35	150.07	59.87	4.73			4.40			15.84	22.51	145.41	4.66
15-36	隧道环缝纵缝变形		点	993.15	534.49	248.72	150.07	59.87	4.73				1.00		3.60	5.12	145.41	4.66
15-37	衬砌表面应力计		点	794.17	534.49	49.74	150.07	59.87	4.73					1.00	0.72	1.02	145.41	4.66

11. 监 控 测 试①

工作内容：测试技数据采集、检测日报表、阶段处理报告、最终报告、资料立档归档等。

编号	项目		单位	预算基价 总价	人工费	机械费	管理费	人工 综合工	机械 仪器使用费
				元	元	元	元	工日	元
								113.00	
15-38	沉降	地下	组日	116.58	56.50	48.47	11.61	0.50	48.47
15-39	沉降	地上	组日	146.71	84.75	48.47	13.49	0.75	48.47
15-40	倾斜		组日	116.58	56.50	48.47	11.61	0.50	48.47
15-41	裂缝		组日	146.71	84.75	48.47	13.49	0.75	48.47

11. 监 控 测 试②

工作内容：同前

编号	项目		单位	预算基价 总价	人工费	机械费	管理费	人工 综合工	机械 仪器使用费
				元	元	元	元	工日	元
								113.00	
15-42	土体分层沉降	10 m 以内	组日	200.94	135.60	48.47	16.87	1.20	48.47
15-43		20 m 以内		237.10	169.50	48.47	19.13	1.50	48.47
15-44		30 m 以内		273.25	203.40	48.47	21.38	1.80	48.47
15-45	土体水平位移	10 m 以内		200.94	135.60	48.47	16.87	1.20	48.47
15-46		20 m 以内		237.10	169.50	48.47	19.13	1.50	48.47
15-47		30 m 以内		273.25	203.40	48.47	21.38	1.80	48.47
15-48		40 m 以内		309.41	237.30	48.47	23.64	2.10	48.47

11. 监 控 测 试③

工作内容：同前

编号	项目		单位	预算基价				人工	机械
				总价	人工费	机械费	管理费	综合工	仪器使用费
				元	元	元	元	工日	元
								113.00	
15-49	钢筋应力	地下	组日	237.10	169.50	48.47	19.13	1.50	48.47
15-50	钢筋应力	地上	组日	200.94	135.60	48.47	16.87	1.20	48.47
15-51	钢筋、混凝土应变、混凝土应力	地下	组日	237.10	169.50	48.47	19.13	1.50	48.47
15-52	钢筋、混凝土应变、混凝土应力	地上	组日	200.94	135.60	48.47	16.87	1.20	48.47
15-53	孔隙水压力、水位、土压力、管线沉降		组日	200.94	135.60	48.47	16.87	1.20	48.47
15-54	收敛		组日	249.15	180.80	48.47	19.88	1.60	48.47

第十六章　打 拔 桩 工 程

说　明

一、本章包括大型机械安拆费、搭拆桩基础支架平台、打原木桩、打混凝土桩等15节,共48条基价子目。

二、大型机械安拆费是指机械、设备在施工现场进行安装、拆卸所需的人工费、材料费、机械费、试运转费和安装所需的辅助设施费用,轨道式打桩机安拆费中已包括轨道的安拆费用。

三、土壤类别在基价中均采用综合土质。

四、本章打桩不包括脚手架费用,如需搭设脚手架可套用第五章模板与脚手架相关基价项目。

五、各打桩项目均按垂直桩考虑,打斜桩(包括俯打、仰打)斜率在1:6以内时,人工工日乘以系数1.33,机械费乘以系数1.43,管理费乘以系数1.38;各打桩项目均按一般正常施工考虑,如遇障碍或其他特殊要求,所增费用另行计算。

六、打拔桩预算基价中已包括打、拔导向桩内容。焊接桩型钢用量可按设计要求调整。

七、打混凝土桩基价项目中均未包括运桩。运桩可套用第十九章混凝土构件运输相应项目计算。

八、送桩深度按4 m考虑,如实际超过4 m时,按相应基价项目乘以下列调整系数:

1. 送桩深度5 m以内乘以系数1.20。
2. 送桩深度6 m以内乘以系数1.50。
3. 送桩深度7 m以内乘以系数2.00。
4. 送桩深度7 m以外按已调整后7 m为基础,每超过1 m递增系数0.75。

工程量计算规则

一、机械设备安拆费按施工组织设计或施工方案规定的次数计算。

二、钢筋混凝土方桩、板桩按桩长度(桩顶至桩尖长度)乘以桩截面面积计算。

三、钢筋混凝土管桩按桩长度(桩顶至桩尖长度)乘以桩截面面积,扣除空心部分体积计算。

四、钢管桩按成品桩考虑,以质量计算。

五、送桩工程量按桩截面面积乘以送桩深度以体积计算。送桩深度按自然地坪平均标高至设计桩顶标高之间距离另加50 cm计算。

六、施工现场需拔除原有钢板桩时,其人工工日、机械费及管理费乘以系数1.5。

七、各种型钢桩(不含钢管桩)的打桩工程,其钢桩的运费已含在打桩项目内,不再单独计列。

八、打桩采用履带式柴油打桩机时,不计工作平台费用,除已有硬面层外可计算20 cm碎石垫层,碎石垫层面积按工作平台面积计算。

1. 大 型 机 械 安 拆 费

工作内容：1. 设备的安装、组立及拆除、材料场内运输。2. 混凝土搅拌站装运、组立及拆除。

编号	项目	单位	预算基价					人工
			总价	人工费	材料费	机械费	管理费	综合工
			元	元	元	元	元	工日
								113.00
16-1	柴油打桩机安拆费	台次	10150.79	4520.00	55.75	4807.99	767.05	40.00
16-2	静力压桩机安拆费（锤重 1600kN）	台次	12253.06	5424.00	38.37	5861.33	929.36	48.00
16-3	振动沉拔桩机安拆费	架次	3398.11	1412.50	3.13	1721.53	260.95	12.50
16-4	铁木架打桩机安拆费	架次	3816.05	2723.30	498.05	376.97	217.73	24.10
16-5	铁木架扒杆安拆费	架次	4007.64	3287.17	88.26	376.97	255.24	29.09
16-6	混凝土搅拌站安拆费	台次	16571.77	10170.00		5219.00	1182.77	90.00

2. 搭拆桩基础支架平台

工作内容：装拆桩架、制桩、打桩、装钉支柱、盖木、斜撑、搁梁及铺板，拆除脚手板及拔桩、材料搬运整理及堆放。

编号	项目			单位	预算基价				人工	材料		
					总价	人工费	材料费	管理费	综合工	方木	扒钉	材料采管费
					元	元	元	元	工日	m^3	kg	元
									113.00	3026.70	9.92	
16-7	工作平台搭拆	锤重（kg）	600	100m²	5156.72	3675.89	1236.30	244.53	32.53	0.390	3.07	25.43
16-8	工作平台搭拆	锤重（kg）	1200	100m²	5931.82	4317.73	1326.87	287.22	38.21	0.418	3.47	27.29
16-9	工作平台搭拆	锤重（kg）	1800	100m²	6142.36	4431.86	1415.68	294.82	39.22	0.445	4.00	29.12
16-10	工作平台搭拆	锤重（kg）	2500	100m²	7181.02	5216.08	1617.96	346.98	46.16	0.508	4.75	33.28
16-11	工作平台搭拆	锤重（kg）	4000	100m²	9543.03	7191.32	1873.33	478.38	63.64	0.587	5.86	38.53

3. 打　原　木　桩

工作内容：校正架位、移动桩架、运桩、打入，材料场内运输，打临时性原木桩还包括用后拆除。

编号	项目			单位	预算基价					人工	材料					机械
					总价	人工费	材料费	机械费	管理费	综合工	原木	垫木	草纸	白棕绳 $\phi40$	材料采管费	柴油打桩机 0.6t
					元	元	元	元	元	工日	m^3	m^3	kg	kg	元	台班
										113.00	1766.98	996.14	2.50	22.80		366.88
16-12	原木桩	永久性	0.6t柴油打桩机	$10m^3$	22100.95	2253.22	18961.33	671.39	215.01	19.94	10.500	0.01	2.50	0.08	390.00	1.83
16-13	原木桩	临时性	0.6t柴油打桩机	$10m^3$	4428.11	2253.22	1288.49	671.39	215.01	19.94	0.704	0.01	2.50	0.08	26.50	1.83

4. 打 混 凝 土 桩

工作内容：安拆铁道、校正架平立、移动机架、吊装就位、安装夹板、替打木、锁头箍、桩箍、打桩等，材料场内运输。

编号	项目		单位	预算基价					人工	材							料	机		械
				总价	人工费	材料费	机械费	管理费	综合工	钢筋混凝土板桩	钢筋混凝土方桩	垫木	送桩帽	白棕绳 $\phi40$	草纸	零星材料费	材料采管费	履带式起重机 15t	柴油打桩机 1.8t	柴油打桩机 2.5t
				元	元	元	元	元	工日	m^3	m^3	m^3	kg	kg	kg	元	元	台班	台班	台班
									113.00			996.14	3.70	22.80	2.50			751.29	774.26	888.84
16-14	打钢筋混凝土桩	板桩	$10m^3$	1664.48	568.39	169.93	809.80	116.36	5.03	(10.10)		0.10	10.60	0.90	2.50	0.83	3.50	0.374	0.683	
16-15	打钢筋混凝土桩	方桩	$10m^3$	1419.09	621.50	155.74	547.41	94.44	5.50		(10.10)	0.10	7.07	0.90	2.50		3.20	0.227		0.424

5. 压入混凝土方桩

工作内容：准备机具、移动压装机、喂桩、吊装就位、校正、截桩割吊环、压送桩，材料场内运输。

编号	项目	单位	预算基价					人工	材料						机械		
			总价	人工费	材料费	机械费	管理费	综合工	钢筋混凝土方桩	热轧等边角钢 63～70×4～10	铁件 含制作费	电焊条	损耗费	材料采管费	静力压桩机(液压) 1600kN	汽车式起重机 20t	电焊机 30kVA
			元	元	元	元	元	工日	m^3	t	kg	kg	元	元	台次	台班	台班
								113.00		2696.39	7.69	8.49			2062.17	1026.06	103.98
16-16	静力压桩机压钢筋混凝土方桩	$10m^3$	2960.46	571.78	325.72	1845.87	217.09	5.06	(10.00)	0.024	0.61	4.48	211.58	6.70	0.56	0.56	1.12

工作内容：安拆铁道、校正架平立、移动机架、吊装就位、安装夹板、替打木、锁头箍、桩箍、打桩等，材料场内运输。

编号	项目			单位	预算基价 总价	人工费	材料费	机械费	管理费	人工 综合工	材料 钢板桩	板材
					元	元	元	元	元	工日	t	m^3
										113.00	3344.55	2196.98
16-17	柴油打桩机打桩	钢板桩		10t	8655.19	1977.50	3112.84	3129.72	435.13	17.50	0.521	0.067
16-18		#25～#36 工字钢	桩长 10 m 以内		6556.15	2090.50	2917.01	1284.94	263.70	18.50		0.190
16-19		#37～#40 工字钢			6884.28	1864.50	2920.80	1800.32	298.66	16.50		0.190
16-20		#25～#36 槽钢			6843.82	2203.50	2907.96	1445.56	286.80	19.50		0.190
16-21	铁木架打桩机打桩	型钢桩	#25～#36 工字钢	t	845.10	440.70	303.35	65.39	35.66	3.90		0.019
16-22			#25～#36 槽钢		856.86	440.70	302.45	76.93	36.78	3.90		0.019

钢　桩

材						料			机				械
方　木	替打钢材	热　轧 工字钢 #25～36	热　轧 工字钢 #37～40	热轧槽钢 #25～36	铁　件 含制作费	场外运费	零　星 材料费	材　料 采管费	柴　油 打桩机 2.5t	汽车式 起重机 20t	汽车式 起重机 12t	柴　油 打桩机 1.8t	卷扬机 电动单筒慢速 50kN
m^3	t	t	t	t	kg	元	元	元	台班	台班	台班	台班	台班
3026.70	3202.86	2643.17	2650.17	2626.42	7.69				1060.42	1026.06	831.92	774.26	192.33
0.115	0.067				2.00	536.00	45.06	64.03	1.50	1.50			
0.160		0.521				536.00	42.22	60.00			0.80	0.80	
0.160			0.521			536.00	42.28	60.08		1.00		1.00	
0.160				0.521		536.00	42.09	59.81			0.90	0.90	
0.020		0.052				53.00	4.39	6.24					0.34
0.020				0.052		53.00	4.38	6.22					0.40

工作内容：校正架平立、移动机架、吊装就位、安装夹板、替打木、打桩等材料场内运输。

编号	项目		单位	预算基价					人工
				总价	人工费	材料费	机械费	管理费	综合工
				元	元	元	元	元	工日
									113.00
16-23	振动沉拔桩机打钢板桩（拉森桩）	桩长10 m以内	10t	8844.53	2293.90	2669.38	3398.96	482.29	20.30

桩(拉森桩)

材						料	机		械
钢板桩	替打钢材	铁件 含制作费	方木	场外运费	零星材料费	材料采管费	振动沉拔桩机 400kN	汽车式起重机 20t	卷扬机 电动单筒慢速 30kN
t	t	kg	m^3	元	元	元	台班	台班	台班
3344.55	3202.86	7.69	3026.70				1131.92	1026.06	186.13
0.521	0.067	2.10	0.022	536.00	38.64	54.90	1.45	1.45	1.45

工作内容：拔桩、填砂、码垛、材料场内运输。

编号	项目		单位	预算基价					人工	材料
				总价	人工费	材料费	机械费	管理费	综合工	板材
				元	元	元	元	元	工日	m^3
									96.00	2196.98
16-24	振动沉拔桩机拔桩	钢板桩(拉森桩) 10 m 以内	10t	5735.11	2064.00	76.90	3129.07	465.14	21.50	0.02
16-25		钢板桩(拉森桩) 18 m 以内		7149.23	2361.60	76.90	4125.63	585.10	24.60	0.02
16-26		#25～#36工字钢、槽钢		6184.01	2054.40	1370.64	2368.37	390.60	21.40	0.03
16-27		#37～#40工字钢、槽钢		6400.51	2054.40	1370.64	2565.73	409.74	21.40	0.03
16-28	木扒杆拔桩	钢板桩		5131.73	3513.60	477.97	788.55	351.61	36.60	0.01
16-29		型钢桩		5089.51	3513.60	688.93	557.76	329.22	36.60	0.02

桩

材				料		机			械	
方木	粗砂	原木	杉篙	零星材料费	材料采管费	振动沉拔桩机 400kN	汽车式起重机 20t	卷扬机电动单筒慢速 30kN	卷扬机电动单筒慢速 50kN	振动沉拔桩机 300kN
m^3	t	m^3	m^3	元	元	台班	台班	台班	台班	台班
3026.70	87.17	1766.98	934.71			1131.92	1026.06	186.13	192.33	947.58
0.01				1.11	1.58	1.45	1.45			
0.01				1.11	1.58	1.95	0.80	2.90	2.90	
0.13	2.20	0.38		19.84	28.19		1.20			1.20
0.13	2.20	0.38		19.84	28.19		1.30			1.30
0.02	2.20		0.20	6.92	9.83				4.10	
0.08	2.20		0.20	9.97	14.17				2.90	

工作内容：准备工作，安拆桩帽，捆桩、吊桩就位、打桩、校正，移动桩架，安置或更换衬垫，添加润滑油、燃料，测量记录等。

编号	项目				单位	预算基价				
						总价	人工费	材料费	机械费	管理费
						元	元	元	元	元
16-30	打钢筋混凝土管桩	D400	L≤24 m	地面	10m³	2483.57	749.19	118.84	1427.26	188.28
16-31				支架上		3010.35	937.90	118.84	1723.99	229.62
16-32		D550		地面		2622.92	576.30	136.67	1706.12	203.83
16-33				支架上		3042.43	793.26	136.67	1877.60	234.90

凝土管桩

人工	材					料	机			械
综合工	钢筋混凝土管桩	送桩帽	垫木	白棕绳 φ40	草纸	材料采管费	履带式起重机 15t	柴油打桩机 2.5t	柴油打桩机 4t	柴油打桩机 5t
工日	m^3	kg	m^3	kg	kg	元	台班	台班	台班	台班
113.00		3.70	996.14	22.80	2.50		751.29	1060.42	1567.79	2001.04
6.63	(10.10)	18.84	0.02	0.90	2.50	2.44	0.700	0.850		
8.30	(10.10)	18.84	0.02	0.90	2.50	2.44	0.879	1.003		
5.10	(10.10)	23.56	0.02	0.90	2.50	2.81	0.537			0.651
7.02	(10.10)	23.56	0.02	0.90	2.50	2.81	0.740		0.843	

10. 打 拔 钢 管 桩

工作内容：桩架场地平整、堆放、配合打桩、打桩、拔桩。

编号	项目		单位	预算基价 总价	人工费	材料费	机械费	管理费	人工 综合工	材料 钢管桩	垫木	送桩帽	电焊条
				元	元	元	元	元	工日	t	m^3	kg	kg
									113.00	3952.65	996.14	3.70	8.49
16-34	打拔钢管桩	D400	10t	15519.60	2938.00	2250.27	9239.64	1091.69	26.00	0.50	0.020	5.56	19.04
16-35	打拔钢管桩	D600	10t	18861.93	2825.00	2292.47	12357.83	1386.63	25.00	0.50	0.046	9.73	19.04

接上表

编号	项目		单位	材料 白棕绳 φ40	草纸	材料采管费	机械 汽车式起重机 20t	振动锤 600kN	铁浮箱浮吊 300t	风割机	电焊机 30kVA	汽车式起重机 40t	振动锤 700kN
				kg	kg	元	台班	台班	台日	台班	台班	台班	台班
				22.80	2.50		1026.06	120.39	3235.08	134.31	103.98	1586.10	1376.90
16-34	打拔钢管桩	D400	10t	0.90	2.00	46.28	2.00	2.00	2.00	2.00	2.00		
16-35	打拔钢管桩	D600	10t	0.90	2.00	47.15			1.92	1.92	1.92	1.92	1.92

11. 钢管桩内切割

工作内容：准备金机具、测定标高、钢管桩内排水、内切割钢管、截除钢管、就地安放。

编号	项目		单位	预算基价					人工	材料			机械	
				总价	人工费	材料费	机械费	管理费	综合工	氧气 6m³	乙炔气 5.5～6.5kg	材料采管费	内切割机	履带式起重机 40t
				元	元	元	元	元	工日	m^3	m^3	元	台班	台班
									113.00	3.27	18.53		82.43	1364.58
16-36	钢管桩内切割	D400	根	282.82	117.52	30.67	115.60	19.03	1.04	3.18	1.06	0.63	0.078	0.080
16-37	钢管桩内切割	D600	根	316.61	136.73	31.28	127.17	21.43	1.21	3.25	1.08	0.64	0.086	0.088

12. 钢管桩精割盖帽

工作内容： 准备机具，测定标高标线、整圆，排水，精割，清泥，除锈，安放及焊接盖帽。

编号	项目		单位	预算基价					人工	材料				机械		
				总价	人工费	材料费	机械费	管理费	综合工	钢帽	焊丝 D3.2	零星材料费	材料采管费	履带式起重机 15t	自动埋弧焊机 500A	风割机
				元	元	元	元	元	工日	个	kg	元	元	台班	台班	台班
									113.00		8.00			751.29	125.88	134.31
16-38	精割盖帽	*D*400	个	284.70	180.80	15.87	69.28	18.75	1.60	(1.00)(D400)	1.72	1.78	0.33	0.063	0.073	0.095
16-39	精割盖帽	*D*600	个	352.78	215.83	22.73	91.03	23.19	1.91	(1.00)(D600)	2.59	1.54	0.47	0.086	0.100	0.103

13. 钢管桩桩内取土、填芯

工作内容：1. 准备钻孔机具、钻机就位、钻孔取土、土方现场运输。2. 冲洗管桩内芯、排水、混凝土填芯。

编号	项目	单位	预算基价					人工	材料			机械			
			总价	人工费	材料费	机械费	管理费	综合工	预拌混凝土AC30	水	材料采管费	柴油打桩机2.5t	长螺旋钻机600mm	自卸汽车4t	潜水泵100mm
			元	元	元	元	元	工日	m^3	m^3	元	台班	台班	台班	台班
								113.00	376.62	7.85		888.84	696.52	466.99	33.69
16-40	管内钻孔取土	$10m^3$	2943.08	1206.84		1509.53	226.71	10.68				0.71	0.755	0.755	
16-41	钢管桩混凝土填芯	$10m^3$	4780.27	816.99	3906.64	2.09	54.55	7.23	10.10	2.857	80.35				0.062

14. 接

工作内容：1. 浆锚接桩：接桩、校正、安装夹箍及拆除、熬制及灌注硫黄胶泥。2. 电焊接桩：对接、校正、垫铁片、安角铁、焊接。3. 法兰接桩：上下对接、校

编号	项目		单位	预算基价					人工	材料				
				总价	人工费	材料费	机械费	管理费	综合工	方木	硫黄胶泥	型钢	电焊条	木柴
				元	元	元	元	元	工日	m^3	kg	kg	kg	kg
									113.00	3026.70	2.25	2.70	8.49	1.19
16-42	浆锚接桩		个	224.40	53.11	37.87	118.40	15.02	0.47	0.002	12.85			0.50
16-43	焊接桩		个	434.00	114.13	191.78	109.84	18.25	1.01			48.00	6.76	
16-44	法兰接桩		个	342.22	94.92	149.92	83.01	14.37	0.84				1.04	
16-45	钢管桩、钢筋混凝土桩电焊接桩	D400	个	179.37	74.58	21.70	71.22	11.87	0.66					
16-46	钢管桩、钢筋混凝土桩电焊接桩	D600	个	268.22	80.23	28.88	140.18	18.93	0.71					

桩

正、垫铁片、上螺栓、拧紧、焊接。4. 钢管桩、钢筋混凝土桩电焊接桩：准备工具、磨焊接头、上下节桩对接、焊接。

材							料	机				械
氧气 6m^3	乙炔气 5.5～6.5kg	带帽螺栓	石油沥青 #30	焊丝 *D*3.2	零星材料费	材料采管费	履带式起重机 15t	柴油打桩机	交流弧焊机 32kVA	自动埋弧焊机 500A	电焊条烘干箱 45×35×45	风割机
m^3	m^3	kg	kg	kg	元	元	台班	台班	台班	台班	台班	台班
3.27	18.53	9.20	7.40	8.00			751.29		103.98	125.88	19.15	134.31
					1.53	0.78	0.047	0.053×1567.79（4t）				
0.09	0.03					3.94	0.038	0.044×1567.79（4t）	0.100		0.100	
		3.74	14.00			3.08		0.071×1060.42（2.5t）	0.073		0.007	
				1.72	7.49	0.45		0.062×888.84（2.5t）		0.064		0.06
				2.59	7.57	0.59		0.062×2001.04（5t）		0.064		0.06

15. 送　　桩

工作内容： 准备工作，安拆送桩帽、送桩杆，打送桩，安置或更换衬垫，添加润滑油、燃料，测量记录，移动桩架等。

编号	项目		单位	预算基价					人工	材料				机械		
				总价	人工费	材料费	机械费	管理费	综合工	垫木	送桩帽	草纸	材料采管费	柴油打桩机 2.5t	柴油打桩机 1.2t	履带式起重机 15t
				元	元	元	元	元	工日	m^3	kg	kg	元	台班	台班	台班
									113.00	996.14	3.70	2.50		888.84	676.98	751.29
16-47	送桩	地面	$10m^3$	5795.14	2115.36	182.21	3060.03	437.54	18.72	0.10	17.93	5.00	3.75	2.398		1.236
16-48	送桩	支架	$10m^3$	6004.19	2487.13	182.21	2889.15	445.70	22.01	0.10	17.93	5.00	3.75		2.653	1.455

第十七章　拆 除 工 程

说　　明

一、本章包括破除路面面层、破除旧路、拆除人行道、拆除侧缘石等6节，共30条基价子目。

二、机械拆除项目中包括人工配合作业。

三、拆除工程项目中未考虑地下水因素，发生时应另行计算。

四、空压机破除沥青混凝土路面结构项目适用于局部或小面积旧路面结构的破除；其他机械破除沥青混凝土路面项目适用于整段道路或连续大面积旧路面的破除。

五、机械破除旧路结构适用于路面和结构层部分。

工程量计算规则

一、破除旧路及人行道按实际拆除面积计算。

二、拆除侧缘石及各类管道按长度计算。

三、拆除构筑物及障碍物按体积计算。

四、伐树、挖树兜按数量计算。

1. 破 除 路 面 面 层

工作内容：破除路面、清除料底、刨齐路边、井边，场内运输、旧料清理成堆、指定地点存放。

编号	项目		单位	预算基价					人工	材料			机械
				总价	人工费	材料费	机械费	管理费	综合工	风镐尖	零星材料费	材料采管费	内燃空气压缩机 9m³/min
				元	元	元	元	元	工日	个	元	元	台班
									113.00	15.00			457.38
17-1	空压机破除水泥混凝土路面	无筋	10m³	2231.88	1205.71	6.28	878.17	141.72	10.67	0.40	0.15	0.13	1.92
17-2	空压机破除水泥混凝土路面	有筋	10m³	3174.62	1874.67	7.85	1097.71	194.39	16.59	0.50	0.19	0.16	2.40

2. 破 除 旧 路

工作内容： 破除旧路、清除料底、刨齐路边、井边，场内运输、旧料清理成堆、指定地点存放。

编号	项目		单位	预算基价					人工	材料			机械			
				总价	人工费	材料费	机械费	管理费	综合工	风镐尖	零星材料费	材料采管费	内燃空气压缩机 $9m^3/min$	振动破碎机综合	履带式推土机75kW	履带式推土机135kW
				元	元	元	元	元	工日	个	元	元	台班	台班	台班	台班
									113.00	15.00			457.38	1605.18	867.26	1196.46
17-3	人工破除多合土结构层	无骨料	$10m^3$	921.55	880.27			41.28	7.79							
17-4	人工破除多合土结构层	有骨料	$10m^3$	1045.76	998.92			46.84	8.84							
17-5	人工破除面层或基层	砖基	$10m^3$	378.56	361.60			16.96	3.20							
17-6	空压机破除	沥青混凝土路面结构	$100m^3$	11464.28	6102.00	154.00	4486.90	721.38	54.00	9.81	3.68	3.17	9.81			
17-7	液压镐破除	沥青混凝土路面结构	$100m^3$	3468.39	369.51		2809.07	289.81	3.27					1.75		
17-8	推土机破除	沥青混凝土路面结构	$100m^3$	2115.15	290.41		1650.98	173.76	2.57						0.80	0.80

3. 拆 除 人 行 道

工作内容：拆除、清除料底、刨齐路边、井边，场内运输、旧料清理成堆、指定地点存放。

编号	项目		单位	预算基价					人工	材料		机械
				总价	人工费	材料费	机械费	管理费	综合工	风镐尖	材料采管费	内燃空气压缩机 $3m^3/min$
				元	元	元	元	元	工日	个	元	台班
									113.00	15.00		230.52
17-9	拆除混凝土面层人行道	厚 10 cm 内	$100m^2$	1966.11	1447.53	61.26	355.00	102.32	12.81	4.00	1.26	1.54
17-10	拆除混凝土面层人行道	每增减 1 cm	$100m^2$	195.49	144.64	6.13	34.58	10.14	1.28	0.40	0.13	0.15
17-11	拆除混凝土砖人行道		$100m^2$	335.97	320.92			15.05	2.84			

4. 拆除侧缘石

工作内容：刨出、刮净、运输、旧料清理成堆，指定地点存放。

编号	项目		单位	预算基价			人工
				总价	人工费	管理费	综合工
				元	元	元	工日
							113.00
17-12	侧石	混凝土	100m	410.50	392.11	18.39	3.47
17-13	侧石	石料	100m	535.89	511.89	24.00	4.53
17-14	可越侧石	混凝土	100m	495.67	473.47	22.20	4.19
17-15	可越侧石	石料	100m	644.73	615.85	28.88	5.45
17-16	缘石	混凝土	100m	273.27	261.03	12.24	2.31
17-17	缘石	石料	100m	361.99	345.78	16.21	3.06
17-18	混凝土侧缘石（L形）		100m	411.68	393.24	18.44	3.48

5. 拆除砖石结构及混凝土构筑物

工作内容：1. 检查井：拆除井体、管口、旧料清理成堆。2. 构筑物：拆除、旧料清理成堆。

编号	项目		单位	预算基价					人工	材料					机械	
				总价	人工费	材料费	机械费	管理费	综合工	风镐尖	乙炔气 5.5~6.5kg	氧气 $6m^3$	零星材料费	材料采管费	内燃空气压缩机 $9m^3/min$	气焊设备 $3m^3$
				元	元	元	元	元	工日	个	m^3	m^3	元	元	台班	台班
									113.00	15.00	18.53	3.27			457.38	16.96
17-19	拆除砖石结构	砖砌检查井	$10m^3$	1845.46	1762.80			82.66	15.60							
17-20	拆除砖石结构	砖砌其他构筑物	$10m^3$	1687.17	1058.81	76.96	457.38	94.02	9.37	5.00			0.38	1.58	1.00	
17-21	拆除混凝土结构	有筋	$10m^3$	6787.50	3898.50	364.61	2134.53	389.86	34.50	6.00	9.18	27.00	8.71	7.50	4.50	4.50
17-22	拆除混凝土结构	无筋	$10m^3$	4945.99	3118.80	75.35	1463.62	288.22	27.60	4.80			1.80	1.55	3.20	

6. 伐 树、伐 树 根(挖树兜)

工作内容：锯倒、砍枝、截断、刨挖、清理异物、就近堆放整齐。

编号	项目			单位	预算基价 总价	预算基价 人工费	预算基价 管理费	人工 综合工
					元	元	元	工日
								113.00
17-23	伐树	离地面20cm处树干直径(cm)	30 以 内	十棵	360.81	344.65	16.16	3.05
17-24	伐树	离地面20cm处树干直径(cm)	40 以 内	十棵	722.81	690.43	32.38	6.11
17-25	伐树	离地面20cm处树干直径(cm)	50 以 内	十棵	1072.97	1024.91	48.06	9.07
17-26	伐树	离地面20cm处树干直径(cm)	50 以 外	十棵	2405.02	2297.29	107.73	20.33
17-27	伐树根(挖树兜)	离地面20cm处树干直径(cm)	30 以 内	十棵	655.38	626.02	29.36	5.54
17-28	伐树根(挖树兜)	离地面20cm处树干直径(cm)	40 以 内	十棵	1298.92	1240.74	58.18	10.98
17-29	伐树根(挖树兜)	离地面20cm处树干直径(cm)	50 以 内	十棵	1863.21	1779.75	83.46	15.75
17-30	伐树根(挖树兜)	离地面20cm处树干直径(cm)	50 以 外	十棵	2597.85	2481.48	116.37	21.96

第十八章　临　时　项　目

说　　明

一、本章包括修筑临时路、简易护栏、架设临时动力线、铺设临时排水管道等 4 节，共 15 条基价子目。

二、施工现场如无可供载重汽车运输的道路时，可利用原有土路加固修筑临时便道。如无适当土路，可修筑临时道路或修筑简易道路。

三、架设临时动力线适用于变压器降低后的二次线路，延伸至 100 m 以外的延长部分，包括干线和支线，现场施工排水临时管道中的支管线路视为支线，不包括接向动力的引线。基价项目采用分期摊销方法，按各型变压器考虑。其使用期限为：

变压器容重在 100 kVA 以内，其动力线使用期为 4 个月；

变压器容重在 180 kVA 以内，其动力线使用期为 7 个月；

变压器容重在 320 kVA 以内，其动力线使用期为 10 个月。

四、临时排水管道系指现场需排水而附近又无可供排水的下水道，必须铺设的临时排水管道。基价中已包括刨槽、安装、拆除、回填、检查井、出水口以及加固、维修的工料机费用在内。

工 程 量 计 算 规 则

一、施工便道按施工便道的长度和宽度以面积计算。

二、简易护栏以施工路段长度按路单侧长度计算。

三、临时排水管道，各种临时性工程均应按实际需要在施工组织设计中明确规定其等级（或管径）和数量（或长度、宽度）。临时排水管道按现场排水口到排水管道出水口管道中心线的长度计算。

1. 修 筑 临 时 路

工作内容：清除杂物、拌合材料、整平、碾压等修筑简易路的全部工序。

编号	项目	单位	预算基价					人工	材料			机械
			总价	人工费	材料费	机械费	管理费	综合工	碴石 0.2~8	零星材料费	材料采管费	履带式推土机 75kW
			元	元	元	元	元	工日	t	元	元	台班
								113.00	85.92			867.26
18-1	临时路	100m^2	1668.76	189.84	1258.84	199.47	20.61	1.68	14.00	30.07	25.89	0.23

2. 简 易 护 栏

工作内容：包括安装、拆除及材料现场运输。

编号	项目		单位	预算基价 总价	人工费	材料费	机械费	管理费	人工 综合工	材料 预制混凝土支墩C25	海蓝色V板	脚手架钢管	纤维布	零星材料费	材料采管费	机械 载货汽车5t	小型机具
				元	元	元	元	元	工日	m^3	m^2	kg	m	元	元	台班	元
									113.00		24.00	2.98	1.50			408.89	
18-2	纤维布护栏	高 2.5m	100m	353.32	99.44	140.96	102.22	10.70	0.88	(0.09)		3.54	83.20	2.71	2.90	0.25	
18-3	钢板护栏	高1.8m以内	100m	1470.82	254.25	1175.46	23.27	17.84	2.25		46.80			28.08	24.18		23.27
18-4	钢板护栏	高2.4m以内	100m	1959.07	339.00	1567.28	29.08	23.71	3.00		62.40			37.44	32.24		29.08

工作内容：架线、竣工后拆除，现场200 m内拆除。

编号	项目		单位	预算基价				人工	材料
				总价	人工费	材料费	管理费	综合工	原木
				元	元	元	元	工日	m³
								113.00	1766.98
18-5	架设临时动力线	变压器100 kVA以内	100m	1919.99	1412.50	413.53	93.96	12.50	0.01
18-6		变压器180 kVA以内		2491.38	1483.69	908.99	98.70	13.13	0.01
18-7		变压器320 kVA以内		3208.71	1553.75	1551.60	103.36	13.75	0.01
18-8		变压器100 kVA以内（单干带横栏）		4630.72	1977.50	2521.67	131.55	17.50	0.01

时动力线

材						料		
橡皮铝线	橡皮铝线	方木	镀锌钢丝 2.8~4.0	瓷瓶子 #2	拉线瓷瓶 #2 红白带眼	周转材料运费	零星材料费	材料采管费
m	m	m^3	kg	个	个	元	元	元
		3026.70	7.85	2.10	1.80			
12.36×3.15（25mm²）	37.08×7.10（50mm²）		7.14	8.00	1.00	2.87	7.63	8.51
21.64×4.52（35mm²）	64.92×10.00（70mm²）		11.22	8.00	1.00	2.87	16.06	18.70
30.90×4.52（35mm²）	92.70×13.20（95mm²）		11.22	8.00	1.00	2.87	29.17	31.91
31.80×4.52（35mm²）	158.40×13.20（95mm²）	0.020	11.22	8.00	1.00	2.87	47.43	51.87

工作内容：埋管起管的挖还土、管材、管件、阀门、水嘴等的安拆，施工期间的维修，完工后的清理现场。

编号	项目		单位	预算基价					人工	材料	
				总价	人工费	材料费	机械费	管理费	综合工	铸铁管	钢管
				元	元	元	元	元	工日	m	m
									113.00		
18-9	临时排水钢管	*DN*200	10m	1529.34	1010.22	129.66	309.86	79.60	8.94		0.5×69.27
18-10	临时排水钢管	*DN*300	10m	2301.83	1498.38	204.49	480.08	118.88	13.26		0.5×99.60
18-11	临时排水钢管	*DN*400	10m	2750.10	1700.65	293.27	618.32	137.86	15.05		0.5×142.10
18-12	临时排水铸铁管	*DN*200	10m	1458.14	1090.45	217.12	75.03	75.54	9.65	0.67×171.26	
18-13	临时排水铸铁管	*DN*300	10m	2307.43	1661.10	405.42	125.39	115.52	14.70	0.67×337.79	
18-14	临时排水铸铁管	*DN*400	10m	2656.31	1819.30	546.89	162.59	127.53	16.10	0.67×433.54	
18-15	临时排水水泥泄水管	*DN*300	100m	3976.95	3305.25	451.83		219.87	29.25		

材							料			机		械
电焊条	氧气 6m^3	乙炔气 5.5～6.5kg	承插口水泥管 DN300×4m	氯丁橡胶圈 DN 300	接口材料费	周转材料运费	零星材料费	零星材料费	材料采管费	汽车式起重机 10t	电焊机 30kVA	综合机械费
kg	m^3	m^3	m	个	元	元	元	元	元	台班	台班	元
8.49	3.27	18.53	83.00	10.50						805.74	103.98	
0.84	0.24	0.12				7.34	74.87		2.67	0.12	1.43	64.48
1.63	0.39	0.20				18.60	113.06		4.21	0.18	2.14	112.53
2.66	0.57	0.29				30.69	155.68		6.03	0.22	2.89	140.55
					10.96	12.08	74.87		4.47	0.07		18.63
					17.91	39.79	113.06		8.34	0.10		44.82
					19.34	70.15	155.68		11.25	0.13		57.84
			5.00	2.00				6.54	9.29			

第十九章　其 他 项 目

说　　明

一、本章包括场地平整、土草围堰、套箱围堰、地下设施加固处理等16节,共70条基价子目。

二、还土或还石灰土为施工场地局部处理项目,基价中未列黄土费用,按就地取土考虑;如需改换土壤或现场内土量不满足使用时,可增加买土费用。

三、大型机械场外运输是指机械整体或分体自停放地点运至施工现场或由一个施工地点运至另一个施工地点所发生的机械进出场的运输及转移费用。

四、大型机械进出场费

1. 进出场费中已包括往返一次的费用。

2. 进出场费只适用于外环线以内的工程。

3. 进出场费中已包括了臂杆、铲斗及附件、道木、道轨的运费。

4. 10 t以内汽车式起重机,不计取场外开行费。10 t以外汽车式起重机,每进出场一次的场外开行费按其台班单价的25%计算。

5. 机械运输路途中的台班费,不另计取。

五、混凝土构件场外运费是指预制构件在混凝土加工厂运至施工现场的运输费用,应根据基价项目中的构件重量、长度及相应的运输里程计列。

六、现场浇筑或预制的混凝土构件因施工或工期需要进行蒸汽养护,可套用相应的蒸汽养护基价项目。

工程量计算规则

一、套箱围堰按套箱金属结构的质量计算。套箱整体下沉时悬吊平台的钢结构及套箱内支撑的钢结构均已综合在基价中,不作为套箱工程量进行计算。

二、地下设施加固处理按施工组织设计加固处理数量计算。

三、大型机械进出场费

1. 进出场费按施工方案的规定以台次计算。

2. 自行式机械的场外运费,按实际场外开行台班数计算。

3. 外环线以外的工程或由专业运输单位承运的,场外运费按实际发生费用计算。

四、开挖土方、购买土方按自然方计算;弃运土方按松方计算;回填土方按压实方计算。

1. 场 地 平 整

工作内容：1. 放样、场地内清除杂物、标高在正负 30 cm 以内挖填找平。2. 铺筑、整平、浇水、碾压。

编号	项目	单位	预算基价					人工	材料				机械
			总价	人工费	材料费	机械费	管理费	综合工	炉渣	生石灰	零星材料费	材料采管费	履带式推土机 75kW
			元	元	元	元	元	工日	t	t	元	元	台班
								113.00		314.89			867.26
19-1	场地平整	100m²	389.43	141.25		216.82	31.36	1.25					0.25
19-2	土路加固	100m²	256.90	113.00		121.42	22.48	1.00	(7.23)				0.14
19-3	简易路	100m²	1239.00	306.23	678.85	199.47	54.45	2.71	(9.64)	2.06	16.22	13.96	0.23

2. 土　草

工作内容：1. 清理基底，50 m 范围的取、装、运土，草袋装土，封包运输，堆筑，填土夯实，拆除，清理。2. 固定木桩、安装挡土篱笆、50 m 内取土、夯填、拆除

编号	项目		单位	预算基价					人工	材料
				总价	人工费	材料费	机械费	管理费	综合工	黏土
				元	元	元	元	元	工日	m^3
									113.00	
19-4	土草围堰	筑土围堰	$100m^3$	11871.03	10299.95		71.46	1499.62	91.15	(121.00)
19-5	土草围堰	草袋围堰	$100m^3$	22814.09	16443.76	3906.88	71.46	2391.99	145.52	(93.00)
19-6	筑拆木桩竹笆坝		m^3	771.57	440.70	98.85	160.01	72.01	3.90	(1.30)

围　堰

整理。

材						料	机			械
草　袋 840×760	麻　绳	杉　篙	钢　筋 D10 以外	镀锌钢丝 2.8～4.0	镀锌钢丝 0.7～1.2	材料采管费	电动夯实机 20～62Nm	卷扬机 电动单筒快速 20kN	卷扬机 电动单筒慢速 50kN	木驳船 50t
条	kg	m^3	t	kg	kg	元	台班	台班	台班	台日
1.93	10.72	934.71	2672.18	7.85	8.28		30.67	210.68	192.33	
							2.33			(25.13)
1926.00	10.20					80.36	2.33			(25.13)
		0.029	0.024	0.50	0.20	2.03		0.44	0.35	(25.13)

3. 套 箱 围 堰

工作内容： 底部金属结构制作、安装，侧面及内部万能杆件、支撑架拼装、拆除，悬吊系统及侧板制作、安装、拆除，套箱整体悬吊定位、下沉。

编号	项目		单位	预算基价					人工	材料								
				总价	人工费	材料费	机械费	管理费	综合工	钢套箱	碴石 0.2~8	原木	型钢	钢板（中厚）	螺纹钢 锰 D14~32	圆钢	热轧一般无缝钢管	钢丝绳
				元	元	元	元	元	工日	t	t	m^3	t	t	t	t	kg	kg
									113.00	3040.50	85.92	1766.98	2697.10	2770.00	2731.63	2674.32	3.31	7.31
19-7	钢套箱围堰	无底模	10t	44716.34	26521.10	8876.26	5206.52	4112.46	234.70	1.817	7.42	0.054	0.071	0.012				3.00
19-8	钢套箱围堰	有底模	10t	62980.13	31911.20	19284.94	6808.53	4975.46	282.40	4.547		0.060	0.014	0.193	0.06	0.008	36.00	2.00

接上表

编号	项目		单位	材料					机械								
				电焊条	铁件 含制作费	零星材料费	设备摊销费	材料采管费	汽车式起重机 12t	卷扬机 电动单筒慢速 50kN	卷扬机 电动单筒快速 30kN	电焊机 30kVA	内燃拖轮 ≤45kW	铁驳船 100t	潜水设备	电动多级离心清水泵 100mm/扬程 120m 以下	小型机具
				kg	kg	元	元	元	台班	台班	台班	台班	台班	吨日	台班	台班	元
				8.49	7.69				831.92	192.33	231.23	103.98	489.29	290.82	96.31	190.61	
19-7	钢套箱围堰	无底模	10t	2.00	0.50	141.20	2027.47	182.57	0.58	3.31	13.24	0.22	0.49	1.46	2.96		53.61
19-8	钢套箱围堰	有底模	10t	6.90	7.80	322.17	3624.94	396.65	2.40	3.07	12.29	0.77	0.80	2.40	1.20	0.09	77.46

4. 地下设施加固处理

工作内容：选料、按要求加固、完工后拆除、清理、材料场内运输。

编号	项目		单位	预算基价				人工	材料					料
				总价	人工费	材料费	管理费	综合工	板材	方木	原木	镀锌钢丝 2.8~4.0	零星材料费	材料采管费
				元	元	元	元	工日	m^3	m^3	m^3	kg	元	元
								113.00	2196.98	3026.70	1766.98	7.85		
19-9	地下设施加固处理	线缆加固	处	600.53	282.50	277.00	41.03	2.50	0.05	0.033		7.00	6.62	5.70
19-10	地下设施加固处理	管道加固	处	809.12	423.75	323.82	61.55	3.75	0.05	0.040		10.00	7.74	6.66
19-11	地下设施加固处理	电杆加固	处	786.15	565.00	139.08	82.07	5.00			0.053	5.00	3.32	2.86

5. 砂 石 垫 层

工作内容：放样、铺料、找平、夯实、材料场内运输。

编号	项目	单位	预算基价					人工	材料					机械
			总价	人工费	材料费	机械费	管理费	综合工	粗砂	碴石 2~4	片石	零星材料费	材料采管费	机动翻斗车 1t
			元	元	元	元	元	工日	t	t	t	元	元	台班
								113.00	87.17	85.88	88.39			187.67
19-12	砂垫层	m^3	297.48	71.19	182.45	31.90	11.94	0.63	2.00			4.36	3.75	0.17
19-13	碎石垫层	m^3	310.30	84.75	179.75	31.90	13.90	0.75		2.00		4.29	3.70	0.17
19-14	级配碎石垫层	m^3	401.09	141.25	205.83	31.90	22.11	1.25	0.68	1.60		4.92	4.23	0.17
19-15	片石垫层	m^3	372.87	129.95	190.55	31.90	20.47	1.15			2.060	4.55	3.92	0.17

6. 还 填 石 灰 土

工作内容：放样、焖筛石灰和土、拌合、分层摊铺灰土、找平、夯实、养护、材料场内运输。

编号	项目	单位	预算基价					人工	材料			机械
			总价	人工费	材料费	机械费	管理费	综合工	生石灰	零星材料费	材料采管费	电动夯实机 20～62Nm
			元	元	元	元	元	工日	t	元	元	台班
								96.00	314.89			30.67
19-16	2:8 灰土人工夯实	10m³	1739.50	995.52	531.91	39.87	172.20	10.37	1.63	7.70	10.94	1.30
19-17	3:7 灰土人工夯实	10m³	2034.93	1041.60	773.39	39.87	180.07	10.85	2.37	11.19	15.91	1.30

7. 还 填 土 方

工作内容： 放样、分层还填土、找平、养护、夯实、材料场内运输。

编号	项目	单位	预算基价				人工	机械	
			总价	人工费	机械费	管理费	综合工	电动夯实机 20～62Nm	履带式推土机 50kW
			元	元	元	元	工日	台班	台班
							96.00	30.67	579.65
19-18	人工还土夯实	10m³	290.30	212.16	39.87	38.27	2.21	1.30	
19-19	人机还土夯实	10m³	203.24	144.00	32.97	26.27	1.50	0.13	0.05

8. 买　　土

工作内容：按施工组织设计要求买土。

编号	项目	单位	预算基价		材料	
			总价	材料费	路基黄土	材料采管费
			元	元	m^3	元
					79.00	
19-20	买土	$100m^3$	8065.90	8065.90	100.00	165.90

9. 水泥粉煤灰碎石桩

工作内容：机具准备、移动桩机钻孔、固壁、浇筑水泥粉煤灰碎石料、材料场内运输。

编号	项目		单位	预算基价					人工	材料				机械		
				总价	人工费	材料费	机械费	管理费	综合工	水泥粉煤灰碎石混凝土	水	弹簧钢板	材料采管费	工程钻机 *D*500	电动单级离心清水泵 100mm	泥浆泵 100mm
				元	元	元	元	元	工日	m^3	m^3	kg	元	台班	台班	台班
									113.00		7.85	4.04		427.10	40.04	244.90
19-21	C10 水泥粉煤灰碎石混凝土桩	*ϕ*600	10m	3694.69	1716.47	1273.01	434.19	271.02	15.19	3.534 ×320.00	14.375	0.77	26.18	0.70	0.38	0.49
19-22	C15 水泥粉煤灰碎石混凝土桩	*ϕ*600	10m	3730.78	1716.47	1309.10	434.19	271.02	15.19	3.534 ×330.00	14.375	0.77	26.93	0.70	0.38	0.49
19-23	C20 水泥粉煤灰碎石混凝土桩	*ϕ*600	10m	3766.86	1716.47	1345.18	434.19	271.02	15.19	3.534 ×340.00	14.375	0.77	27.67	0.70	0.38	0.49
19-24	C10 水泥粉煤灰碎石混凝土桩	*ϕ*400	10m	1652.90	768.40	565.66	197.36	121.48	6.80	1.571 ×320.00	6.356	0.35	11.63	0.32	0.17	0.22
19-25	C15 水泥粉煤灰碎石混凝土桩	*ϕ*400	10m	1668.94	768.40	581.70	197.36	121.48	6.80	1.571 ×330.00	6.356	0.35	11.96	0.32	0.17	0.22
19-26	C20 水泥粉煤灰碎石混凝土桩	*ϕ*400	10m	1684.98	768.40	597.74	197.36	121.48	6.80	1.571 ×340.00	6.356	0.35	12.29	0.32	0.17	0.22

10. 水 泥 搅 拌 桩

工作内容：准备机具、移动桩机、钻孔、搅拌、并注入水泥浆。

编号	项目		单位	预算基价 总价	人工费	材料费	机械费	管理费	人工 综合工	材料 水泥 32.5级	石膏	零星材料费	材料采管费	机械 工程钻机 D500	灰浆搅拌机 200L	挤压式灰浆输送泵 $3m^3/h$	电动单级离心清水泵 100mm
				元	元	元	元	元	工日	t	kg	元	元	台班	台班	台班	台班
									113.00	362.35	1.50			427.10	180.11	202.16	40.04
19-27	水泥搅拌桩	水泥掺入量 12%	$10m^3$	2191.55	678.00	969.13	424.71	119.71	6.00	2.36	47.27	23.15	19.93	0.50	0.50	0.50	0.50
19-28	水泥搅拌桩	水泥掺入量每增减1%	$10m^3$	82.03		82.03				0.20	3.94	1.96	1.69				
19-29	水泥搅拌桩	钻进空搅	$10m^3$	697.03	452.00		170.84	74.19	4.00					0.40			

11. 旋　喷　桩

工作内容：钻孔、插管、喷浆、冲洗喷管、移动设备。

编号	项目		单位	预算基价					人工	材料				机械				
				总价	人工费	材料费	机械费	管理费	综合工	旋喷桩	水泥 32.5级	零星材料费	材料采管费	工程钻机 D800	灰浆搅拌机 400L	电动多级离心清水泵 100mm/扬程120m以下	泥浆泵 100mm	内燃空气压缩机 9m³/min
				元	元	元	元	元	工日	m³	t	元	元	台班	台班	台班	台班	台班
									113.00		362.35			533.80	187.73	190.61	244.90	457.38
19-30	旋喷桩	D600	10m	1454.51	203.40	814.73	387.46	48.92	1.80	(2.83)	2.20	0.80	16.76	0.24	0.24	0.24	0.24	0.24
19-31	旋喷桩	D600（空钻）	10m	2.59	2.26			0.33	0.02									

12. 挖 淤 泥

工作内容：1. 人工机械挖淤泥，堆放一边。2. 空压机吸泥包括装拆吸管、空压机吸泥。

编号	项目	单位	预算基价 总价	预算基价 人工费	预算基价 机械费	预算基价 管理费	人工 综合工	机械 内燃空气压缩机 $9m^3/min$	机械 抓铲挖掘机 $0.5m^3$
			元	元	元	元	工日	台班	台班
							96.00	457.38	849.09
19-32	人工挖淤泥	$100m^3$	8789.57	7506.24		1283.33	78.19		
19-33	空压机吸泥	$10m^3$	324.25	240.00	41.16	43.09	2.50	0.09	
19-34	挖掘机挖淤泥	$1000m^3$	14391.70	4296.00	8915.45	1180.25	44.75		10.50

13. 大型机械进出场费①

工作内容：机械整体或分体自停放地点运至施工现场（或由一工地运至另一工地）的运输、装卸及辅助材料的费用。

编号	项目			单位	预算基价 总价	人工费	材料费	机械费	管理费	人工 综合工
					元	元	元	元	元	工日
										113.00
19-35	大型机械进出场费	平地机		台次	4288.69	452.00	352.30	3255.94	228.45	4.00
19-36	大型机械进出场费	振动破碎机		台次	6560.07	1356.00	405.63	4382.37	416.07	12.00
19-37	大型机械进出场费	拖式铲运机		台次	5421.16	678.00	402.28	4040.38	300.50	6.00
19-38	大型机械进出场费	稳定土拌合机		台次	10805.00	904.00	418.46	8905.94	576.60	8.00
19-39	大型机械进出场费	沥青混凝土摊铺机		台次	5642.39	904.00	378.03	4027.67	332.69	8.00
19-40	大型机械进出场费	压路机		台次	3457.08	565.00	328.04	2363.79	200.25	5.00
19-41	大型机械进出场费	履带式挖掘机	$1\ m^3$ 以内	台次	5033.45	1356.00	352.30	2979.23	345.92	12.00
19-42	大型机械进出场费	履带式挖掘机	$1\ m^3$ 以外	台次	5560.20	1356.00	405.63	3430.11	368.46	12.00
19-43	大型机械进出场费	履带式推土机	90 kW 以内	台次	3962.46	678.00	371.92	2680.06	232.48	6.00
19-44	大型机械进出场费	履带式推土机	90 kW 以外	台次	4800.74	678.00	371.92	3478.42	272.40	6.00

13. 大型机械进出场费②

工作内容：同前

编号	项目			单位	预算基价 总价 元	人工费 元	材料费 元	机械费 元	管理费 元	人工 综合工 工日 113.00
19-45	大型机械进出场费	履带式起重机	30 t 以内	台次	6182.28	1356.00	378.03	4048.85	399.40	12.00
19-46			50 t 以内		7596.39	1356.00	378.03	5395.62	466.74	12.00
19-47		履带式拖拉机	75 kW 以内		4787.19	678.00	352.30	3484.20	272.69	6.00
19-48		柴油打桩机	5 t 以内		11197.42	1356.00	91.89	9097.69	651.84	12.00
19-49			5 t 以外		12705.74	1356.00	91.89	10534.18	723.67	12.00
19-50		静力压桩机	900 kN 以内		17526.54	2712.00	91.89	13646.42	1076.23	24.00
19-51			1200 kN 以内		19869.22	2712.00	91.89	15877.54	1187.79	24.00
19-52			1600 kN 以内		25842.69	4068.00	91.89	20087.55	1595.25	36.00
19-53		工程钻机	*D*500		4043.89	565.00	29.04	3207.41	242.44	5.00
19-54		回旋钻机	1500 以内		6000.81	1130.00	346.73	4152.33	371.75	10.00
19-55			2000 以内		6621.59	1356.00	358.85	4485.51	421.23	12.00
19-56		混凝土搅拌站			11498.22	2938.00	66.16	7683.16	810.90	26.00

14. 混凝土蒸汽养护

工作内容： 燃煤过筛、锅炉供气、蒸汽养护。

编号	项目		单位	预算基价					人工	材料			机械	
				总价	人工费	材料费	机械费	管理费	综合工	煤	零星材料费	材料采管费	设备摊销费	小型机具
				元	元	元	元	元	工日	kg	元	元	元	元
									113.00	0.61				
19-57	混凝土蒸汽养护	加工厂预制混凝土构件	10m³	3517.28	1543.58	1439.23	295.49	238.98	13.66	2224.75	52.53	29.60	289.32	6.17
19-58	混凝土蒸汽养护	现场浇、预制混凝土	10m³	4237.45	2229.49	1283.35	381.70	342.91	19.73	1942.00	72.33	26.40	373.74	7.96

15. 混 凝 土 构 件 运 输

工作内容：混凝土构件装车、运至施工现场指定地点、卸车堆放、支垫、稳固。

编号	项目			单位	预算基价		材料	
					总价	材料费	场外运费	材料采管费
					元	元	元	元
19-59	混凝土预制构件运输	0.5 t 以内	3 km 以内	10m³	1391.17	1391.17	1362.56	28.61
19-60			每增 1 km		41.52	41.52	40.67	0.85
19-61		5 t 以内长 8 m 以内	3 km 以内		1540.44	1540.44	1508.76	31.68
19-62			每增 1 km		47.95	47.95	46.96	0.99
19-63		10 t 以内长 14 m 以内	3 km 以内		1645.61	1645.61	1611.76	33.85
19-64			每增 1 km		49.18	49.18	48.17	1.01
19-65		30 t 以内	3 km 以内		1722.96	1722.96	1687.52	35.44
19-66			每增 1 km		52.77	52.77	51.68	1.09
19-67		30 t 以外	3 km 以内		1856.54	1856.54	1818.35	38.19
19-68			每增 1 km		57.34	57.34	56.16	1.18

16. 汽 车 运(弃)土、废 料

工作内容：装车、自卸汽车运(弃)土、废料。

编号	项目		单位	预算基价 总价	预算基价 人工费	预算基价 机械费	预算基价 管理费	人工 综合工	机械 自卸汽车 15t	机械 轮胎式装载机 $3m^3$
				元	元	元	元	工日	台班	台班
								96.00	953.67	1087.82
19-69	运(弃)土、废料	运距 1 km	$100m^3$	980.31	288.00	612.45	79.86	3.00	0.30	0.30
19-70	运(弃)土、废料	增运 1 km	$100m^3$	100.14		95.37	4.77		0.10	

第二十章　组 织 措 施 费

说　　明

一、本章包括安全文明施工措施费(含环境保护、文明施工、安全施工、临时设施)、冬雨季施工增加费、夜间施工增加费、非夜间施工照明费、二次搬运措施费、竣工验收存档资料编制费等6项。

二、安全文明施工措施费(含环境保护、文明施工、安全施工、临时设施)是指现场文明施工、安全施工所需要的各项费用和为达到环保部门要求所需要的环境保护费用以及施工企业为进行建筑安装工程施工所必须搭设的生活和生产用的临时建筑物、构筑物和其他临时设施等费用。

三、冬雨季施工增加费是指在冬期或雨期施工需增加的临时设施、防滑、排除雨雪,人工及机械效率降低等费用。

四、夜间施工增加费是指因夜间施工所发生的夜班补助费、夜间施工降效、夜间施工照明设备摊销及照明用电等费用。

五、非夜间施工照明费是指为保证工程施工正常进行,在地下室等特殊施工部位施工时所采用的照明设备的安拆、维护、摊销及照明用电等费用。

六、二次搬运措施费是指因施工场地条件限制而发生的材料、构配件、半成品等一次运输不能到达堆放地点,必须进行二次或多次搬运所发生的费用。

七、竣工验收存档资料编制费是指按城建档案管理规定,在竣工验收后,应提交的档案资料所发生的编制费用。

计　算　规　则

一、安全文明施工措施费(含环境保护、文明施工、安全施工、临时设施)

$$\text{安全文明施工措施费} = \text{计算基数} \times 3.90\%$$

计算基数为以分部分项工程费中的人工费、材料费、机械费合计,其中人工费占16%。

二、冬雨季施工增加费

$$\text{冬雨季施工增加费} = \text{计算基数} \times 0.97\%$$

计算基数为分部分项工程费中的人工费、材料费、机械费及可以计量的措施项目费中的人工费、材料费、机械费合计,其中人工费占60%。

三、夜间施工增加费

$$\text{夜间施工增加费} = \frac{\text{工期定额工期} - \text{合同工期}}{\text{工期定额工期}} \times \text{工日合计} \times \text{每工日夜间施工增加费}$$

工日合计为分部分项工程费中的工日及可以计量的措施项目费中的工日合计。每工日夜间施工增加费按41.16元计算,其中人工费占94%。

四、非夜间施工照明费

$$\text{非夜间施工照明费} = \text{封闭作业工日之和} \times 80\% \times 18.46\ \text{元/工日}$$

本项费用中人工费占86%。

五、二次搬运措施费

$$\text{二次搬运措施费} = \text{计算基数} \times 0.90\%$$

计算基数为分部分项工程费中的材料费及可以计量的措施项目费中的材料费合计。

六、竣工验收存档资料编制费

$$竣工验收存档资料编制费 = 计算基数 \times 0.1\%$$

计算基数为分部分项工程费中的人工费、材料费、机械费及可以计量的措施项目费中的人工费、材料费、机械费合计。

附　　录

附录一 混凝土及砂浆配合比

说 明

一、本附录中各项配合比,仅供编制计价文件使用。
二、各项配合比中均未包括制作、运输所需人工、机械和企业管理费。
三、各项配合比中已包括了各种材料在配制过程中的操作和场内运输损耗。
四、砂浆和混凝土的配合比或主料品种不同时,可以换算。

1. 水 泥 混 凝 土①

单位：m³

编号			1	2	3	4	5	6	7
材料名称	单位	单价（元）	混凝土强度等级						
			C50	C40	C35	C30		C25	
			石子粒径						
			0.5～2 cm			0.5～2 cm	2～4 cm	0.5～2 cm	2～4 cm
水泥 52.5级	t	455.25	0.404						
水泥 42.5级	t	410.38		0.346	0.313	0.299	0.291	0.283	0.274
粉煤灰	t	109.45	0.454	0.389	0.351	0.335	0.326	0.317	0.307
优质砂	t	93.38	0.565	0.597	0.664	0.670	0.646	0.675	0.652
碴石 2～4	t	85.88					1.311		1.323
碴石 0.5～2	t	85.17	1.201	1.268	1.234	1.244		1.254	
水	m³	7.85	0.220	0.200	0.200	0.200	0.190	0.200	0.190
材料采管费	元		8.20	7.35	7.05	6.92	6.92	6.77	6.76
材料合价	元		398.59	357.23	342.59	336.38	336.42	329.01	328.80

1. 水 泥 混 凝 土②

单位：m^3

编号			8	9	10	11	12	13	14
材料名称	单位	单价（元）	混凝土强度等级						
			C20		C15		C10		C20
			石子粒径						
			0.5～2 cm	2～4 cm	0.5～2 cm	2～4 cm	0.5～2 cm	2～4 cm	细石
水泥 42.5级	t	410.38	0.268	0.260	0.268	0.257	0.243	0.230	0.321
粉煤灰	t	109.45	0.301	0.292	0.301	0.289	0.273	0.258	0.361
优质砂	t	93.38	0.739	0.656	0.729	0.704	0.798	0.773	0.719
碴石 2～4	t	85.88		1.332		1.251		1.210	
碴石 0.5～2	t	85.17	1.205		1.190		1.149		1.125
水	m^3	7.85	0.200	0.190	0.220	0.200	0.220	0.200	0.240
材料采管费	元		6.64	6.63	6.60	6.55	6.38	6.31	7.06
材料合价	元		322.77	322.43	320.68	318.39	310.09	306.60	343.14

2.砌 体 砂 浆

单位：m^3

编号			15	16	17	18	19	20
材料名称	单位	单价（元）	水泥石灰砂浆			水泥砂浆		
			M2.5	M5	M7.5	M5	M7.5	M10
水泥 32.5级	t	362.35	0.131	0.187	0.253	0.213	0.263	0.303
生石灰	t	314.89	0.064	0.064	0.050			
石灰膏	m^3	203.00	(0.091)	(0.091)	(0.072)			
粗砂	t	87.17	1.528	1.460	1.413	1.596	1.534	1.486
水	m^3	7.85	0.600	0.400	0.400	0.220	0.220	0.220
材料采管费	元		4.32	4.58	4.91	4.58	4.85	5.06
材料合价	元		209.85	222.90	238.64	222.61	235.59	246.11

3. 抹灰砂浆①

单位：m^3

编号			21	22	23	24	25	26	27	28
材料名称	单位	单价（元）	水泥砂浆					纯水泥浆	水泥细砂浆	
			1:3	1:2.5	1:2	1:1.5	1:1		1:1.5	1:2
水泥 32.5级	t	362.35	0.404	0.490	0.566	0.690	0.822	1.502	0.595	0.504
粗砂	t	87.17	1.466	1.480	1.369	1.276	0.994			
细砂	t	86.69							1.018	1.160
水	m^3	7.85	0.290	0.330	0.350	0.380	0.410	0.590	0.480	0.450
材料采管费	元		5.81	6.49	6.87	7.65	8.14	11.53	6.46	6.02
材料合价	元		282.27	315.64	334.04	371.88	395.86	560.41	314.08	292.74

3. 抹 灰 砂 浆②

单位：m³

编号			29	30	31	32	33	34	35	36
材料名称	单位	单价（元）	水泥石灰砂浆			麻刀石灰浆	纸筋灰浆	石灰麻刀砂浆	石灰粗砂细砂砂浆	
			1∶1∶2	1∶1∶4	1∶1∶6			1∶3		1∶2.5
水泥 32.5级	t	362.35	0.368	0.271	0.208					
生石灰	t	314.89	0.225	0.158	0.122	0.685	0.671	0.267	0.267	0.298
石灰膏	m³	203.00	(0.321)	(0.225)	(0.174)	(0.978)	(0.958)	(0.381)	(0.381)	(0.425)
粗砂	t	87.17	0.932	1.308	1.513			1.659	1.106	1.031
细砂	t	86.69							0.553	0.512
麻刀	kg	4.53				20.000		16.600		
纸筋	kg	4.03					38.000			
水	m³	7.85	0.600	0.600	0.600	0.500	0.500	0.680	0.680	0.680
材料采管费	元		6.09	5.60	5.26	6.51	7.74	6.49	4.91	4.90
材料合价	元		296.24	272.28	255.64	316.73	376.10	315.72	238.67	238.33

3. 抹 灰 砂 浆③

单位：m^3

编号			37	38	39	40	41	42	43
材料名称	单位	单价（元）	水泥白石子浆	水泥石屑浆	混合砂浆		聚醋酸乙烯抹灰砂浆		
							聚醋酸乙烯抹灰砂浆	素水泥浆	水泥砂浆
			1:2		1:0.5:1	1:0.5:4	灰砂比1:1.5 液水比1:3 水灰比1:0.55	水灰比 1:0.4	灰砂比1:1.5 水灰比1:0.4
水泥 32.5级	t	362.35	0.624	0.610	0.614	0.307	0.712	1.398	0.777
水	m^3	7.85	0.250	0.250	0.470	0.250	0.329	0.626	0.348
白石子	t	193.31	1.669						
土石屑	t	83.27		1.482					
生石灰	t	314.89			0.179	0.089			
石灰膏	m^3	203.00			(0.256)	(0.127)			
粗砂	t	87.17			0.741	1.471	1.085		1.183
聚醋酸乙烯乳液	kg	10.59					101.800		
材料采管费	元		11.56	7.27	7.29	5.66	30.10	10.74	8.14
材料合价	元		562.26	353.67	354.42	275.12	1463.32	522.22	395.54

附录二　材 料 价 格

说　　明

一、本附录的材料价格是确定预算基价子目中材料费的基期价格。在编制工程计价文件时，应按编制期价格重新确定材料价格。

二、材料价格由材料采购价、运费和运输损耗组成。由供货方送货至工地且采购价已包括运费时，不再计算运费和运输损耗。附录中的采购价按天津市编制期建筑市场材料价格综合取定。

材料价格计算公式如下：

采购价为供应地点交货价格：

材料价格 =（采购价 + 运费）×（1 + 运输损耗率）；

采购价为施工现场交货价格：

材料价格 = 采购价。

三、运费指由供货地点至工地仓库（或现场堆放地点）的费用。运输损耗指材料在运输装卸过程中不可避免的损耗，损耗率如下表：

材料类别	损耗率
页岩标砖、空心砖、砂、水泥、陶粒、耐火土、水泥地面砖、白瓷砖、卫生洁具、玻璃灯罩	1.0%
机制瓦、脊瓦、水泥瓦	3.0%
石棉瓦、石子、黄土、耐火砖、玻璃、色石子、大理石板、水磨石板、混凝土管、缸瓦管	0.5%
砌块、白灰	1.5%

注：表中未列的材料类别，不计损耗。

材料价格表

序号	名称	规格	单位	单位质量(kg)	单价(元)	附注
1	水泥	32.5级	kg		0.36	
2	水泥	42.5级	kg		0.41	
3	水泥	32.5级	t		362.35	
4	水泥	42.5级	t		410.38	
5	水泥	52.5级	t		455.25	
6	乳胶水泥		kg		14.24	
7	页岩标砖	240×115×53	千块		578.80	
8	生石灰		t		314.89	
9	石灰膏		m^3		203.00	
10	粉煤灰		t		109.45	
11	碎石道渣		m^3		74.55	
12	黏土		m^3		54.30	
13	路基黄土		m^3		79.00	
14	膨润土		kg		0.45	
15	细砂		t		86.69	
16	粗砂		t		87.17	
17	粗砂		kg		0.87	
18	优质砂		t		93.38	
19	片石	毛石	t		88.39	
20	土石屑		t		83.27	
21	白石子	大、中、小八厘	t		193.31	
22	碴石	0.2~8	t		85.92	
23	碴石	0.5~2	t		85.17	
24	碴石	2~4	t		85.88	
25	分离型侧平石		m		58.23	

续表

序号	名　　称	规　　格	单位	单位质量（kg）	单　价（元）	附　　注
26	连接型侧平石		m		64.05	
27	防 护 板	（玻璃钢）	m		182.33	
28	石　　膏		kg		1.50	
29	油　　毡		m^2		4.38	综 合 价
30	防水卷材	LDPE	m^2		41.00	
31	防水卷材	SBS	m^2		40.02	
32	防水橡胶	821BF	kg		18.00	
33	玻 璃 布	0.2 无碱	m^2		4.65	
34	石油沥青	#10	kg		4.55	
35	石油沥青	#30	kg		7.40	
36	乳化橡胶沥青		kg		3.25	
37	改性乳化沥青		kg		5.52	
38	环氧酚醛层压玻璃布板	3240×55×8.0	kg		70.49	
39	PVC防水板	1.5mm 厚	m^2		16.58	
40	PVC防水板	2mm 厚	m^2		17.41	
41	ECB防水板	2mm 厚	m^2		53.91	
42	EVA防水板	2mm 厚	m^2		43.12	
43	橡胶止水带		m		231.37	
44	内防水橡胶止水带		m		231.37	
45	环氧聚氨酯嵌缝膏		kg		1.40	
46	石棉橡胶板	δ3	kg		17.65	
47	水泥砂浆	1:2	m^3		380.00	
48	水泥砂浆	M7.5	m^3		300.06	
49	预拌砂浆	RS20	m^3		304.50	
50	护壁泥浆		m^3		61.58	

续表

序号	名称	规格	单位	单位质量(kg)	单价(元)	附注
51	泥浆(钻孔护壁)		m^3		53.10	
52	预拌混凝土	AC10	m^3		332.16	
53	预拌混凝土	AC15	m^3		341.29	
54	预拌混凝土	AC20	m^3		353.38	
55	预拌混凝土	AC25	m^3		364.55	
56	预拌混凝土	AC30	m^3		376.62	
57	预拌混凝土	AC35	m^3		391.81	
58	预拌混凝土	AC40	m^3		410.24	
59	预拌混凝土	AC45	m^3		438.50	
60	预拌混凝土	AC50	m^3		472.14	
61	预拌混凝土	BC55	m^3		508.22	
62	预拌混凝土	BC60	m^3		550.29	
63	预拌混凝土	BC20 P6	m^3		370.51	
64	预拌混凝土	BC25 P8	m^3		381.69	
65	预拌混凝土	BC30 P8	m^3		394.91	
66	预拌混凝土	BC35 P8	m^3		409.38	
67	预拌混凝土	BC40 P8	m^3		425.00	
68	预拌混凝土	(道路抗折)	m^3		380.00	
69	水泥粉煤灰碎石混凝土	C10	m^3		320.00	
70	水泥粉煤灰碎石混凝土	C15	m^3		330.00	
71	水泥粉煤灰碎石混凝土	C20	m^3		340.00	
72	板材		m^3		2196.98	
73	原木		m^3		1766.98	
74	木枕	I类	根		170.31	
75	杉篙		m^3		934.71	

续表

序号	名称	规格	单位	单位质量（kg）	单价（元）	附注
76	方　　木		m^3		3026.70	
77	垫　　木		m^3		996.14	
78	胶 合 板	5mm 厚	m^2		28.32	
79	纤 维 板		m^2		22.80	
80	木 模 板		m^3		1842.20	
81	木脚手板		m^3		1833.33	
82	枕　　木		m^3		3503.08	
83	铁　　件	含制作费	kg		7.69	
84	斜 垫 铁	Q235 钢	块		13.50	
85	铁　　座	82×45×8	块		1.56	
86	防护板支架	（铸铁）	个		154.51	
87	镀锌钢丝	0.7～1.2	kg		8.28	
88	镀锌钢丝	1.8～2.0	kg		8.04	
89	镀锌钢丝	2.8～4.0	kg		7.85	
90	钢　　筋	*D*10 以内	t		2700.29	
91	钢　　筋	*D*10 以内	kg		2.70	
92	钢　　筋	*D*10 以外	t		2672.18	
93	钢　　筋	*D*10 以外	kg		2.67	
94	圆　　钢		kg		2.67	
95	圆　　钢		t		2674.32	
96	螺 纹 钢	锰 *D*14 以内	t		2744.75	
97	螺 纹 钢	锰 *D*14～32	t		2731.63	
98	钢 丝 绳		kg		7.31	
99	热轧等边角钢	5～5.6	kg		2.69	
100	热轧等边角钢	30～32×3～5	t		2686.17	

续表

序号	名称	规格	单位	单位质量(kg)	单价(元)	附注
101	热轧等边角钢	63 ~ 70 × 4 ~ 10	t		2696.39	
102	热轧等边角钢	40 × 4	m		6.51	
103	热轧等边角钢	50 × 5	m		10.16	
104	热轧等边角钢	8 × 100	m		33.23	
105	热轧工字钢	#18 ~ 24	t		2627.42	
106	热轧工字钢	#25 ~ 36	t		2643.17	
107	热轧工字钢	#37 ~ 40	t		2650.17	
108	热轧槽钢	#25 ~ 36	t		2626.42	
109	热轧槽钢	#25 ~ 36	kg		2.63	
110	热轧槽钢	#16 以内	kg		2.61	
111	型钢		kg		2.70	
112	型钢		t		2697.10	
113	方钢		t		2772.60	
114	钢板	4.5 ~ 10	kg		2.77	
115	钢板	10 ~ 12	kg		2.75	
116	钢板(中厚)	综合	kg		2.77	
117	钢板(中厚)	综合	t		2770.00	
118	普碳钢板	δ8 ~ 15	kg		2.77	
119	弹簧钢板		kg		4.04	
120	花纹钢板		kg		2.88	
121	鱼尾板		kg		3.41	
122	热轧薄钢板	1.6 ~ 1.9	kg		2.78	
123	热轧薄钢板	3.5 ~ 5.5	kg		2.76	
124	热轧薄钢板	2 ~ 2.5	t		2768.27	
125	热轧薄钢板	2.6 ~ 3.2	t		2768.27	

续表

序号	名称	规格	单位	单位质量(kg)	单价(元)	附注
126	冷轧薄钢板	1~1.5	t		3317.89	
127	热轧厚钢板	4.4~5.5	t		2745.57	
128	热轧厚钢板	4.5~6	t		2745.57	
129	热轧一般无缝钢管		kg		3.31	
130	热轧一般无缝钢管	$D50\times3.5$	m		12.34	
131	热轧一般无缝钢管	$D70\times3$	m		26.66	
132	热轧一般无缝钢管	$D108\times4.5$	m		37.42	
133	热轧一般无缝钢管	$D32\times3.5$	kg		2.78	
134	热轧一般无缝钢管	$D42\times3.5$	kg		2.76	
135	热轧一般无缝钢管	$D108\times6$	kg		3.26	
136	热轧一般无缝钢管	$D200\times6$	kg		3.30	
137	热轧一般无缝钢管	$D51\times4$	kg		2.75	
138	热轧一般无缝钢管	$D128\times8$	kg		3.27	
139	热轧一般无缝钢管	$D140\times8$	kg		3.22	
140	热轧一般无缝钢管	$D57\times3$	kg		2.75	
141	热轧一般无缝钢管	$D168\times8$	kg		3.31	
142	热轧一般无缝钢管	$D159\times8$	kg		3.29	
143	热轧一般无缝钢管	$D219\times8$	kg		3.30	
144	热轧一般无缝钢管	$D325\times10$	kg		3.42	
145	热轧一般无缝钢管	$D63\times5$	kg		3.33	
146	热轧一般无缝钢管	$D273\times10$	kg		3.33	
147	焊接钢管		kg		3.02	
148	焊接钢管		t		3022.55	
149	焊接钢管	*DN* 150	m		48.95	
150	镀锌钢管	*DN* 25	m		8.63	

续表

序号	名　　称	规　　格	单位	单位质量(kg)	单　　价(元)	附　　注
151	镀锌钢管	*DN* 50	m		17.26	
152	钢　　管	*DN* 50	kg		2.69	
153	钢　　管	*DN* 80	kg		2.69	
154	钢　　管	*DN* 150	kg		2.75	
155	钢　　管	*DN* 200	kg		2.74	
156	钢　　管	*DN* 200	m		69.27	
157	钢　　管	*DN* 300	m		99.60	
158	钢　　管	*DN* 400	m		142.10	
159	钢　　管	$D100 \times 4$	kg		3.13	
160	钢 花 管	*D*51～63	kg		3.94	
161	钢管栏杆		kg		2.68	
162	钢 支 撑		kg		9.50	
163	钢 支 墩		个		333.85	
164	钢制台座		kg		2.30	
165	钢　　材	零星构件	kg		2.72	
166	替打钢材		t		3202.86	
167	六角空心钢		kg		2.88	
168	铜　　套	$10mm^2$	个		8.87	
169	铜　　套	$35mm^2$	个		13.47	
170	铜　　套	$185mm^2$	个		30.60	
171	不锈钢板	$\delta \leqslant 4$	kg		19.25	
172	不锈钢钢管	$D89 \times 2.5$	kg		30.48	
173	铝合金压条		m		5.79	
174	扒　　钉		kg		9.92	
175	圆　　钉		kg		7.81	

续表

序号	名　　称	规　　格	单位	单位质量(kg)	单　价(元)	附　注
176	钢 板 网		m^2		17.83	
177	电 焊 条	E4303 *D*3.2	kg		8.49	
178	气 焊 条		kg		8.47	
179	铜 焊 条		kg		52.75	
180	塑料焊条		kg		15.10	
181	不锈钢电焊条		kg		73.72	
182	焊　丝	*D*3.2	kg		8.00	
183	焊 锡 丝	HLSNPB50*D*1.5～2.5	kg		70.25	
184	焊　锡		kg		69.17	
185	锡 焊 料		kg		69.17	
186	铝热焊剂		包		380.00	
187	压浆孔螺钉		个		10.00	
188	综合螺栓	M20×35～100	个		3.50	
189	螺　栓	M8×35	套		0.53	
190	螺　栓	M22×80	百个		211.05	
191	螺　栓	M24×180	百个		517.65	
192	接头螺栓带帽	15kg	套		1.68	
193	接头螺栓带帽	50kg	套		5.59	
194	接头螺栓带帽	60kg	套		5.87	
195	高强度接头螺栓带帽	60kg	套		6.39	
196	接触轨鱼尾螺栓带帽	M20×105	套		7.64	
197	防爬器螺栓带帽	M18×180	套		4.15	
198	六角带帽螺栓	M6×30	套		0.24	
199	六角带帽螺栓	M8×40	套		0.35	
200	六角带帽螺栓	M10×50	套		0.60	

续表

序号	名　　称	规　　格	单位	单位质量(kg)	单　价(元)	附　　注
201	六角带帽螺栓	M10×100	套		1.00	
202	精制六角带帽螺栓	M8×30	套		0.44	
203	精制六角带帽螺栓	M8×50	套		0.68	
204	精制六角带帽螺栓	M12×45	套		1.13	
205	镀锌六角带帽螺栓	M10×100	套		1.18	
206	镀锌六角带帽螺栓	M10×120	套		1.22	
207	钩头带帽螺栓	M12×200	套		1.38	
208	膨胀螺栓	M8×100	套		0.81	
209	膨胀螺栓	M10×105	套		1.09	
210	膨胀螺栓	M12×100	套		2.09	
211	膨胀螺栓	M14×150	套		3.83	
212	带帽螺栓	(综合)	kg		9.20	
213	带帽螺栓	M8×35	套		0.24	
214	带帽螺栓	M10×50	套		0.38	
215	带帽螺栓	M20×95	套		2.99	
216	带帽螺栓	M22×110	套		3.95	
217	带帽螺栓	M24×100	套		4.66	
218	带帽螺栓	M27×130	套		7.23	
219	胀管螺栓	M10×105	个		1.87	
220	长头螺栓	M12	个		0.77	
221	鱼尾螺栓		kg		7.51	
222	管片连接螺栓		kg		8.51	
223	圆柱头机制螺栓	M4×20	kg		21.54	
224	螺栓套管		个		0.91	
225	螺　　母		个		0.10	

续表

序号	名称	规格	单位	单位质量(kg)	单价(元)	附注
226	螺　母	M12	个		0.18	
227	螺　母	M22	百个		101.89	
228	六角光螺母	M12	个		0.32	
229	六角光螺母	M24	百个		156.45	
230	垫　圈	M8	百个		4.20	
231	垫　圈	M12	百个		12.60	
232	平 垫 圈	25×45×4	个		0.45	
233	弹簧垫圈	M8	百个		4.00	
234	弹簧垫圈	M12	百个		16.00	
235	弹簧垫圈	M20	百个		23.00	
236	弹簧垫圈	M22	百个		24.00	
237	弹簧垫圈	M24	百个		25.00	
238	弹簧垫圈	15kg	个		0.59	
239	弹簧垫圈	50kg	个		1.08	
240	弹簧垫圈	60kg	个		1.10	
241	双层弹簧垫圈	M24	个		1.08	
242	塑料胀栓	M6	个		0.24	
243	铜 垫 片		kg		45.00	
244	钢 模 板		kg		7.00	
245	组合钢模板		kg		7.84	
246	钢支撑(支模)		kg		8.62	
247	脚手架钢管		kg		2.98	
248	直角扣件		个		7.42	
249	对接扣件		个		7.61	
250	回转扣件		个		7.33	

续表

序号	名称	规格	单位	单位质量(kg)	单价(元)	附注
251	底座		个		7.75	
252	送桩帽		kg		3.70	
253	扣件		kg		7.50	
254	卡具		kg		3.65	
255	零星卡具		kg		8.75	
256	钢丝绳卡具		套		17.60	
257	风镐尖		个		15.00	
258	Ω卡	ϕ20	个		0.85	
259	Ω卡	ϕ50	个		1.50	
260	合金钻头		个		225.00	
261	牙轮钻头	D190	个		1900.00	
262	钻杆	D114	kg		25.00	
263	道钉		kg		2.50	
264	螺旋道钉带螺帽	M24×195	套		3.00	
265	调合漆		kg		15.87	综合价
266	酚醛调合漆		kg		12.37	
267	铅油(厚漆)		kg		11.33	
268	酚醛磁漆		kg		16.11	
269	厚膜环氧富锌漆		kg		32.85	
270	防锈漆		kg		17.51	
271	醇酸防锈漆		kg		15.25	
272	环氧沥青漆		kg		12.00	
273	丁醛自粘腻子		kg		13.00	
274	水玻璃		kg		2.75	
275	防水涂料		kg		17.00	

续表

序号	名称	规格	单位	单位质量(kg)	单价(元)	附注
276	焦油聚氨酯涂料		kg		15.00	
277	聚醋酸乙烯乳液		kg		10.59	
278	环氧树脂	6101	kg		32.41	
279	乙二胺		kg		24.37	
280	氯化钙		kg		1.60	
281	丙酮		kg		11.31	
282	甲苯	国产	kg		11.75	
283	硫黄		kg		2.23	
284	液氨	96%	kg		2.98	
285	促进剂	KA	kg		0.70	
286	速凝剂		kg		1.90	
287	外加剂	SN-2	kg		3.00	
288	微沫剂		kg		31.00	
289	隔离剂		kg		4.85	
290	隔离油		kg		1.00	
291	清洁剂		瓶		3.35	
292	氧气	$6m^3$	m^3		3.27	
293	氩气		m^3		21.50	
294	乙炔气	5.5~6.5kg	m^3		18.53	
295	石油液化气		kg		3.50	
296	外防水氯丁酚醛胶		kg		21.00	
297	硫黄胶泥		kg		2.25	
298	聚氨酯胶粘剂		kg		24.00	
299	氯丁胶粘剂		kg		21.00	
300	模板嵌缝料		kg		8.00	

续表

序号	名　　　称	规　　　格	单位	单位质量（kg）	单　价（元）	附　　注
301	煤		kg		0.61	
302	汽　油	#90	kg		7.34	
303	冷冻机油		kg		10.63	
304	液压油		kg		9.58	
305	锭子油	（#20 机油）	kg		7.70	
306	油　脂		kg		14.00	
307	草　袋	840×760	条		1.93	
308	草　纸		kg		2.50	
309	纸　筋		kg		4.03	
310	麻　刀		kg		4.53	
311	麻　绳		kg		10.72	
312	白棕绳	$\phi 40$	kg		22.80	
313	棉　纱		kg		18.62	
314	土工布		m^2	0.60	7.90	
315	纤维布		m		1.50	
316	棉被套		kg		15.00	
317	橡胶板		m^2		126.00	
318	橡胶板	$\delta=3$	kg		12.67	
319	绝缘橡胶板	$\delta=6\sim12$	kg		12.19	
320	胶皮板	$\delta=6\sim10$	kg		9.50	
321	胶皮管	$D50$	m		22.50	
322	胶皮管	$D75$	m		33.59	
323	高压胶管		m		29.75	
324	高压胶管	$D50$	m		20.00	
325	氧气胶管	内径 8　壁厚 1.5	m		7.54	

续表

序号	名称	规格	单位	单位质量(kg)	单价(元)	附注
326	液压胶管		m		28.00	
327	PE泡沫板		m^2		11.00	
328	胶结绝缘接头		套		7.50	
329	尼龙线扣	150	个		0.10	
330	低泡沫聚乙烯		m^3		680.00	
331	聚氨酯泡沫板		m^3		1550.00	
332	聚氨酯泡沫塑料		kg		18.00	
333	聚苯乙烯硬泡沫塑料		m^3		430.00	
334	聚苯乙烯泡沫塑料板	3cm	m^2		14.00	
335	塑料垫板	护轨	块		1.00	
336	聚 苯 板		m^3		350.00	
337	塑料薄膜		kg		11.50	
338	塑 料 布		kg		12.63	
339	水		m^3		7.85	
340	电		kWh		0.89	
341	树 棕		kg		22.28	
342	钨 棒		kg		36.33	
343	劈 材		kg		1.20	
344	木 柴		kg		1.19	
345	窗 纱	18目1m宽(绿)	m		8.10	
346	砂 轮 片	$D200$	片		6.70	
347	碗形砂轮		个		7.00	
348	磁 环		个		45.00	
349	磁环夹具		个		4.50	
350	异径接头	$D73\sim190$	个		170.00	

续表

序号	名　　称	规　　格	单位	单位质量（kg）	单　价（元）	附　　注
351	外 接 头	DN50	个		5.90	
352	快速接头		个		34.50	
353	蛇管接头		组		42.50	
354	鱼鳞接头	ϕ51～63	kg		6.00	
355	锁 接 头	D156（公）	个		205.00	
356	锁 接 头	D156（母）	个		225.00	
357	管　　箍	DN25	个		1.86	
358	管　　箍	DN50	个		4.46	
359	管　　箍	D127～168	kg		5.60	
360	管 卡 子	DN25	个		2.00	
361	管 卡 子	DN50	个		3.25	
362	镀锌管堵	DN50	个		3.80	
363	底　　锥	D127～168	kg		5.50	
364	堵 盖 头	ϕ127～168	kg		4.10	
365	软塑料管	62×6	m		18.95	
366	软塑料管	75×7	kg		22.34	
367	PVC　管	DN20	m		3.90	
368	塑料走线槽	40×50	m		18.20	
369	塑料走线槽	50×80	m		23.50	
370	聚氯乙烯软管	ϕ6	m		1.00	
371	聚氯乙烯软管	ϕ0.6	m		0.40	
372	镀锌蛇皮管	DN38	m		18.00	
373	截 止 阀	J41F-25DN50	个		190.25	
374	截 止 阀	J41F-25DN100	个		520.00	
375	截 止 阀	J41F-25DN150	个		1014.55	

续表

序号	名称	规格	单位	单位质量（kg）	单价（元）	附注
376	截止阀	J41F-25*DN*200	个		756.69	
377	闸阀	Z157-10*DN*65	个		153.98	
378	闸阀	Z44T-10*DN*150	个		609.96	
379	闸阀	Z44T-10*DN*200	个		824.78	
380	闸阀	Z157-10*DN*50	个		74.32	
381	球阀		个		104.71	
382	阀门	J11T-16 *DN*25	个		16.94	
383	阀门	J11T-16 *DN*50	个		37.82	
384	阀门	J41T-16 *DN*80	个		195.39	
385	阀门	J41T-16 *DN*100	个		252.51	
386	阀门	J41T-16 *DN*150	个		571.51	
387	平焊法兰	*DN*80	副		62.92	
388	平焊法兰	*DN*100	副		72.32	
389	平焊法兰	*DN*150	副		133.80	
390	钢法兰盘	*PN*16 *DN*50	个		25.74	
391	钢法兰盘	*PN*16 *DN*100	个		53.91	
392	钢法兰盘	*PN*16 *DN*150	个		90.16	
393	钢法兰盘	*PN*16 *DN*200	个		133.17	
394	钢法兰盘	*PN*16 *DN*250	个		267.59	
395	钢法兰盘	*PN*16 *DN*300	个		398.17	
396	橡皮铝线	$25mm^2$	m		3.15	
397	橡皮铝线	$35mm^2$	m		4.52	
398	橡皮铝线	$50mm^2$	m		7.10	
399	橡皮铝线	$70mm^2$	m		10.00	
400	橡皮铝线	$95mm^2$	m		13.20	

续表

序号	名称	规格	单位	单位质量(kg)	单价(元)	附注
401	塑料双绞线	16×0.3×2	m		0.40	
402	塑料铜芯软线	BVR 500V 1.5mm^2	m		1.25	
403	塑料铜芯软线	BRV 500V 0.75mm^2	m		0.62	
404	塑料铜芯软线	RV 250V 0.4mm^2	m		0.62	
405	塑料铜芯软线	RV 500V 0.5mm^2	m		0.72	
406	塑料铜芯软线	RV 500V 1.5mm^2	m		1.23	
407	塑料铜芯软线	RV 500V 2.5mm^2	m		1.84	
408	塑料铜芯软线	RV 500V 4.0mm^2	m		2.73	
409	塑料铜芯软线	RV 500V 6.0mm^2	m		3.90	
410	塑料铜芯双绞线	0.5mm^2	m		0.96	
411	塑料铜芯双绞线	0.75mm^2	m		1.85	
412	塑料铜芯双绞线	1.5mm^2	m		2.52	
413	铜芯塑料护套线	BVV 二芯 2.5	m		4.13	
414	塑 铜 线	4mm^2	m		2.61	
415	塑 铜 线	6mm^2	m		3.86	
416	熔 断 器	220V/100A	个		10.52	
417	熔 断 器	380V/100A	个		14.68	
418	熔断器座		个		8.53	
419	灯　　泡		个		1.45	
420	发光二极管		个		1.64	
421	防水灯头		个		2.85	
422	插 座 板	30 位	个		430.00	
423	三相四孔插座	15A	个		10.00	
424	五联电源插座		个		5.50	
425	单元式灯丝转换器	DSDX	台		520.00	

续表

序号	名称	规格	单位	单位质量（kg）	单价（元）	附注
426	瓷二座		个		8.59	
427	瓷瓶子	#2	个		2.10	
428	端子	直六柱座	个		5.22	
429	端子板	JX2-2510	组		8.81	
430	接线盒托架		个		40.79	
431	胶壳闸刀	220V/100A	个		141.86	
432	绝缘子		个		74.13	
433	线槽板		架		163.83	
434	铜端头	$8mm^2$	个		10.16	
435	线扣	100	百个		38.95	
436	线扣	150	百个		48.86	
437	冷压接线环	ϕ6	个		0.35	
438	冷压接线环	$2.5mm^2$	个		1.32	
439	冷压接线环	$10mm^2$	个		8.98	
440	冷压接线环	$35mm^2$	个		11.49	
441	配线用爪形线环		个		0.34	
442	平行线叉子		个		1.98	
443	平行爪形线环		个		1.98	
444	变阻器	R-2.2/220	台		200.00	
445	中继变压器	BZ-3	台		330.00	
446	轨道变压器	BG-1	台		570.00	
447	轨道防雷组合	ULG3	个		2980.00	
448	电阻盒托架		个		61.19	
449	极性交叉回流线	TXR$95mm^2$ 3.5m	根		440.00	
450	绝缘轨距杆	ϕ32	根		148.35	

续表

序号	名　　称	规　　格	单位	单位质量(kg)	单　价(元)	附　注
451	绝缘轨距杆	ϕ34	根		160.85	
452	绝缘轨距杆	ϕ36	根		170.32	
453	绝缘轨距杆	ϕ38	根		205.83	
454	普通轨距杆	ϕ32	根		166.25	
455	普通轨距杆	ϕ34	根		190.00	
456	普通轨距杆	ϕ36	根		205.83	
457	普通轨距杆	ϕ38	根		253.33	
458	绝缘管垫	ϕ14	套		22.67	
459	绝缘缓冲垫片	（普通）	块		0.30	
460	绝缘缓冲垫板50 kg		块		2.19	
461	拉线瓷瓶	#2 红白带眼	个		1.80	
462	铁壳闸刀	380V/200A	个		469.56	
463	铜 导 线	BVV-0.5kV 1×10	m		6.45	
464	单元托架		个		56.70	
465	调谐单元托架		个		347.26	
466	馈电单元托架		个		56.70	
467	屏 蔽 线	二芯	m		4.03	
468	塑料屏蔽软线	1.5mm^2	m		2.33	
469	聚氯乙烯单丝	ϕ1.0	kg		15.20	
470	兆 欧 表	500V/1000MΩ	台		680.00	
471	电　　缆	YCW-3×70WH 500V	kg		79.84	
472	电　　缆	YCW-3×5WH 500V	m		64.81	
473	电　　缆	YCW-3×16+1×6	m		33.85	
474	单芯电缆	7/0.85 4mm^2	m		3.71	
475	PVC阻燃双绞屏蔽电缆	2×7/0.67+7/0.3 2.5mm^2	m		33.35	

续表

序号	名称	规格	单位	单位质量(kg)	单价(元)	附注
476	橡胶三芯软缆	3×35	m		46.35	
477	橡胶四芯软缆	3×70+1×25	m		101.46	
478	终 端 棒	925/0.5 185mm^2	m		455.57	
479	终端棒托架		个		45.36	
480	承插口水泥管	*DN*300×4m	m		83.00	
481	无 砂 管	*d* 400	m		68.20	
482	无 砂 管	*d* 600	m		86.00	
483	混凝土短枕		块		87.80	
484	混凝土长枕		根		150.24	
485	混凝土弹性短枕		块		93.76	
486	混凝土弹性长枕		根		155.00	
487	单开道岔	50kg-9号(混凝土枕用)AT	组		148520.00	
488	单开道岔	50kg-12号(混凝土枕用)AT	组		159820.00	
489	单开道岔	60kg-9号	组		118436.50	整 道
490	单开道岔	60kg-12号(混凝土枕)AT	组		22760.00	
491	单开道岔	60kg-12号	组		124778.84	整体道床
492	单开道岔	60kg-9号(混凝土枕)AT	组		147140.00	
493	混凝土岔枕	50kg-9号(单开道岔)	组		35020.00	
494	混凝土岔枕	50kg-12号	组		38110.00	单 开
495	混凝土岔枕	60kg-9号	组		31930.00	单 开
496	混凝土岔枕	60kg-9号(复式交分)	组		52940.00	
497	混凝土岔枕	60kg-12号	组		35370.00	单 开
498	混凝土岔枕	60kg-12号(复式交分)	组		57012.00	
499	复式交分道岔	60kg-9号	组		169544.23	整体道床
500	复式交分道岔	60kg-12号(固定辙岔)	组		244853.53	整体道床

续表

序号	名称	规格	单位	单位质量（kg）	单价（元）	附注
501	复式交分道岔	60kg-12 号（可动心辙）	组		249305.41	整体道床
502	可动心单开道岔	60kg-12 号（混凝土枕）AT	组		286911.78	
503	交叉渡线	60kg-12 号-5m	组		637753.55	混凝土岔枕
504	交叉渡线	60kg-9 号-5m	组		502696.06	混凝土岔枕
505	混凝土岔枕交叉渡线	60kg-9 号-5m	组		216160.00	
506	混凝土岔枕交叉渡线	60kg-12 号-5m	组		218322.00	
507	混凝土接触底座		块		39.05	
508	钢筋混凝土机柱	ϕ150×8.5m	根		589.16	
509	铸 铁 管	A 级 *DN* 200	m	52.00	171.26	
510	铸 铁 管	A 级 *DN* 300	m	90.75	337.79	
511	铸 铁 管	A 级 *DN* 400	m	139.00	433.54	
512	轻 轨		kg		3.00	
513	钢 轨		kg		2.74	
514	钢 轨	24kg/m 12.5m	根		681.74	
515	钢 轨	50kg 12.5m 中锰钢	根		1439.49	
516	钢 轨	50kg 25m 中锰钢	根		3040.50	25×50×3.7875
517	钢 轨	60kg 25m 中锰钢	根		3070.91	25×60×3.939
518	异型钢轨	60~50kg 6.25m	根		898.24	
519	异型钢轨	60~50kg 12.5m	根		1796.48	
520	旧 轨		t		1300.00	
521	接 触 轨	12.5m	t		4299.75	
522	接触轨吊架		个		297.55	
523	接触轨扣板		块		3.43	
524	接触轨弯头		个		682.50	
525	接触轨鱼尾板		块		83.02	
526	钢轨绝缘	43kg	组		169.71	

续表

序号	名　　称	规　　格	单位	单位质量(kg)	单　价(元)	附　注
527	钢轨绝缘	50kg	组		202.35	
528	钢轨绝缘	60kg	组		252.08	
529	钢轨连接线	276/0.4　$35mm^2$	m		31.62	
530	钢轨接续线	TXR95mm^2　1.3m	根		66.19	
531	钢轨接续线	TXR95mm^2　1.5m	根		76.37	
532	钢轨引接线	1×19　1600mm	根		7.83	
533	钢轨引接线	1×19　3000mm	根		11.75	
534	钢轨伸缩调节器	(桥面用)60kg 1000mm	对		30170.97	
535	钢轨伸缩调节器	(桥头用)60kg 1000mm	对		28062.95	
536	高强度钢轨绝缘	43kg	组		176.29	
537	高强度钢轨绝缘	50kg	组		238.17	
538	高强度钢轨绝缘	60kg	组		266.52	
539	钢 轨 枕		kg		3.21	
540	钢轨支撑架		套		607.35	
541	50 kg钢轨弹条	I 型扣件	套		41.65	
542	60 kg钢轨弹条	I 型扣件	套		39.83	
543	盾构托架		t		2652.55	
544	钢 套 箱		t		3040.50	
545	钢 管 桩		t		3952.65	
546	钢 板 桩		t		3344.55	
547	管片钢模		kg		8.84	
548	过道管托架		m		14.26	
549	环路过道托架		个		72.14	
550	黑 铁 管	*DN* 80	m		57.67	
551	黑 铁 管	*DN* 100	m		65.59	
552	黑 铁 管	*DN* 150	m		105.09	

续表

序号	名　　称	规　　格	单位	单位质量(kg)	单　价(元)	附　注
553	横　管	ϕ100	m		37.26	
554	花　管	ϕ50	m		55.44	
555	接头夹板		块		2.34	
556	接头夹板	50kg 中锰钢	块		2.34	
557	接头夹板	60kg 中锰钢	块		2.57	
558	中间扣板	50kg	块		2.57	
559	接头扣板	50kg	块		2.34	
560	金属支架		kg		5.32	
561	井　盘		m^3		800.00	
562	立　管	ϕ50	m		17.09	
563	锁 口 管		kg		6.32	
564	铁 风 筒	ϕ500	m		48.45	
565	铁 风 筒	ϕ1000	m		95.95	
566	透 水 管		m		19.00	
567	圆箍 U 形箍软铜复绞线焊接板		套		340.98	
568	预 埋 件		kg		6.70	
569	倾斜预埋件		个		240.00	
570	沉降预埋件		套		240.00	
571	收敛预埋件		只		240.00	
572	应变计预埋件		个		48.00	
573	裂缝计预埋件		只		240.00	
574	管线抱箍标志		个		180.00	
575	信 号 锁	40	把		4.67	
576	导 向 板		块		3.46	
577	导向铝管	ϕ30	m		11.54	
578	结皮海绵橡胶板		kg		19.83	

续表

序号	名　　　　称	规　　　　格	单位	单位质量(kg)	单　价(元)	附　　　注
579	海蓝色 V 板	0.5mm×1.8m×2m	m^2		24.00	
580	海蓝色 V 板	0.5mm×2.4m×2m	m^2		24.00	
581	氯丁橡胶		kg		21.00	
582	氯丁橡胶圈	*DN* 300	个		10.50	
583	遇水膨胀橡胶圈		个		0.80	
584	高压胶管	*D*64×10	m		120.00	
585	塑料注浆管		m		14.62	
586	塑料注浆阀管		m		18.14	
587	塑料测斜管	ϕ80	m		23.76	
588	塑 护 套		个		42.00	
589	氯丁橡胶浆		kg		24.65	
590	保护圈盖		套		28.17	
591	温 度 计	±50℃	支		19.35	
592	钢筋应力计		个		245.00	
593	孔隙水压计		个		447.20	
594	坩埚(铝热焊用)		个		30.88	
595	防 爬 器	60kg	个		16.68	
596	防爬器夹子	接触轨用	个		7.51	
597	防爬支撑		个		2.63	
598	进路表示器	高柱二灯	台		1170.51	
599	进路表示器	高柱三灯	台		1385.29	
600	进路表示器	矮型二灯	台		1138.09	
601	进路表示器	矮型三灯	台		1327.17	
602	防腐帮桩	ϕ160～200×2000	根		62.50	
603	走 道 板		kg		4.20	
604	胶粉油毡衬垫		kg		13.68	

续表

序号	名称	规格	单位	单位质量（kg）	单价（元）	附注
605	帘布橡胶条		kg		15.87	
606	泵　　管	$DN150$	m		70.00	
607	泵　　管	$DN150$	kg		4.38	
608	风　　管		kg		0.83	
609	加 重 管	$D178$	kg		10.59	
610	过 滤 管	$D127 \sim 140$	kg		6.00	
611	高压皮龙管	$\phi150 \times 3$m	根		1800.00	
612	粘胶布风筒	$\phi500$	m		9.50	
613	粘胶布风筒	$\phi1000$	m		12.35	
614	切割碟片	D 1000	张		2700.00	
615	开口碟片	D 600	张		910.00	
616	切 割 绳		m		617.50	
617	道岔跳线	TXR95mm^2 0.9m	根		71.58	
618	道岔跳线	TXR95mm^2 2.0m	根		159.08	
619	道岔跳线	TXR95mm^2 3.0m	根		204.42	
620	道岔连接杆绝缘		组		174.97	
621	配线铭牌	红钢纸 方形	个		0.20	
622	色灯信号机构	二显示 XSA 矮型	架		469.07	
623	色灯信号机构	二显示 XSG 矮型	架		866.58	
624	色灯信号机构	三显示 XSA 矮型	架		637.34	
625	色灯信号机构	三显示 XSG 矮型	架		1101.31	
626	色灯信号机梯子	8.5m	架		346.71	
627	色灯信号机引入管	M10 × 50	根		14.87	
628	铁路信号灯泡	TX12-25/25A	个		6.63	
629	四线制道岔电路整流二极管		个		5.23	
630	混凝土泵送费		m^3		24.00	

附录三　施工机械台班价格

说　　明

一、本附录的价格是确定预算基价中机械费的基期价格,也可作为确定施工机械台班租赁价格的参考。

二、台班单价按每台班八小时工作制计算。

三、台班单价由折旧费、检修费、维护费、安拆费及场外运费、人工费、燃料动力费和其他费用组成。

四、安拆费及场外运费根据施工机械不同分为计入台班单价、单独计算和不计算三种类型。

1. 工地间移动较为频繁的小型机械及部分中型机械,其安拆费及场外运费计入台班单价。

2. 移动有一定难度的特、大型(包括少数中型)机械,其安拆费及场外运费单独计算。单独计算的安拆费及场外运费除应计算安拆费、场外运费外,还应计算辅助设施(包括基础、底座、固定锚桩、行走轨道枕木等)的折旧、搭设和拆除等费用。

3. 不需安装、拆卸且自身能开行的机械和固定在车间不需安装、拆卸及运输的机械,其安拆费及场外运费不计算。

五、盾构机械台班费中未包括安装、拆卸费及场外运费。

施工机械台班价格表

序号	名称	规格型号	台班单价（元）	附注
1	履带式推土机	50kW	579.65	
2	履带式推土机	75kW	867.26	
3	履带式推土机	135kW	1196.46	
4	履带式单斗液压挖掘机	0.6m^3	819.98	
5	履带式单斗液压挖掘机	1m^3	1173.38	
6	抓铲挖掘机	0.5m^3	849.09	
7	轮胎式装载机	3m^3	1087.82	
8	电动夯实机	20～62Nm	30.67	
9	振动锤	700kN	1376.90	
10	振动锤	600kN	120.39	
11	振动破碎机	综合	1605.18	
12	光轮压路机(内燃)	8t	394.94	
13	振动压路机	15t	1060.43	
14	多头钻成槽机	BW	4251.53	
15	锚杆钻孔机	DHR80A	2091.49	
16	风动凿岩机	气腿式	15.42	
17	铺轨滚筒平车	16t	50.03	
18	柴油打桩机	0.6t 轨道式	366.88	
19	柴油打桩机	1.2t 轨道式	676.98	
20	柴油打桩机	1.8t 轨道式	774.26	
21	柴油打桩机	2.5t 轨道式	1060.42	
22	柴油打桩机	2.5t 履带式	888.84	

续表

序号	名称	规格型号	台班单价（元）	附注
23	柴油打桩机	4t 轨道式	1567.79	
24	柴油打桩机	5t 履带式	2001.04	
25	振动沉拔桩机	300kN	947.58	
26	振动沉拔桩机	400kN	1131.92	
27	静力压桩机(液压)	1600kN	2062.17	
28	钻孔咬合桩机		5309.02	
29	电动灌浆机		28.84	
30	钻 孔 机		221.71	
31	钻 孔 机	DZJ500～1000	514.74	
32	长螺旋钻机	600mm	696.52	
33	冲击成孔机	CZ-30	551.96	
34	履带式电动起重机	5t	239.88	
35	履带式起重机	10t	621.85	
36	履带式起重机	15t	751.29	
37	履带式起重机	25t	818.05	
38	履带式起重机	30t	940.92	
39	履带式起重机	40t	1364.58	
40	履带式起重机	50t	1502.10	
41	汽车式起重机	8t	726.00	
42	汽车式起重机	10t	805.74	
43	汽车式起重机	12t	831.92	
44	汽车式起重机	16t	945.75	
45	汽车式起重机	20t	1026.06	

续表

序号	名称	规格型号	台班单价（元）	附注
46	汽车式起重机	25t	1085.98	
47	汽车式起重机	40t	1586.10	
48	汽车式起重机	50t	2666.21	
49	汽车式起重机	80t	4085.68	
50	汽车式起重机	160t	9919.94	
51	汽车式起重机	250t	15919.11	
52	汽车式起重机	8t	726.00	
53	汽车式起重机	20t	1026.06	
54	门式起重机	5t	343.83	
55	门式起重机	10t	446.10	
56	门式起重机	5t	343.83	
57	门式起重机	10t	446.10	
58	门式起重机	30t	777.41	
59	门式起重机	50t	1203.76	
60	轨道式内燃起重机	16t	624.40	
61	铺轨龙门架	25m	766.30	
62	立式油压千斤顶	200t	12.01	
63	载货汽车	4t	391.19	
64	载货汽车	5t	408.89	
65	载货汽车	6t	427.71	
66	载货汽车	8t	491.93	
67	机动翻斗车	1t	187.67	
68	自卸汽车	4t	466.99	

续表

序号	名称	规格型号	台班单价（元）	附注
69	自卸汽车	5t	490.10	
70	自卸汽车	15t	953.67	
71	平板拖车组	20t	1053.07	
72	泥浆罐车	$40m^3$	489.86	
73	轨道平车	5t	35.67	
74	轨道平车	12t	94.39	
75	轨道平车	16t	133.22	
76	轨道平车	30t	231.13	
77	电 瓶 车	8t	265.81	
78	轨道式电瓶车	8t	265.81	
79	洒 水 车	4000L	459.22	
80	长轨运输平车		90.33	
81	长轨料运输车		86.77	
82	卷 扬 机	电动单筒快速 20kN	210.68	
83	卷 扬 机	电动单筒快速 30kN	231.23	
84	卷 扬 机	电动单筒慢速 30kN	186.13	
85	卷 扬 机	电动单筒慢速 50kN	192.33	
86	卷 扬 机	电动双筒快速 50kN	289.66	
87	卷 扬 机	电动双筒慢速 80kN	277.40	
88	卷 扬 机	电动双筒慢速 100kN	322.71	
89	高空作业车		644.13	
90	液压泵车		301.51	
91	混凝土搅拌机	400L	227.21	

续表

序号	名称	规格型号	台班单价（元）	附注
92	灰浆搅拌机	200L	180.11	
93	灰浆搅拌机	400L	187.73	
94	混凝土输送泵	$30m^3/h$	703.29	
95	混凝土输送泵车	$20m^3/h$	1083.75	
96	挤压式灰浆输送泵	$3m^3/h$	202.16	
97	混凝土喷射机	$5m^3/h$	358.23	
98	混凝土喷射机		358.23	
99	钢筋调直机	40mm	41.66	
100	钢筋弯曲机	40mm	29.25	
101	钢筋冷拉机	900kN	47.98	
102	钢筋切断机	40mm	49.13	
103	螺纹车丝机	$\phi45$	32.00	
104	木工圆锯机	500mm	30.72	
105	木工压刨床	600mm 单面	38.76	
106	牛头刨床	650mm	200.29	
107	龙门刨床	1000×3000	396.73	
108	立式钻床	25mm	8.01	
109	立式钻床	50mm	23.82	
110	摇臂钻床	63mm	49.05	
111	管子切断机	60mm	18.57	
112	管子切断机	150mm	38.33	
113	管子切断机	250mm	49.89	
114	型钢剪断机	500mm	268.15	

续表

序号	名称	规格型号	台班单价（元）	附注
115	剪板机	16×2500	278.91	
116	剪板机	20×2500	320.99	
117	剪板机	20×4000	447.63	
118	剪板机	40×3100	670.14	
119	锯轨机		313.18	
120	卷板机	20×2500	257.25	
121	刨边机	12000mm	591.95	
122	折方机	4×2000	37.36	
123	多辊板料校平机	16×2000	1227.20	
124	多辊板料校平机	16×2500	1305.22	
125	型钢矫正机		238.31	
126	套丝机	159mm	24.87	
127	管子切断套丝机	159mm	24.87	
128	弯管机	WC27-108	90.86	
129	电动多级离心清水泵	100mm/扬程 120m 以下	190.61	
130	电动单级离心清水泵	50mm	32.28	
131	电动单级离心清水泵	100mm	40.04	
132	电动单级离心清水泵	150mm	68.01	
133	电动单级离心清水泵	200mm	104.97	
134	盐水泵	10SH-6	478.51	
135	高压油泵	80MPa	209.64	
136	泥浆泵	50mm	51.13	
137	泥浆泵	100mm	244.90	

续表

序号	名　　　称	规　格　型　号	台班单价（元）	附　　注
138	潜 水 泵	100mm	33.69	
139	试 压 泵	80MPa	31.63	
140	射流井点泵	9.50m	72.15	
141	液压注浆泵	HYB50/50-1 型	247.81	
142	电 焊 机	30kVA	103.98	
143	电 焊 机	40kVA	136.41	
144	直流电焊机	12kW	50.72	
145	直流电焊机	20kW	87.69	
146	直流电焊机	30kW	108.62	
147	交流弧焊机	32kVA	103.98	
148	交流弧焊机	42kVA	145.85	
149	对 焊 机	75kVA	133.91	
150	长轨铝热焊机组		381.00	
151	风 割 机		134.31	
152	内切割机		82.43	
153	电动切割机		252.47	
154	气焊设备	$3m^3$	16.96	
155	自动埋弧焊机	500A	125.88	
156	长轨气压焊机组		314.19	
157	汽油发电机	4kW	98.43	
158	汽油发电机组	10kW	175.44	
159	内燃空气压缩机	$3m^3/min$	230.52	
160	内燃空气压缩机	$9m^3/min$	457.38	

续表

序号	名称	规格型号	台班单价（元）	附注
161	电动空气压缩机	1.0m³/min	59.43	
162	电动空气压缩机	6m³/min	256.89	
163	电动空气压缩机	10m³/min	447.21	
164	氨压缩机	8AS-17 低	317.45	
165	氨压缩机	8AS-12.5 高	343.37	
166	工业锅炉	1t/h	965.32	
167	刀盘式水力出土泥水平衡盾构掘进机	4000mm	2479.99	
168	刀盘式水力出土泥水平衡盾构掘进机	5000mm	3801.43	
169	刀盘式水力出土泥水平衡盾构掘进机	6000mm	4283.33	
170	刀盘式水力出土泥水平衡盾构掘进机	7000mm	4826.36	
171	刀盘式干出土土压平衡盾构掘进机	4000mm	2306.15	
172	刀盘式干出土土压平衡盾构掘进机	5000mm	3649.85	
173	刀盘式干出土土压平衡盾构掘进机	6000mm	4197.80	
174	刀盘式干出土土压平衡盾构掘进机	7000mm	4554.51	
175	履带式液压抓斗成槽机	KH180MHL-800	3020.18	
176	导杆式液压抓斗成槽机	E50KRC2/45K2502	4530.93	
177	盾构同步压浆泵	D2.1m×7m	685.15	
178	液压钻机	XU-100	287.83	
179	井点钻机	汽车式	502.22	
180	水平钻机	ϕ300	1056.47	
181	轻便钻机	XJ-100	256.07	
182	冲击钻机	22 型(电动)	423.11	
183	工程钻机	D500	427.10	

续表

序号	名　　　　称	规　格　型　号	台班单价（元）	附　　　注
184	工程钻机	D800	533.80	
185	锁口管顶升机		521.12	
186	轨 道 车	120kW	325.03	
187	超声波测壁机		104.66	
188	铁 驳 船	100t	290.82	
189	硅整流充电机	90A/190V	82.38	
190	热 合 机		84.27	
191	液压捣固机	≤240 根/h	133.43	
192	液压起拔道机	≤15kW	229.46	
193	液压拔管机		334.79	
194	轴流通风机	30kW	166.76	
195	轴流通风机	100kW	517.63	
196	潜水设备		96.31	
197	内燃拖轮	≤45kW	489.29	
198	超声波探伤机	CTS-22	222.40	
199	盐水搅拌机	LJ-300	21.66	
200	电焊条烘干箱	45×35×45	19.15	
201	陀螺仪(不带车)	JD73D-5A	132.43	
202	铁浮箱浮吊	300t	3235.08	
203	轨排钉联机	25m	634.00	
204	焊轨机组		231.83	
205	铺轨机组		259.15	
206	长轨铺轨机		229.68	

附录四 企业管理费、规费、利润和税金

一、企业管理费

企业管理费是指施工企业组织施工生产和经营管理所需费用。包括：

1. 管理人员工资：是指按工资总额构成规定，支付给管理人员和后勤人员的各项费用。

2. 办公费：是指企业管理办公用的文具、纸张、账表、印刷、邮电、书报、办公软件、现场监控、会议、水电、烧水和集体取暖降温（包括现场临时宿舍取暖降温）等费用。

3. 差旅交通费：是指职工因公出差、调动工作的差旅费、住勤补助费，市内交通费和误餐补助费，职工探亲路费，劳动力招募费，职工退休、退职一次性路费，工伤人员就医路费，工地转移费以及管理部门使用的交通工具的油料、燃料及牌照费。

4. 固定资产使用费：是指管理和试验部门及附属生产单位使用的属于固定资产的房屋、设备、仪器等的折旧、大修、维修或租赁费。

5. 工具用具使用费：是指企业施工生产和管理使用的不属于固定资产的工具、器具、家具、交通工具和检验、试验、测绘、消防用具等的购置、维修和摊销费。

6. 劳动保险和职工福利费：是指由企业支付的职工退职金、按规定支付给离休干部的经费，集体福利费、夏季防暑降温、冬季取暖补贴、上下班交通补贴等。

7. 劳动保护费：是企业按规定发放的劳动保护用品的支出。如工作服、手套、防暑降温饮料以及在有碍身体健康的环境中施工的保健费用等。

8. 检验试验费：是指施工企业按照有关标准规定，对建筑以及材料、构件和建筑安装物进行一般鉴定、检查所发生的费用，包括自设试验室进行试验所耗用的材料等费用。不包括新结构、新材料的试验费，对构件做破坏性试验及其他特殊要求检验试验的费用和建设单位委托检测机构进行检测的费用，对此类检测发生的费用，由建设单位在工程建设其他费用中列支。但对施工企业提供的具有合格证明的材料进行检测不合格的，该检测费用由施工企业支付。

9. 工会经费：是指企业按《工会法》规定的全部职工工资总额比例计提的工会经费。

10. 职工教育经费：是指按职工工资总额的规定比例计提，企业为职工进行专业技术和职业技能培训，专业技术人员继续教育、职工职业技能鉴定、职业资格认定、安全教育培训以及根据需要对职工进行各类文化教育所发生的费用。

11. 财产保险费：是指施工管理用财产、车辆等的保险费用。

12. 财务费：是指企业为施工生产筹集资金或提供预付款担保、履约担保、职工工资支付担保等所发生的各种费用。

13. 税金：是指企业按规定缴纳的城市维护建设税、教育附加、地方教育附加、防洪工程维护费、房产税、车船使用税、土地使用税、印花税等。

14. 其他：包括技术转让费、技术开发费、工程定位复测费、投标费、业务招待费、绿化费、广告费、公证费、法律顾问费、审计费、咨询费、保险费等。

二、规费

规费是指按国家法律、法规规定,由政府和有关部门规定必须缴纳或计取的费用。包括:

1. 社会保险费

(1)养老保险费:是指企业按照规定标准为职工缴纳的基本养老保险费。

(2)失业保险费:是指企业按照规定标准为职工缴纳的失业保险费。

(3)医疗保险费:是指企业按照规定标准为职工缴纳的基本医疗保险费。

(4)工伤保险费:是指企业按照规定标准为职工缴纳的工伤保险费。

(5)生育保险费:是指企业按照规定标准为职工缴纳的生育保险费。

2. 住房公积金:是指企业按照规定标准为职工缴纳的住房公积金。

$$规费 = 人工费合计 \times 44.21\%$$

三、利润

利润是指施工企业完成所承包工程获得的盈利。

$$利润 = (分部分项工程费合计 + 施工措施费合计 + 规费) \times 利润率$$

利润率按附录五中相关规定计取。

四、税金

税金是指国家税法规定的应计入地铁及隧道工程造价内的增值税。适用简易计税方法计取增值税的地铁及隧道工程,增值税征收率为3%。

$$税金 = 税前总价 \times 3\%$$

五、企业管理费和规费的各项费用组成的划分比例如下,供施工企业内部核算参考。

1. 企业管理费

序号	项目	比例	序号	项目	比例
1	管理人员工资	25.92%	9	工会经费	9.18%
2	办公费	8.33%	10	职工教育经费	6.89%
3	差旅交通费	3.33%	11	财产保险费	0.43%
4	固定资产使用费	4.81%	12	财务费	10.00%
5	工具用具使用费	0.99%	13	税金	9.92%
6	劳动保险和职工福利费	11.41%	14	其他	4.90%
7	劳动保护费	2.44%			
8	检验试验费	1.45%		合计	100.00%

2. 规费

<table>
<tr><th>序号</th><th colspan="2">项目</th><th>比例</th></tr>
<tr><td rowspan="5">1</td><td rowspan="5">社会保险费</td><td>养老保险</td><td>44.65%</td></tr>
<tr><td>失业保险</td><td>4.45%</td></tr>
<tr><td>医疗保险</td><td>22.33%</td></tr>
<tr><td>工伤保险</td><td>2.24%</td></tr>
<tr><td>生育保险</td><td>1.79%</td></tr>
<tr><td>2</td><td colspan="2">住房公积金</td><td>24.54%</td></tr>
<tr><td></td><td colspan="2">合计</td><td>100.00%</td></tr>
</table>

附录五 工程价格计算程序

一、地铁及隧道工程施工图预算计算程序

地铁及隧道工程施工图预算,应按下表计算各项费用。

施工图预算计算程序表

序号	费用项目名称	计算方法
1	分部分项工程费合计	Σ(工程量×编制期预算基价)
2	其中:人工费	Σ(工程量×编制期预算基价中人工费)
3	施工措施费合计	Σ施工措施项目计价
4	其中:人工费	Σ施工措施项目计价中人工费
5	小计	(1)+(3)
6	其中:人工费小计	(2)+(4)
7	规费	(6)×44.21%
8	利润	[(5)+(7)]×相应利润率
9	其中:施工装备费	[(5)+(7)]×相应施工装备费费率
10	税金	[(5)+(7)+(8)]×征收率或税率
11	含税造价	(5)+(7)+(8)+(10)

二、利润

利润中包含的施工装备费按附表比例计提，投标报价时不参与报价竞争。

地铁及隧道工程利润根据工程类别计算（工程类别划分标准、利润率见下列两表）。

地铁及隧道工程利润率

工程类别	一类	二类
利润率	8.0%	7.0%
其中：施工装备费费率 （取费基数与利润相同）	3.4%	3.0%

地铁及隧道工程类别划分标准

工程项目	划分标准	类别
地铁工程		一类
隧道工程	直径≥1200 mm	一类
	直径＜1200 mm	二类

三、补充预算基价表各项费用，可参考下表计算。

补充预算基价表各项费用参考表

序号	费用名称	材料采购及保管费	企业管理费	
	取费基数	材料费	人工工日	机械费
1	土石方工程	2.10%	7.50 元	8.00%
2	拆除工程	2.10%	5.11 元	9.17%
3	钢筋工程	2.10%	10.73 元	23.99%
4	施工排水降水工程	2.10%	15.66 元	4.71%
5	混凝土工程	2.10%	15.97 元	20.10%
6	桩基工程	2.10%	7.22 元	9.20%
7	模板工程及脚手架工程	2.10%	15.66 元	20.10%
8	一般隧道及盾构掘进工程	2.10%	7.22 元	9.20%
9	地铁轨道工程	2.10%	15.97 元	20.10%
10	设备安装	2.10%	14.56 元	0.00%

四、建筑安装工程费用组成

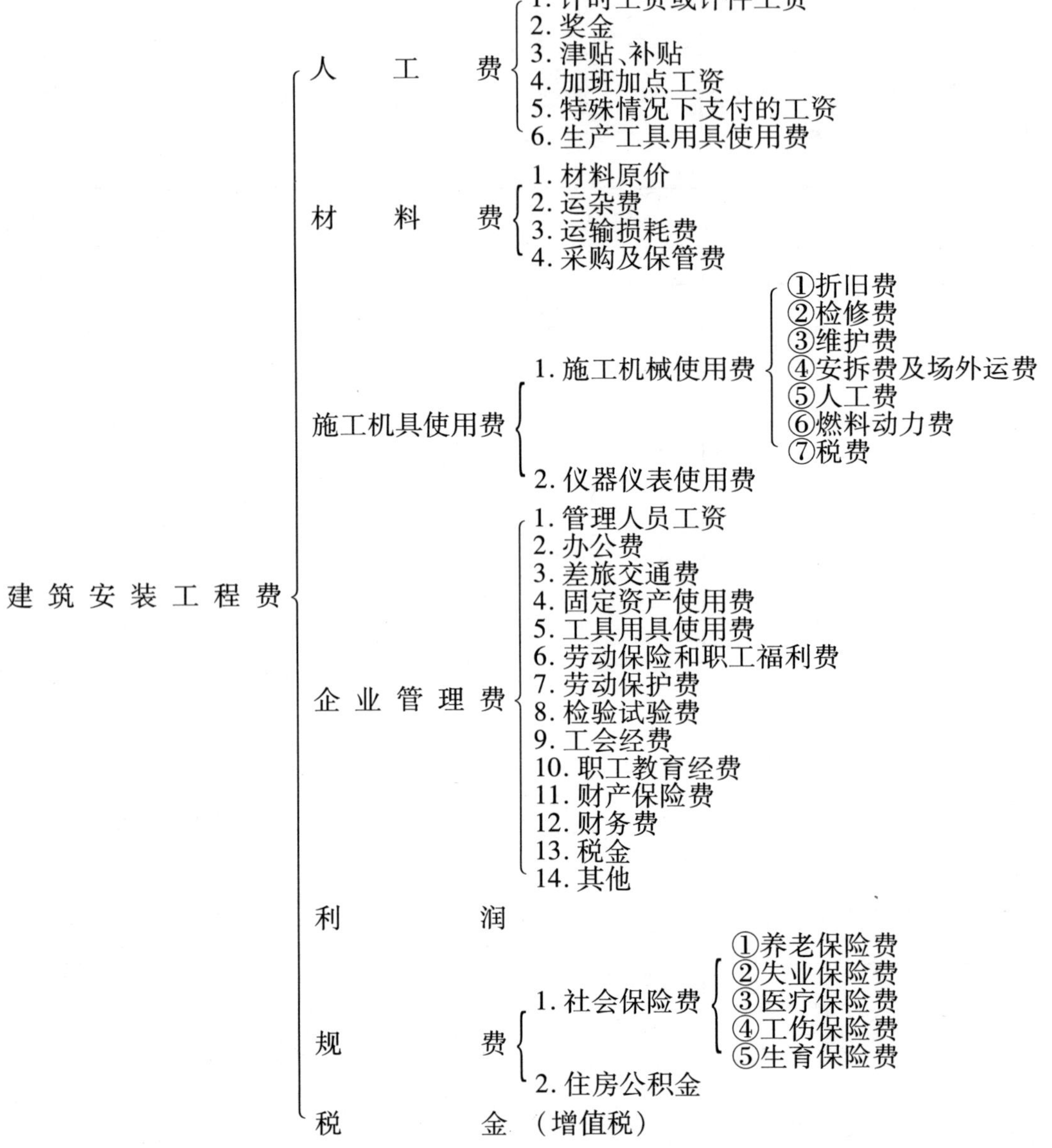

附录六 混凝土、钢筋混凝土(构件)模板含量参考表

隧道、地铁工程混凝土模板含量

每10 m³混凝土

构筑物名称		模板面积(m²)	构筑物名称		模板面积(m²)
沉井	刃脚	18.21	地下混凝土结构	梁(高0.6 m以内)	56.66
	框架	15.11		梁(高0.6 m以外)	51.06
	井壁、隔墙	22.00		平台、顶板(厚0.3 m以内)	39.30
	底板	0.76		平台、顶板(厚0.5 m以内)	24.00
地下混凝土结构	底板(厚0.6 m以内)	3.00		平台、顶板(厚0.5 m以外)	18.52
	底板(厚0.6 m以外)	3.00		楼梯	78.26
	墙(宽0.5 m以内)	66.70		电缆沟	39.00
	墙(宽0.5 m以外)	33.36		车道侧石	37.50
	衬墙	33.30		弓形底板	0.88
	柱	62.16		支撑墙	66.70

附录七　增值税一般计税方法费用要素的调整

本附录适用一般计税方法计取增值税的地铁及隧道工程计价。

一、人工费

人工单价不做调整。

二、材料费

1. 材料单价根据各项材料适用的增值税税率或征收率计算，为不含税价格。增值税税率或征收率执行财税部门有关规定。按以下简化公式：

不含税材料价格 = 含税材料价格 ÷（1 + 税率）

2. 以“元”为单位的材料按 0.878 系数调整。

3. 材料采购及保管费按不含税材料价格的 2.18% 计取。

三、机械费

1. 按照机械台班单价的价格组成内容，扣除折旧费、检修费、维护费及燃料动力费中的进项税额。计算公式为：

不含税机械台班单价 = 含税机械台班单价 ×0.8955

2. 以“元”为单位的机械台班按 0.8955 系数调整。

四、企业管理费

一般计税方法企业管理费 = 预算基价企业管理费 ×0.9801

五、规费

规费不做调整。

六、利润

一般计税方法利润 = 预算基价利润 ×1.0686

七、税金

税金是指按国家税法规定的应计入地铁及隧道工程造价内的增值税，适用一般计税方法计取增值税的地铁及隧道工程，增值税税率为 11%。

八、按系数计取的措施项目

序号	费用名称	计取基数	调整系数
1	安全文明施工措施费	预算基价措施费	0.9743
2	冬雨季施工增加费		1.0147
3	夜间施工增加费		0.9912
4	非夜间施工增加费		0.9800
5	二次搬运费		1.0117
6	竣工验收存档资料编制费		0.9894